iHuman

成
为
更
好
的
人

梁治平 著

法律史的视界

广西师范大学出版社
·桂林·

FALÜSHI DE SHIJIE

出品人：刘春荣
责任编辑：罗　灿
助理编辑：周丹妮
封面设计：彭振威
责任技编：郭　鹏

图书在版编目（CIP）数据

法律史的视界 / 梁治平著. —桂林：广西师范大学出版社，2021.1
ISBN 978-7-5598-3184-2

Ⅰ．①法… Ⅱ．①梁… Ⅲ．①法制史－中国－文集 Ⅳ．①D929-53

中国版本图书馆 CIP 数据核字（2020）第 164751 号

广西师范大学出版社出版发行

（广西桂林市五里店路9号　邮政编码：541004）
　　网址：http://www.bbtpress.com
出版人：黄轩庄
全国新华书店经销
广西民族印刷包装集团有限公司印刷
（南宁市高新区高新三路1号　邮政编码：530007）
开本：889 mm × 1 194 mm　1/32
印张：13.625　　　字数：256 千字
2021 年 1 月第 1 版　　2021 年 1 月第 1 次印刷
定价：62.00 元

如发现印装质量问题，影响阅读，请与出版社发行部门联系调换。

目　录

001　人类的法：千年回顾（代序）

001　中国古法概说

010　中国法律史上的民间法
　　　——兼论中国古代法律的多元复合格局

034　中国历史上的习惯法

045　清代的习惯法与国家法

067　从"礼治"到"法治"？

087　法律实证主义在中国

131　法律的文化解释

209　法律史的视界：旨趣、方法与范式

- *273* "事律"与"民法"之间
  ——中国"民法史"研究再思考
- *306* 评论与反思
- *334* 英国普通法中的罗马法因素
- *367* 英国判例法
- *390* 罗马名人祠
- *399* 查士丁尼和他的法典
- *406* 罗马法律中的希腊哲学
- *415* 法律之文化观

- *425* 再版说明

人类的法：千年回顾（代序）

据史家记载，公元 1000 年前夕，欧洲人以为世界末日将至，甚至帝国公牍亦以"兹以世界末日行将来临"等语开端，以至人心惶惶，不可终日，生产情绪低落，赴罗马朝圣者络绎于途。显然，这不是一个适于讨论法律问题的年代，既然尘世就要终结，人类法律与秩序的问题也就变得微不足道了。

然而，预告中的世界末日并未降临，无论人们喜欢与否，尘世依旧，而在这个注定不完美的世界里，法律与秩序永远是人们感到困惑但又必须面对和思考的基本问题。有意思的是，迄今为止人类法律史上影响最为广泛而深远的变化，就发生在过去的一千年里，而且起源于那个曾经深受"末日"观念困扰的文明。

在进入这段曲折、漫长而又动人心魄的历史之前，我们不妨先对公元 1000 年前后"世界"法律的图景作一个远距离的观察。这种观察虽然极为简略和粗疏，但对我们了解过去一千年里发生在人类法律世界中的变化是有益和必要的。

实际上，与人类今天将要跨越"千年"的情形不同，上一次跨越"千年"并不是一个世界性事件。在基督教文明以外的其他地区，人们完全不知道"千禧年"这回事。在当时业已发展出不同样式和程度的文明的地区，流行着不同的历法。不同的人群用不同的方法计时，并且赋予时间变化以不同的意义。法律的情形也是如此。换言之，当时也无所谓世界性的法律。法律最广阔的边界由文明来划定。在南亚和东南亚，印度的法律与印度文明一道，传播到锡兰、缅甸、暹罗、柬埔寨、苏门答腊、爪哇和巴厘。在东亚，尤其是儒家文明所及的地区如朝鲜、日本和安南，以《唐律》为代表的成熟的古代法典体系被奉为楷模。而在伊斯兰世界，尽管存在不同的学派，某种清晰可辨的一致性借由《古兰经》而得到保证。据说一位14世纪的法官曾经漫游从摩洛哥到马来亚的广大地区，却没有身在异乡的感觉。自然，在相近的面貌下，活跃着各种地方性因素：语言、习俗、信仰、种族等。如果把各种不同类型的规范制度都考虑进去，毫无疑问，法律比历法更加繁复多样。这种情形一直延续到近世西方法律体系在世界范围内的扩张之前。

把欧洲视为一个地区，我们也能看到类似的图景。不过，就在"末日"恐慌过去不久，那里至少发生了三个具有革命性意义的历史事件。

第一个事件是11世纪开始的所谓"教会革命"。这场革命不但产生了一个拥有自己疆界和法律体系的"教会帝国"，而且极大地刺激和带动了世俗法律的发展，以至有史家认为，欧洲法律传统正是滥觞于"教会革命"和教会法的崛起。

与教会法的发展同步，且同样是以意大利为中心，12世纪开始了罗马法复兴运动。这场运动的意义不但表现为对一大笔宝贵的古代法律遗产的重新发现，而且在于这样一种法律观念的确立，即法有其固有的职能和独立性，且应当成为世俗社会发展的基础。

我们要提到的第三个事件远不具有前两个事件那样的规模，当时也不那么引人瞩目，但其影响却一样深远。1215年，一群英格兰贵族迫使英王约翰签署了一份文件，这份包含一个序言和六十三个条款的文件承认并且保护一系列"人民"所固有的不可随意剥夺的权利。比如第三十九条规定，若非根据本国法律且经由与自己同等身份之人的合法审判，任何自由人均不得遭逮捕、监禁和流放，亦不得被剥夺其权利、财产和地位。这就是著名的《大宪章》。几百年之后，《大宪章》成为英国人主张其权利和自由的无可置疑的依据，体现于其中的自由精神，更通过近世的政治理论和制度建构，对更多的国家、地区和人民产生影响。

16世纪，欧洲开始步入一个新时代。文艺复兴、宗教改革、科学革命、地理大发现、罗马法继受运动、主权国家出现等，这些变化首先改变了欧洲社会的图景，同时要求对自然、社会和人给以新的不同于过去的解释。1670年，英人洛克提出一套立宪主义的政治理论，据此，政府基于人民的同意而进行统治，人民则保有对生命、自由和财产的不可转让的权利。1748年，法人孟德斯鸠在他的鸿篇巨制《论法的精神》中进一步阐明了保护自由之道，即以权力限制权力，通过分权与制衡的制度设计来保障个人自由。这是一个激动人心的时代，不但有大量激动人心的论辩，而且这些论辩激励和引导人们行动，进而成为人们现实生活中坚实的一部分。

1776年的美国《独立宣言》重申了洛克关于政府权力源于和基于被统治者同意的信念，并且宣称，人人生而平等，其不可转让的权利包括"生命权、自由权和追求幸福的权利"。1787年的《美国宪法》遵循立宪主义和分权与制衡的原则，确立了立法、司法和行政三足鼎立的国家结构。1791年被加入宪法的《权利法案》更详细地列举了公民基本权利和对政府权力的限制。

如火如荼的民主革命也发生在大西洋的这一边。1789年，为革命激情燃烧的法国人发表了《人权与公民权宣言》。像美国《独立宣言》一样，它也重申了人生而自由平等的信条，确认了"自由、财产、安全和反抗压迫"的"自然权利"，表明了立宪主义和分权原则的理念。继之而来的，是一个比历史上任何法律编纂事件都更加壮观和影响深远的法典编纂运动。

18世纪开始的法典编纂受了启蒙理性的激荡，要以体现理性原则的统一立法取代粗陋散乱的地方习惯，以统一的法制去巩固新兴的民族国家。正是凭借着国家权力和理性的权威这两种力量，辅之以资本主义和工业化，近代法典编纂运动不但席卷欧陆，而且远征世界。1804年，《法国民法典》面世，差不多一个世纪以后，《德国民法典》颁行。前者文辞优美，明白晓畅；后者结构谨严，精密深奥。欧、亚、非以及拉美国家的法典无不出于此二者之一。因此，即使还在19世纪，曾一手主持制定《法国民法典》且一度以自己的名字为之命名的拿破仑一世就敢说："我的光荣不在于打胜了四十场战役，滑铁卢会摧毁这么多的胜利，但不会被任何东西摧毁的，会永远存在的，是我的《民法典》。"毫无疑问，近代法典编纂是一个世界性事件，部分地经由这场运动，现代法律的"世界体系"诞生了。

1917年，俄国革命爆发，革命后的政权向人类展示了一种新的法律理念，据此，法律被视为统治阶级的意志、阶级专政的工具，其与抽象正义和平等观念的传统联系被切断。这种新的法律观甫经确立，传播迅速，影响广泛，竟能在英美和欧陆两大法律传统之外成就另一大"法系"。孰料七十年后，世事丕变，与实现正义和保障权利等观念紧密联系的传统法律观重新取得支配地位。与此前不同的是，经此百年之变，人类彼此之间的相互依赖达到了前所未有的程度；而在两次世界大战之后，人类对通过法律实现正义和保障权利的传统观念有了更新的了解和贡献。

1945年，联合国诞生。三年后，联合国大会通过并公布了《世界人权宣言》。《宣言》列举了人类每一成员皆应享有的基本权利和自由，并将保障和实现这些权利视为所有国家和国际政治组织的职责所在。此后五十年间，大量与保障人权有关的地区性和国际性文件被制定出来，其著者有《公民权利与政治权利国际公约》（1966/1976）、《经济、社会与文化权利国际公约》（1966/1976）等。今天，越来越多的国家签署了这些国际人权法律公约，或至少表示愿意接受其中的部分内容。与之相应，在国内法方面，人们对自由、平等、民主、人权、法治等价值和理念的诉求也愈益强烈，以至抵制自由民主制度的统治者也不得不在表面上接受它们。

  回顾过去的一千年，我们清楚地看到，法律在传播、移植、冲突和融合的过程中逾越文明的界线，不仅成为主权国家的，而且成为世界秩序的重要构成部分。毋庸讳言，西方文明在此过程中扮演了主导角色，而这只是因为，那个把"世界"带给人类，从而将人类的命运紧紧联系在一起的历史性事件，即所谓"现代性"的出现，始源于西方文明。然而，当现代性的后果展现于全世界，作为参与者，所有的国家、地区和人民都将参与决定自己的，同时也是人类的未来。因此，值此千年之交，我们也许应该问自己这样一个问题：作为一个曾经创造出伟大法律传统的文明，中国在未来的一千年里可能对世界的法律与秩序作出什么样的贡献？

1999 年

中国古法概说[*]

广义上的法律，无论作为国家这种特殊政治体的伴生物，还是作为社会控制手段的一种，都可以说与人类文明有着共同的起源。然而，法律观念的萌生、法律制度的演变、法律秩序的形成，其由简单而复杂，由含混而明晰，无不经历漫长的时日、曲折的历程。法律，以及包含这法律在内的文明本身，皆由此累积的经验中获得其特质。这便是所谓文化的独特性，法律的民族性。

中国古代法律的起源极其久远。追溯其源流，大体可以划分为三个阶段，即夏、商、（西）周所谓三代（公元前2070年—前771年）法律传统的创立，春秋战国（公元前770年—前221年）之际新旧继替的过渡，以及秦汉以降（公元前221年—1911年）法律传统的再造与完成。以下分别述之。

中国最古而可考的国家为夏（约公元前2070年—前1600年），据现代历史学家的看法，传统上称为三代的夏、商（公

---

[*] 原载刘东主编《中华文明》，北京：社会科学文献出版社，1994年。

元前1600年—前1046年)、周(公元前1046年—前771年)实际构成一个完整的文明形态,即中国青铜时代。在这个时代里面,新生的政治组织——国家,与旧有的亲属集团——氏族,保有一种严密的结合:统治的关系依据亲族姓氏来划分,权力的分配按照血缘亲疏来安排。这种格局的特点是国与家合而为一,政与教彼此贯通。其中,祭祖的仪式为确定权力等级、加强统治者内部联系的纽带,而征伐刑威乃是保护统治者威权、维护政治与社会秩序的手段。这即是青铜时代的宗教与法律,前者称之为"祭",后者名之为"刑"。

"刑"的本意为斩杀、砍磔,最初只用以对待异族。这表明"刑"与古时的战争有着共同的起源。古人所谓"刑起于兵"、"兵刑合一",正是这种特殊经验的反映。虽然因为社会及其观念的日渐复杂,早先只用以对待异族而与战争同形态的"刑"逐渐发生改变,出现流、鞭、扑、赎等手段,且移用于社会内部,但其源于战争而具有纯暴力的性质这一点,却不曾改变。中国青铜时代的法律,先与古代战争混而不分,继则成为统治者贯彻其意志的暴力手段,终究不出"刑"的范围之外。这种特殊经验凝固而成为中国古代法律最久远的传统,隐藏于观念,表现于制度,对于中国数千年间法律的发展有着根本的影响。

"刑"缘"兵"而产生,法以"刑"为核心,这固然是中国古代法律发展的特殊路径与形态,实行这种法律的社会却并不因此一定是暴虐无道的。统一家国,贯通政教的宗法制度,其主旨在于"纳上下于道德,而合天子、诸侯、卿、大夫、士、庶民以成一道德之团体"（王国维语）。三代的制度和礼，皆是道德之器械。礼的贯彻，正是要靠"刑"来补足的。这种结合礼、刑，纳法律于道德的传统，同样产生于三代，流衍于后世。

青铜时代的法律典章，见于历史文献的，有禹刑（夏）、汤刑（商）、九刑和吕刑（周）等，只是这些法律都不曾流传下来。比较可以确知的，是周代的法律制度已经具有相当的规模，其时不但有专司狱讼的刑官，有确定的诉讼程序、监狱及狱囚改造制度，而且有了成文的法律和法律公布的制度。

大约在公元前8世纪，铁器出现并普遍应用于社会生活，青铜时代遂近于终结，中国古代社会因此进入剧烈变动的转型时期。这一时期的特点是，以往处于从属地位的诸侯、大夫、士等相继崛起，他们僭取权位，自封尊号，以实力相较量。旧有之礼教刑政丧失其权威，青铜时代之格局随之解体。由此带来社会观念与社会制度的深刻变异。身处变局之新兴统治者，以富国强兵为宗旨，以赏功罚罪为手段，自然更重视法律的运用。这一时期的法制变革，或被用以确证新兴君主的合法性，或被用以贯彻君主之意志和推行新政，是以更加公开、明确、注重实效。战国（公元前475年—前221年）时郑之"刑书"、晋之"刑鼎"，都是新法中的代表者。战国末叶，魏国人李悝综理各国法律，撰成《法经》六篇，其篇目为：（1）《盗法》；（2）《贼法》；（3）《囚法》；（4）《捕法》；（5）《杂法》；（6）《具法》。《法经》六篇久已失传，然而古代法典之影响于后世，蔚然成一传统的，却要首推《法经》。李悝虽然不是中国成文法之创始人,却为后来的学者视为中国古代法典编纂的开山鼻祖,正是这个缘故。

青铜时代,学在官府,待到"礼崩乐坏"的春秋战国,私学勃兴,于是有自由的思想家,其关于法律的思考和论述影响于后人,意义之重要不输于李悝的《法经》。当时曾有"法治"(刑)与"礼治"(德)的对立与论争,其焦点在于法律的实际效用,即只依靠法律政令能否实现理想社会的一类问题。法即是刑,是专属于王者的暴力手段,却是争论背后的共识——一个不曾遇到挑战的传统。先秦思想家与立法者就这样一面创造性地传递了传统,一面开启了即将到来的新世纪。

公元前4世纪中期,商鞅入秦国为相,以《法经》六篇治秦,而改"法"为"律",开创了中国法律史上的"律统"。这可以看作中国古代法律发展进入第三阶段的标志。在这一阶段,古代的法律体系渐次完善,蔚为大观,至清朝末年的法制变革以前,它以其独特的面貌,独立于世界法制之林。

公元前221年,秦始皇统一中国,为此后绵延两千年而不绝的官僚帝国的新格局奠定了基础。然而这只是新秩序的开端。在经过五百余年的社会大变故之后,如何吸收与融合旧传统、新经验,建立新秩序,使之丰富和完满,乃是秦(公元前221年—前206年)、汉(公元前206年—220年)时人的首要目标。

秦帝国的统治未及二十年,然而其法令繁多,且及于社会的各个领域。对于后人来说，秦人在这方面的经验弥足珍贵。汉人立国，首先就承继了秦人的制度。汉相萧何在《法经》六篇的基础上，增加了《兴律》《厩律》《户律》三篇，合称《汉律九章》。汉代的法律就在此"九章律"的基础上发展起来。在后来魏（220年—265年）、晋（265年—420年）及南北朝（420年—589年）时期，法律在传袭的过程中不断得到完善，法律的原则渐趋成熟，法典的体例也逐渐确定。这样到了隋（581年—618年）唐（618年—907年）之际，人们就有可能综合前人经验，编出空前成熟完备的法典来，这即是唐律产生的背景。在中国法律的发展史上，唐律（也是现存最早的古代法典）占据了一个承上启下、规范划一的显要位置。唐律的根本精神，体现在唐律中的基本原则，唐律的结构和体例，以及确定于唐律的一般法律概念，可以说一直沿用至明（1368年—1644年）、清（1644年—1911年）而无显著的变化。不仅如此，唐律面世之后，其影响并不以疆域为限，而及于当时的安南、朝鲜、日本等国，蔚然成一法系（所谓"中华法系"）。

唐律虽然重要，却不是唐人凭空的创造。它直接由隋律（583年）发展而来。隋律本于北齐律（564年），北齐律源自北魏律（431年），北魏律则上承于汉律。由此，我们可以知道中国古代法源流上《法经》、汉律的重要，中国古代"律统"的绵延不绝。

还在汉代，在立法活动开展的同时，对于法律的研习、解说和讲授就逐渐地发展起来，由这里，产生出中国古代的律学和律家。秦人杜绝私学，学习法律须以吏为师，但是到了汉代，却有以研习、讲授法律为传家之业者。尤其是到了后来，一些儒学的宗师，以经学家的身份而为法律作注释与讲解，从而将律学的发展推向高潮。中国古代的律学虽然在汉末盛极而衰，其流风余韵却不曾完全止歇。我们在唐代法律的"疏议"和明清律例的"讲义"里面，仍然可以见到它们的痕迹。

汉代的儒生参与立法（如叔孙通）、司法（如董仲舒）和领导律学潮流（如郑玄），表明先秦时代儒法两家关于"德"与"刑"的论争已经不具有截然对立的意义了。在汉人那里，儒家的理论（以三代的旧传统为基础）和法家的主张（较多春秋战国时期的新经验）得到了某种融合。以礼教为本，以刑罚为用，靠了辅以刑罚的礼教来确立根本上乃是道德的秩序，这便是经汉人改造过的新时代的旧传统。以后许多代人的努力，只是充实和丰富这个传统，直到它最终在唐律里面获得完满的表现。

现代人论及中国古代法，或以为中国历来不重法律，中国社会乃是礼治的社会；或以为古人判案并不严格依据法律条文，而以抽象含混的情理代之。诸如此类的议论，虽然不是全无根据，但都与历史的真实有着相当的距离。中国古代法的真精神，应当经由中国文化的设计与格局去认识，依其本身的经验去阐述。所以，关于中国古代法的本质特征，可以这样去描述：

先由哲学的立场看，古人造法是要效法自然，以法律的应用去求自然秩序中的和谐。一方面，古人相信法律之作为社会制度的一种，在大自然的冥冥之中自有其依据，法律之用应当与自然相调和。古人行刑尽在秋冬之日，即是为此；另一方面，古人还相信天道与人事共其因果、同其道理，因而政事不修，必致天谴。因此，遇灾而赦的记载不绝于史，罪与罚的相应相称，更获得一种自然的，也是哲学上的必然性。

其次由社会的方面说，中国古代法律以伦常为纲，根本上是一种"伦理法律"。家族组织在社会生活中的重要性，孝悌原则在政治生活中的重要性，都表明中国青铜时代家国合一、政教贯通之大传统的延续。在这种传统下成长起来的法律，实即礼与刑的结合。于是，表明血缘关系亲疏远近的"服制图"成了法律上定罪量刑的重要依据之一，社会伦理的要求多成为法律以强力执行的原则。《四库全书总目提要》谓"一准乎礼"的唐律，堪称这种"伦理法律"的典范。

再从文化的角度讲，法律虽为文明社会所必需，古人却由其文化的根本理想出发，尽可能将法律的应用降至最低限度。中国古代法律以伦常为其皈依，其意不独在于社会关系之协调，而且是以驱除异己的主张来实现这种社会的和谐。因此，各民族法律虽然同以社会和谐为其目标，但是以权利义务为其经纬的法律，只能解决纷争于事后，唯中国古代法讲求礼义，旨在消灭争心于事先。施行权利之法，必不以多讼为怪，中国古法的精神却正是要至于"无讼"。任何民族的法律都要服从此民族文化的追求，中国古代法所揭示的，正是中国古代文化的基本构想。

最后由技术的方面看，中国古代法历史悠久，变化多端，现象纷呈，然而变中有不变，繁多正蕴含了统一。自公元前 4 世纪商鞅改法为律，"律"便成为中国古代法律的主干。"律"之外可以被视为法律的，有令、格、式、典、科、比、敕、例等，它们调整的社会关系领域极为广泛，其效力的高下则因时而异。现代学者很容易把它们统统归入"刑法"一类。但事实上，它们与现代社会中的"刑法"并不正相对应。中国古代法律没有公法与私法的分别，即在"刑律"之外，无所谓民法，而刑律里面涉及民事行为的条款，也都附有刑罚。在这种与现代法律的观念、结构全不相同的面貌后面，却隐含着中国古代法自身的统一。

古代法既然以礼为最后的依据，自然不乏评判事物的统一标准，由此标准出发，按照道德上的重要性评定行为，设立罪名，使之与分为五等的刑罚等级（即笞、杖、徒、流、死）相配合，这样便造就了一张疏密有致、条理井然的道德法网（所谓"出礼则入刑"）。为使这理想的法律能够奏效，统治者又依刑罚的轻重来确定司法上管辖权限的等级，具体地说，低级的司法（同时也是行政的）机构，依法可以自行处断依道德判断不算严重的罪行（如财产纠纷、打架斗殴等），对是否使用笞、杖等较轻刑罚有决定权。重刑以及与重刑相应的较为严重的罪行（亦即道德上认为重要者），归高级的司法机构掌管，死刑的审核要直接上达皇帝。与此相应，轻罪的处断，程序简单，比较具有随意性，重刑的运用手续繁冗，引据律文也较严格。最后，因为司法与行政合而不分，司法的统一便于统一的行政当中自然地得到了保证。长时间以来，帝国各级官吏由具有一定资格的读书人充任，这些读书人虽然不是技术专家，却饱读诗书，熟知古来圣贤教诲，他们靠着自己的修养和对事物的理解去补足法律应用中的不足，并且依靠道德上共同的自觉意识最终去实现中国古代法律的统一。

总而言之，正因为有着植根于古代哲学、社会和文化中的统一性，中国古代法律方才获得其自满自足。中国古代法所以能够绵延如此悠长的时间，涵盖如此广袤的空间，而具有顽强的生命力和巨大的影响力，原因就在于此。

19世纪中叶以降，中国面临西方文明的挑战，变法图强势在必行，于是有清末的法律变革，至此，中国古代法数千年的传统竟成绝响，"传统"与"现代"的分界由此而产生。不过，对于现代中国人来说，过去的传统并不只是以往的记忆，它还是今人的生存背景。而它对于今人的意义，最终取决于他们自己的判断、取舍和努力。

中国法律史上的民间法*

——兼论中国古代法律的多元复合格局

一

1962年，一位名叫斯普林克尔（Sybille van der Sprenkel）的英国人类学家出版了一部关于清代法律的书，这部书虽然也谈到地方衙门，谈到大清律例，但是更多的篇幅被用来描述和讨论普通的社会组织和日常生活场景：村社、亲族、家户、市镇、会社、行帮、士绅、农民、商贾、僧道、婚姻、收养、继承、交易、节日、娱乐、纠纷及其解决，等等。[1] 如此处理法律史，显然是假定，法律并不只是写在国家制定和施行的律例里面，它们也存在于那些普通的社会组织和生活场景之中。所以，尽管斯普林克尔重点讨论的只有宗族的、行

---

* 原载《中国文化》第15—16期，1997年合刊。
1 参阅 Sybille van der Sprenkel, *Legal Institution in Manchu China*, London: The Athlone Press, 1962。尤其"导言"以及第1、7、8、10诸章。

会的以及地方习惯性的法律，她这部小书却表明了一种更具普遍意义的研究视角的转换。借用人类学家的术语，她使中国法律史的研究者不再只注意"大传统"，即由士绅所代表的"精英文化"，而将"小传统"，即乡民所代表的日常生活的文化，也纳入他们的视野。

大传统和小传统概念的提出，以所谓文明社会为背景，在这种社会形态中，社会阶层和知识的分化业已达到这样一种程度，以至于乡民社会不再是人类学上完整自足的认识对象，相反，它们只是一个更加复杂的社会的一部分，对它们的认识必须通过考察其与知识中心长时期的联系才可能获得。[1] 毫无疑问，把这种视角引入中国法律史的研究当中将是极富启发意义的。不过，我们也注意到，大、小传统概念所针对的恰好是人类学研究而不是历史学，而这可能意味着，我们在史学领域中运用这一对概念时，不能不对它们加以适当的调整。就目前的中国法律史研究来说，这种调整可能表现在两个方面。首先，强调的重点将不是人类学研究中的"历时性"，而是历史研究中的人类学视界。其次，当中国法律史的研究由传统的"官府之法"拓展到更加广阔的领域时，它甚至不能只限于"小传统"。部分是出于这两种考虑，我选择了"民间法"而不是"小传统"作为本文将要讨论的题目。此外，正如我将在下面指出的那样，与其说"民间法"不是一个仅在范围上略不同于"小传统"的概念，毋宁说它是一

---

[1] 参见 R. Redfield, "The Social Organization of Tradition", in Jack N. Potter ed., *Peasant Society: A Reader*, Boston: Little, Brown & Company, 1967, pp. 25–34。

种更加切合中国历史和社会形态的分类。当然,以下对无论"民间法"还是"小传统"的讨论,都只能限于一种粗略的勾画,更详尽的研究还有待于来者。

二

如果把清代社会作为一个历史的横剖面来观察,我们就会发现,当时的法律形态并不是单一的,而是多样的和复杂的。和历史上其他朝代一样,清代"国家"的直接统治只及于州县,再往下,有各种血缘的、地缘的和其他性质的团体,如家族、村社、行帮、宗教社团等,普通民众就生活于其中。值得注意的是,这些对于一般民众日常生活有着绝大影响的民间社群,无不保有自己的组织、机构和规章制度。而且,它们那些制度化的规则,虽然是由风俗习惯长期演变而来,却可以在不同程度上被我们视为法律。[1] 当然,这些法律不同于朝廷的律例,它们甚至不是通过"国家"正式或非正式"授权"产生的,在这种意义上,我们可以统称之为"民间法"。

民间法具有多种多样的形态。它们可以是家族的,也可以是民族的;可能形诸文字,也可能口耳相传;它们或者是由人们有意识地制定,或者是自然生成,相沿成习;其规则或者清楚明白,或者含混多义;它们的实施可能由特定的人

---

[1] 这里可以考虑作为一种社会行动和正当秩序的法律概念,这个概念被认为是"团体多元主义"的和"法律多元主义"的。参见林端《韦伯法律社会学的两大面向》,载《儒家伦理与法律文化》,台北:巨流图书公司,1994年,第153—168页。

群负责，也可能依靠公众舆论和某种微妙的心理机制。民间法产生和流行于各种社会组织和社会亚团体，从宗族、行帮、宗教组织、秘密会社，到因为各种不同的目的而暂时或长期结成的大、小会社。此外，它们也生长和流行于这些组织和团体之外，其效力可能限于一村一地，也可能及于一省数省。大体言之，清代的民间法，依其形态、功用、产生途径以及效力范围诸因素综合考虑，或可以分为民族法、宗教法、宗族法、行会法、帮会法、习惯法以及会社法几类。这些民间法的不同源流一方面各有其历史，另一方面在彼此之间又保有这样或那样的联系。

民族法

"民族法"是一个令人费解的概念，事实上，中国历史上从来没有"民族法"这种东西，有的只是各个民族的法律。因此，当我们由民间法中辨识出所谓"民族的"方面时，我们所针对的毋宁是这样一种情况，即在历史地形成的中华帝国版图之内，一直生活着诸多民族，它们各有其历史、文化、风俗习惯、社会制度，而且，尽管有统一的帝国背景以及民族之间的长期交往和相互影响，这种社会生活的多样性始终存在着，它们构成了民间法乃至一般法律史上多元景观的一个重要背景。在这样的意义上谈论"民族法"，自然包括汉民族在内。不过，由于下面将要就汉民族的民间法作更细致的讨论，这里谈的"民族法"将暂不包括汉民族在内。当然，汉民族的概念本身也不是自明的。所谓汉民族和汉文化在很大程度上是历史上不同民族和文化长期交往和融合的结果，因此，这里所说的其他民族，应当既不是那些入主中原实施统治的民族，也不是那些逐渐融入汉文化终被同化的民族，而是那些虽在帝国统治下但始终保持自己文化、习俗和社会组织的民族。对于这些民族，朝廷一向以特殊政策待之。

早在秦汉帝国形成之始，中央政权即对西北、西南多民族聚居或杂居地区实行特殊的管理办法，并设置相应的机构和职官。唐宋"羁縻府州"之设、明清土司之制，就是这类特殊政策的制度化发展。这种制度的主要内容包括：就地方土酋原辖区域建政，不变动或调整其领土；任原有酋长以官职，统治其固有地区和人民；官职世袭；不变地方固有制度与习俗。[1] 这种制度的推行，自然有利于不同法律制度的保存。当然，这些边疆民族本身在社会组织、经济发展，以及宗教、礼俗诸方面也有相当大的不同，把那些生长于其中的形态各异的法律不加分别地视为民间法的一部分显然是不恰当的。因此，民间法中这一方面所关涉的实际只是各民族内部那些直接由社会习俗以及村寨组织中产生的法律。事实上，也正是这部分法律构成了这些边疆民族法律的主要样态，因为直到20世纪中叶，这些民族的多数仍生活在生产方式较为原始、社会分化程度较低和组织相对简单的社会之中。

讨论民间法中的民族源流，不能不注意其中的复杂关系。首先，与汉民族相比较，诸边疆民族不但在地理上，而且在

---

[1] 江应樑：《略论云南土司制度》，载《江应樑民族研究文集》，北京：民族出版社，1992年，第313—337页。

政治、经济和文化上都处在帝国的边缘，如果说，帝国政治法律制度（"国法"）的哲学基础是"天理"，社会基础是"人情"的话，那么，其主要载体肯定是汉民族，而其他民族则成为"化"的对象。[1] 其次，各民族之间不但有社会形态上的差异，而且有发达程度的不同，其中较发达者如西藏，已有数百年的法典编纂传统，因此人们有可能发现区别于西藏古代法典的藏族民间法。[2] 类似因素的存在无疑增加了问题的复杂性，尽管如此，提出民间法的概念仍有助于我们了解中国古代法律制度和社会秩序的复杂性。

宗教法

宗教法的概念也像民族法的概念一样令人费解。首先，这个概念很容易让人想到比如犹太教法、欧洲历史上的教会法或者伊斯兰法一类法律制度，而在中国历史上，从来没有这种意义上的宗教法。其次，以往的法制史研究者极少甚至完全不曾注意到中国古代法律中的宗教源流，以致人们对于（中国的）宗教法概念茫然无知。然而，这两点恰好是我们应当就中国历史上的宗教法概念作进一步探求和说明的理由。

中国传统所谓儒、释、道是否为宗教？甚至，中国历史

---

1 极端的情形是整个民族的消失，如广东瑶人之命运。详见江应樑《广东瑶人之过去与现状》，载《江应樑民族研究文集》，第1—41页。具体"改造"之例则甚多，如清代云南丽江地方衙门为移易当地边民火葬习俗制定的法令。详见吴泽霖《么些人的婚丧习俗》，载《吴泽霖民族研究文集》，北京：民族出版社，1991年，第183—209页。
2 关于藏族古代法典，可以参阅《西藏古代法典选编》（北京：中央民族大学出版社，1994年）选收的两部法典和书后的"附录"。

上究竟有无宗教？在今天，这类疑问多已经不成为问题，应当弄清的只是中国宗教的特定形态以及它们的历史。[1] 有学者分宗教为制度化的与普化的（或曰分散的）两种。前者即佛教、基督教、伊斯兰教等世界性宗教，后者则是所谓民间宗教，此种宗教与普通民众的日常生活密不可分。[2] 实际上，这两种形式的宗教在中国历史上都有充分的表现，因此，我们不但可以借此去了解中国古代的宗教，而且不妨以之为参照去梳理民间法上的宗教源流。

在中国历史上，制度性宗教的著例即是佛教。佛教由东汉末年传入中土，经历数百年发展之后，逐渐成为一种中国化的宗教，其势力在魏晋南北朝及隋唐前期达于极致。当时，不论对达官贵人还是普通民众，佛教都有极大的吸引力，因而能广占田宅、大造寺院、僧众无数。[3] 佛教既如此发达，其内部的组织与管理自应达到相当程度。可惜，史料欠缺，要了解当时的情形甚为不易。不过我们也确知，佛教首重戒律，而早在东晋中叶，戒律和仪规就已传入和逐步建立。南朝时，朝廷设立僧官，僧司均用僧人。僧人讼事由僧官及寺主执掌，依佛戒处断，不由国法科罪。北朝亦然。[4] 隋唐以降，禅宗日

---

[1] 参阅［加拿大］秦家懿、［瑞士］孔汉思《中国宗教与基督教》，吴华译，北京：生活·读书·新知三联书店，1990年。
[2] 此系杨庆堃教授的提法。详见［美］杨庆堃《中国社会中的宗教》"导论"和第十二章，范丽珠等译，上海：上海人民出版社，2007年。
[3] 南朝梁武帝时，京师寺刹多至七百。北魏末年，洛阳一地的寺庙就有一千三百余所。而在唐会昌五年，武宗下令灭佛，凡毁寺四千六百余，毁招提、兰若四万余，收良田数千万顷，奴婢十五万人。这些数字即使有些夸大，仍可令人想见佛教当年盛景。
[4] 参见汤用彤《汉魏两晋南北朝佛教史》，北京：中华书局，1983年，第324、372—376页。

盛。宗匠聚徒修禅，逐渐形成丛林（按：指禅宗寺院）制度。宋代，丛林建制臻于完备，凡名德住持的丛林，住众常在千人以上。与之相应，寺院管理的各项制度也都逐渐完善。先是唐代怀海和尚制定了《百丈清规》，以后则有宋之《禅苑清规》、元之《敕修百丈清规》等，一直传于后世。清规对寺院组织、职分、仪规、法器以及住众日常活动都有详尽的规定，违反清规者要受到轻重不等的处分。[1]

佛教以外，道教也可以被视为一种制度性的宗教。事实上，道教自始就是佛教最大的对手之一。道教也有整套的戒律、仪规和经典，有在历史中形成的组织和派别。不过，可以注意的是，早期道教最重要的源流，东汉末年的五斗米道和太平道，恰好不以制度性宗教的形式出现，说它们是民间宗教可能更为恰当。当然，道教从来也不是民间宗教的唯一渊源。后者的特点恰是兼容并包，自成一体。

早期民间宗教如五斗米道，组织严密，延续数代，并曾建立政权。太平道存在时间较短，但也曾联结郡国，徒众数十万。这些组织内部的规章制度应当是很齐备的。[2] 隋唐以后，尤其是宋元明清诸朝，民间宗教更加发达，其表现形式与组织方式也是多种多样。有历代士大夫的宗教结社，僧人结社；有民人为行善而组织的各种经社与社邑，为进香而组织的香会与香社；还有民间的社会与庙会以及佛道风俗之会。

---

[1] 参见林子青《丛林》《清规》，载《中国佛教》（二），北京：知识出版社，1982年。
[2] 参见［日］奥崎裕司《民众道教》，载［日］福井康顺等监修《道教》（第二卷），朱越利等译，上海：上海古籍出版社，1992年，第104—106页；杨联陞：《〈老君音诵诫经〉校释》，载《杨联陞论文集》，北京：中国社会科学出版社，1992年。

此外，许多所谓秘密宗教会社，如元明清之白莲教，明代之罗教、夏教和在理教，清之黄天教、弘阳教、天理教、圆教、长生教、大乘教、青莲教等，也都是民间宗教的重要部分。[1]这些民间宗教组织，虽然性质不同、规模不一、功能有别，但都不乏内部的规则或章程，否则它们便无法在会众之间分配利益和负担，因此也无法团结会众，维系团体。至于那些秘密宗教会社，它们往往跨越数省，规模庞大，且时时为官府所猜忌、限制和迫害，所以通常组织严密，等级森严，号令严明。

在各种宗教组织之外，我们还可以注意民间宗教中的经典。这些经典数量庞大，历史久远，对于民间社会生活的渗透力极强。比如明清时代流行的《太上感应篇》《文昌帝君阴骘文》《关圣帝君觉世真经》以及各种善书宝卷，都有很强的俗世性格，并且具有强化现世秩序的功用。其中最能够表现这一点的莫过于一种被叫作"功过格"的善书了。功过的观念与赏罚相连，"格"则无疑是一种法律的概念，这一点显然与赏罚的量化有关，不同的只是，这里要赏罚的行为有许多与民间的宗教信仰和道德伦理相关，而赏罚的内容乃是个人的福寿和家庭福祉。换言之，功过格所代表的乃是所谓阴律。[2]尽管如此，考虑到善书中大量与现世秩序有关的内容，

---

[1] 参见陈宝良《中国的社与会》第四章第四、五、六诸节，杭州：浙江人民出版社，1996年；[日]金井德幸：《社神和道教》，载[日]福井康顺等监修《道教》（第二卷），第129—161页。

[2] 参见[日]奥崎裕司《民众道教》，载[日]福井康顺等监修《道教》（第二卷），第109—125页。

善书在民间的广泛传播和深刻影响，以及中国古代家国一体、礼法合流的基本特征，在讨论民间法的宗教源流时，上述民间宗教经典的重要性是不应忽略的。

历史上还有一些其他宗教值得注意，如唐代传入中国的摩尼教、景教和伊斯兰教等，它们存在的时间或久或暂，影响或大或小。这里，只能简单地讨论一下伊斯兰教的情况。据考，唐宋时期，中国穆斯林不但有自己的教长，而且有自己的法官。元朝以后，此种制度才被取消。[1] 明清时代，伊斯兰教在中国业已发展和分布于西北、西南和内地的许多省份，而且已经完全地中国化。与制度化的佛教和道教不同，伊斯兰教乃是入世的宗教，所以，尽管寺庙在穆斯林的生活中占有极重要的位置，但是宗教总是同他们的家庭生活和社会生活融为一体的。这样，宗教信仰和生活习俗便紧密地结合在了一起。部分地因为这一原因，伊斯兰教徒在城市和乡村大都聚居一处，这更使得他们易于保持自己的习俗、组织和生活方式。[2] 只是，有关伊斯兰社会内部组织的形式、规则的运用、纠纷的解决和秩序的维持这一类问题，远未得到人们充分的认识，也就是说，我们对中国伊斯兰社会日常生活的法了解甚少。

---

[1] 参见白寿彝《元代回教人与回教》，载《中国伊斯兰教史参考资料选编（1911—1949）》（上册），银川：宁夏人民出版社，1985年，第200页；薛文波：《明代与回民之关系》，载《中国伊斯兰教史参考资料选编（1911—1949）》（上册），银川：宁夏人民出版社，1985年，第211—212页。
[2] 参见郑安仑《回教问题》，载《中国伊斯兰教史参考资料选编（1911—1949）》（上册），银川：宁夏人民出版社，1985年，第280—286页。

宗族法

比较而言，宗族法的概念应当较少争议。没有人否认宗族或家族在中国历史上的特殊重要性，也没有人能够否认宗族或家族内部的组织、规则、程序等具有法的意蕴。而且事实上，已有的关于宗族法的研究使我们对它有了一些基本的了解。[1] 因此，尽管直到目前为止，有关中国历史上宗族法的研究还有待深入，我们在这里至少可以节省一些说明的篇幅，而只需指出以下几点。首先，中国历史上的宗族有过不同的形态，除历史阶段不同造成的差别以外，还有因阶层和地域而产生的差异。民间法上所考察的宗族，出现于秦汉以后，且经历了不同的发展阶段。[2] 其次，一个相对完整的宗族法概念应当建立在对历史上不同时期和不同形态的宗族组织的研究之上，不过，宋以后宗族的发展至为重要，因为宋时出现的所谓"庶民化"的宗法伦理业已超出传统的亲属关系范畴，而具有极大的适应性和包容性，结果是民间宗族组织的高度发展。[3] 考虑到这一点，宗族法的研究以明清时代为限是很不够的。再次，就文献资料而言，宗族法大多以家规、宗规、条例、祠规、家约、家礼、戒例、规条等形式列于宗谱或家谱。然而，若将法律理解为一种社会实践，则宗族法必不以此为限。宋元时代文献缺乏，规条简单，但在聚族而居的地

---

1 参阅朱勇《清代宗族法研究》，长沙：湖南教育出版社，1987年；冯尔康等：《中国宗族社会》，杭州：浙江人民出版社，1994年，第225—231、343—262页。
2 参阅冯尔康等《中国宗族社会》，第12—18页以及相关章节。
3 参阅郑振满《明清福建家族组织与社会变迁》，长沙：湖南教育出版社，1992年，第227—241页。

方，民众的日常生活必不如此简单。[1] 即使明清时代，宗族法规条大备，情形亦复如此。因为，宗族法在根本上仍是一种习惯法，成文规条并不能囊括其全部，更何况，这些规条本身也并不总是完备的。

行会法

行会法的概念并不像它初看上去那样清楚明白。首先，行会一词容易引起争议。由于今天使用的这个词与欧洲中世纪的"基尔特"同义，人们可能会说，中国历史上并没有真正意义上的行会。其次，与此相连，人们即使使用这个词，通常也只想到手工业和商业行会，而它们实际上只是中国历史上所谓行会的一个部分。这个意义上的"行会"，可以大体上等同于传统的会馆、公所这类组织。本文也是在这样的范围内谈论所谓行会法。

一般认为，中国的行会源起于唐（"行"），发展于宋（"行"、"团"），而发达于明清（"会馆"、"公所"、"堂"等）。其中，明清时代的行会组织形态多样，也最为普遍和民间化，是当时社会生活中非常重要的一个方面。下面就根据现有资料和研究，对明清时期的行会稍加介绍。

大体上说，会馆乃是建立在异地的同乡组织，其主要功能是联络乡情，兼营善举。会馆亦称公所，皆有自己的馆所以为居住、集会和日常各种活动之用。会馆的类型依其性质可分为两种。一种是为同乡士绅官宦提供往来便利的行馆、

---

[1] 《宋史》"儒林四"所记陆九韶的事迹可以为例。

试馆，系由公众筹捐，各省公立；另一种则是商人或商帮组织的会馆，即所谓货行会馆，系由私人合资。不过，这类会馆不单是同乡商人间的组织，也有些是同业组织，或者二者兼有。行馆、试馆类型的会馆明代即已出现，至清代数量大增，多集中于京师，亦分布于省城。货行会馆则遍布全国大小商埠，其数量更甚于前者。[1] 二者之中，行馆、试馆功能比较单一，尽管如此，它们都有自己的组织、机构和财产，有管理甚至经营的需要，有为满足这些需要和维持其团体而制定的各种规章制度，以及对犯规者的处罚办法。至于货行会馆，它们更主要的功能是管理和调节行内生产或经营上的各个环节，如生产组织的形式和规模、原料的获得和分配、产品的数量和品质、业务的承接、销售的范围、度量衡的标准、货物的价格、结账的日期，以及同行之人的行为、福利和相互关系，等等。由于工商活动中关系的复杂性和利益的多样性，也由于相近行业之间的竞争，各工商行会的行规自然也都细致、具体和相对完备，其对违反行规者的处罚，从罚钱、罚戏、罚酒席，直到逐出本行。[2] 须要说明的是，像宗族法一样，行会法同样是一种习惯法，只考察行规并不能使人们了解行会法的全部，因此，广泛利用其他文献资料和碑铭器物等也是必要的。[3]

---

[1] 参见彭泽益编《中国工商行会史料集》"导论"，北京：中华书局，1995年，第5—15页。关于北京地区的会馆，参见胡春焕、白鹤群《北京的会馆》，北京：中国经济出版社，1994年。

[2] 参见彭泽益编《中国工商行会史料集》，尤其第三篇。

[3] 参见李华编《明清以来北京工商会馆碑刻选编》，北京：文物出版社，1980年；苏州历史博物馆等编《明清苏州工商业碑刻集》，南京：江苏人民出版社，1981年。

帮会法

上面讲明清会馆组织时提到商帮，实际上，"帮"也是行会上通用的一种名称，不过，在很多情况下，"帮"被用来指无需某种专门训练，单纯从事体力劳动的职业组织，如挑夫、河工、码头工中的组织。换言之，"帮"往往与社会下层组织有关，也是在这样的意义上，"帮"转义而指以社会下层人士为主要分子的秘密组织，因有"帮会"一词。最典型的例子是中国近代史上著名的"青帮"。据考，"青帮"的前身即是清代专门从事漕粮运输的水手行帮。康熙中叶，清代的漕运组织发生了重大变化，漕运水手的主要成分由军人变为雇佣劳动者，而其主要来源是社会游民。这种变化遂带来新的需求，如水手的雇佣、工价的议定、福利及各种利益的分配和协调等等，漕运水手中的行帮组织即因此而产生。最初，"青帮"只是漕运水手行帮中的一个组织，后则凭借其组织严密等优势而逐渐成为一种垄断势力。19世纪中叶，漕运制度被取消，水手行帮亦随之瓦解，但是"青帮"依然延续下来，它重新找到自己的生存空间，并与其他帮会势力相结合，形成了著名的"青红帮"。[1]

帮会的形成、发展、组织和活动等，是过去三百年历史中极为突出的现象。这种现象的产生被认为与清代的人口激增有直接关系。事实上，帮会在很大程度上是社会流民的组织，是数量众多的流徙人口在特定历史条件之下利用他们所

---

[1] 参阅周育民、邵雍《中国帮会史》，上海：上海人民出版社，1993年，第31—41、257—272页。

能利用的各种文化资源构建其生存空间的制度化手段。[1] 清代著名的帮会，除上面提到的"青帮"和后来的"青红帮"外，还有"天地会"、"哥老会"、"小刀会"，以及可以名为"丐帮"的各种组织。这些帮会往往支派蔓延，会众繁多，联结数省，声势浩大，因此成为官府防范、限制乃至取缔和镇压的对象。部分出于这个原因，帮会的组织较任何其他民间社会组织都更加严密，举凡入会的办法和仪式，内部的管理与分工，首领的产生，号令的下达，权力的传递，规则的制定，对会众行为的要求，以及对各种违反帮规行为的惩处，都有明白严格的规定。如"青帮"有所谓"三祖训诫"、"十大帮规"、"十禁"、"十戒"、"十要"、"家法十条"及相应制度；洪门法规有所谓"十条三要"、"五伦"、"六条"、"八德"、"九章"、"十禁"、"十款"、"十要"以及刑法例书等。[2] 这些组织及其制度安排虽然不为官府所承认，却构成了民间社会秩序一个相当重要的方面，不能不为研究者所关注。

习惯法

以上讨论的各种法律源流，如民族的、宗教的、宗族的、行会的等等，广义上都可以说是习惯法，因为在由日常生活中的习俗、惯行、常规逐渐向明白制定的规则过渡的连续体中，它们都更多地偏向于惯习一端。那些经由制定程序而产生的规则，大都是对于已有惯行的认可，而且，与有关群体

---

[1] 同上书，第66—69页。
[2] 参见中国第二历史档案馆编《民国帮会要录》，北京：档案出版社，1993年；关于天地会和哥老会，参阅周育民、邵雍《中国帮会史》，第76—96、227—236页。

内通行的规范相比，已经制定的规则既不能代表其全体，也不一定总是其中最重要的部分。不过，下面要谈到的所谓地区性的习惯却是一种更严格意义上的习惯法，因为它比上面所提到的那些法律形态更接近于惯习：它很少有成文的规则，甚至没有确定的组织或机构来负责实施。尽管如此，它仍然可以并且应当被我们视为法律。

习惯法的历史极其久远，这一点，从中国古代契约文书发展演变的历史上可以得到很好的证明和说明。[1] 宋代以后，随着社会经济的发展和人口的增加，习惯法在民间社会活动尤其是民间经济活动方面的重要性日益突出。明清时代，与人口激增现象相伴随，出现了经济活动的商品化和货币化，以及地权的进一步分化和田土交易的日渐频繁。在此过程中，习惯法既得到了进一步的发展，也有力地推进了这一过程，从而对缓解因资源稀缺而造成的巨大社会压力起到了重要的作用。[2]

把狭义上的习惯法与民间法的其他渊源区分开来的原因主要有两条。首先，在内容上，习惯法所涉及的主要是古人所谓"户婚田土钱债"一类事务，这其中，有关土地的各种安排、交易以及金钱的借贷往还等，既是当时民间经济生活最为重要的方面，也构成了习惯法的基本制度。其次，在形

---

[1] 参见张传玺《秦汉问题研究》之《契约问题》（第140—208页）以及收于该书的《论中国封建社会土地所有权的法律观念》一文（第109—139页），北京：北京大学出版社，1985年。又见张传玺主编《中国历代契约会编考释》（上、下），北京：北京大学出版社，1995年。这是晚近有关这一主题最好的资料汇编。
[2] 参阅梁治平《清代习惯法》，桂林：广西师范大学出版社，2020年，第169—181页。

式方面，习惯法最令人惊异的地方在于，它的存在既不以成文的规则为条件，其适用也不依赖于特定的监督和执行机构。习惯法是那种非常贴近于实际社会生活的制度，而且不是被人为地按照某种原则设计出来的东西。这当然不是说习惯法的产生和发展无需"人"的参与。相反，它是由无数个人反复进行劳作、交往和冲突，在长时期的生活实践中分散地形成的。因此，它表现出程度不同的地方色彩，不但一省一地的习惯可能不同，一县一村的习惯也可以互不相同。此外，习惯法既非"立法者"所创造，也就没有专门机构来执行。习惯因俗而生，随风而变，倘某种做法占据上风，且为众人群起效尤，就可能推衍成风，变成所谓"乡例"、"土俗"。当然，有一些"乡例"、"土俗"可能在诉讼过程中为官府所认可，但是仅此一点并不足以保证习惯法秩序的有效性。事实上，习惯法秩序的基础在很大程度上要在民间社会内部去寻找，而这一项工作现在才刚刚开始。[1]

会社法

最后来看看所谓会社法。

与上述各种概念相比，会社法这种说法也许是最不能够让人感觉满意的一种了。根据"会"、"社"这两个字在传统语文中的含义和用法，上面讨论的大部分内容都可以被归入会社法。而且，如果把法律主要与团体或组织的概念联系在

---

[1] 参阅本书《中国历史上的习惯法》；有关习惯法更详尽的研究，参阅梁治平《清代习惯法》。

一起的话，我们也很难在比如宗族法或行会法之外谈论所谓会社法。事实上，一位研究者在其讨论中国历史上的社与会的专书里面，确实也不无道理地包括了行会、帮会、合会以及宗教性结社和地域性的村社组织等。[1] 因此，这里的所谓会社法毋宁是一个补充性的概念，意在提示我们注意存在于上述诸法律源流之外的其他各种团体及其内部规则。这些我们在上面没有提到的团体和组织，小如各种诗文社、怡老会、学会、书院，大到团练、义社、善会、乡约，都是民间社会秩序中不可或缺的部分。这些会社，虽然其名称、性质、功能、规模等各不相同，但通常都有自己的规章制度，名之为会约、约法、盟词、课程、规条、章程、科条、条例等，以规范其组织，约束其成员，明确其界线。对违反社规会约者的处罚通常包括规劝、训诫、记过、罚酒、罚钱，而止于开除。[2] 这里可以顺便指出，表面上看，许多会社组织尤其是文人会社的内部规范远不如家族或者帮会的规约来得严厉和细密，但这并不意味着它们缺乏足够的凝聚力。由于我们所讨论的这类组织的自愿性质，也由于这些组织置身其中的社会的性质，它们那些看似温和的规约所具有的约束力量当远超出现代人惯常想象的范围。

---

1 参见陈宝良《中国的社与会》。
2 同上书，第434—445页。

三

通过对民间法之不同源流的梳理，我们已经粗略地勾画出了中国历史上的法律多元格局。应当承认，这远不是一幅完整的图景。首先，上面的讨论仅限于民间法，而不曾涉及"官府之法"，当然更没有探究它们二者之间的互动关系。其次，有关民间法之不同源流的描述重在各个支脉本身，而很少揭示它们之间的复杂联系，因此最后，未能将所谓民间法置于一个更加完整的背景之下加以了解，也没有指明中国历史上的法律多元格局所独具的特征。考虑到这些，在结束本文前对上述问题作进一步的说明是非常必要的。

以往的法制史研究专注于古代国家的典章制度，或我们所谓"官府之法"，而对民间法传统注意不够，这也是本文着力于展示后者而略于前者的主要原因。然而，这种情况并不意味着对"官府之法"的研究业已取得了令人满意的成果。至少，从本文所取的法律多元的立场看，以朝廷律令为主体的国家法律体制既非单一的制度，也不是某一孤立发展的产物。首先，能够并且应当被人们视为"官府之法"的并不只是一套成文的律例，而是包括体现于经典和礼义之中的一些原则和规范的一套相当复杂的制度。因此，完美地贯彻这套法律制度，用古人的话来说，就不仅要"执条据例"，而且要"原情制义"。[1] 所谓"礼之所去，刑之所取"，"出礼则入刑"，即包含了这一层意思在内。问题是，"礼义"和"条例"

---

[1] 语出司马光。转见沈家本《寄簃文存》卷四，"宋阿云之狱"。

并不总是一致的，在有些场合，它们还可能相互冲突。事实上，这种礼法之争以及因此而产生的礼法之间的互相影响和渗透，正是理解中国古代法律发展的关键所在。[1] 其次，"官府之法"的内部差异不仅表现在法之渊源的类别上，而且也存在于审判制度的层级上。古人以刑罚的轻重来划分审级，把所谓"民间词讼"交给州县官自行处断，以至于造就了一种与儒家经典原则、地方官吏（包括幕友）的教育质素、地方衙门日常活动以及民间惯习而不是朝廷律例关系更为密切的法律。然而，这部分法律也恰好是有关"官府之法"的研究中最为薄弱的一环。[2] 最后，"官府之法"不仅是礼法相互作用的产物，也是在同民间法的长期互动过程中发展起来的。这种互动在不同的历史时期采取了不同的形式，经由了不同的途径，并且产生了不同的结果。这些无疑都是法律史研究中极有价值的课题。[3]

关于民间法本身的历史发展，应该说，其实际情况远较本文上面所作的说明更为复杂。这里只想指出一点，即把民间法的渊源区分为宗族的、宗教的、习惯的、行会的等等，主要是为了讨论的方便。如果把这种分类简单地加于现实，甚至以为现实本身即是如此，那就会导致严重的混淆。更何

---

[1] 参阅瞿同祖《中国法律与中国社会》，尤其第一章和第六章，北京：中华书局，1981年；梁治平：《寻求自然秩序中的和谐——中国传统法律文化研究》（重印本），尤其第十、十一章，北京：中国政法大学出版社，1997年；[美] 蓝德彰：《宋元法学中的"活法"》，载高道蕴等编《美国学者论中国法律传统》，北京：中国政法大学出版社，1994年，第302—349页。

[2] 参阅梁治平《清代习惯法》，第9—20、135—140页，以及第188页以下。这些部分介绍和讨论了日本和美国学者的相关研究。

[3] 关于习惯法方面的情况，参阅梁治平《清代习惯法》，第128—131页。

况，用于这种分类的名称并不都是恰当的，关于这一点，上面已经作了必要的说明和限定。事实上，民间法的各种渊源是很难断然划分开来的。比如，清代的帮会和秘密会社往往也是宗教性的；宗族和行会组织通常也都具有宗教的职能；至于民族的法律与习惯，也都与宗教有着或深或浅的联系。反过来，中国的宗教如佛教和道教，深受儒家伦理的影响，而所谓民间宗教，更是三教合流的产物。此外，地方习惯在内容上与家族法有重合之处，其运作方式也与家族组织有密切关联；帮会组织的基本规则系由家族伦常中衍生；习惯法中的典当制度可以溯源于魏晋时期佛教寺院的放债活动；[1] 有些边疆少数民族的契约制度明显地受到汉族制度的影响；[2] 等等。当然，对所有这些民间制度具有普遍和深远影响的还是"官府之法"。由最后这一点，我们可以看到中国古代法律多元格局的特别之处。

从比较法的角度看，法律多元不但是一种普遍的法律现象，而且它本身也是"多元"的。换言之，法律上的多元现象并非只有一种模式。因此，在描述中国历史上法律多元现象的同时，我们也应当探究这种现象的特殊性。

伯尔曼教授在其讨论西方法律传统生成的巨著《法律与革命》一书中，为我们勾画出了一幅色彩鲜明的法律多元图

---

[1] 参见曲彦斌《中国典当史》，上海：上海文艺出版社，1993年，第19页以下。
[2] 关于广西壮族和瑶族的土地契约，参阅杨国桢《明清土地契约文书研究》，北京：人民出版社，1988年，第380—394页；关于贵州炉山黑苗之借贷习俗和"请会"之俗，参见吴泽霖《炉山黑苗的生活》，载《吴泽霖民族研究文集》，北京：民族出版社，1991年，第56—154页。

景。在11世纪以后长达数百年的时间里，欧洲社会同时为一些不同的法律所统治：教会法以及世俗法的各个分支——封建法、庄园法、商法、城市法和王室法等等。这些法律各有其渊源，并由不同的权威机构、组织或团体负责其实施。它们互相刺激，也互相影响，并且在争夺管辖权的斗争中此消彼长。[1] 这当然是一种法律多元现象，然而，与其说这是一种典型的法律多元状况，不如说这只是法律多元现象的一种。与这种模式相比较，中国历史上法律多元现象的突出特点在于，这里并没有管辖权之争，法律上的多元也不通过横向的竞争来表现，相反，它主要表现为一种自生自发的民间秩序与直接出自官府的法律秩序的结合。我们可以把这种结合称官-民为秩序格局。

粗略地说，所谓官-民秩序格局具有这样一种特点，即一方面，这是一种等级式的格局，其核心是上与下、治与被治的关系。以朝廷律令为主干的"官府之法"凌驾于民间法之上，体现并且保证了帝国法律秩序的统一性。具体说来，所有民间纷争，最终都可以被提交官府裁断；体现于"民族法"中的有限"自治"，也只是朝廷权宜之策的产物，并不能用来与帝国政府抗衡；[2] 更有甚者，官府自上而下地看待各种民间习俗、惯例，并不把它们视为法律，更不会受其约束。然而在另一方面，官府并没有足够的财力和人力对州县以下

---

[1] 参见［美］伯尔曼《法律与革命——西方法律传统的形成》，贺卫方等译，北京：中国大百科全书出版社，1993年。
[2] 清朝针对不同情况，制定了与藏、蒙、回、苗有关的各种章程和条例。详见刘广安《清代民族立法研究》第一至六章，北京：中国政法大学出版社，1993年。

的广大地区实施直接统治,朝廷律例也远不曾为社会日常生活提供足够的指导原则,因此不能不在很大程度上倚赖于民间的组织和秩序,以维持整个社会的秩序。这也意味着,不但人们的日常生活大都受习惯支配,一般纷争也很少提交官断,而且地方官在审理所谓"民间词讼"的时候,也经常要照顾到民间惯习和民间的解决办法。[1] 值得注意的是,这种官府对民间秩序的倚赖以及在此基础上产生的二者之间"分工与合作"的关系,并不是通过官府对民间组织及其活动的层层批准和授权而建立起来的。从根本上说,民间组织和民间秩序是自生自发的,本无待于官府的审察和特许。[2] 事实上,只要无违于教化,无害于秩序,自发的民间组织及其活动就不会受到官府的干预,即使卷入纷争,通常也能够得到官府的认许甚至支持。

最后要指出的一点是,尽管官与民的界线可以说是清楚的,这种所谓官-民秩序格局却不是建立在官与民严格界分甚至相互对立的基础之上的。从比如治与被治的方面看,实际具有"治"的职能的不仅是国家官吏,也包括民间士绅;

---

[1] 除了自然的和正常的一面外,这样做也有不得已的一面。清代一个地方官在一篇处理行会事务的禀文中说:"……各埠役夫,各行纲首,多属祖遗世业,或有一定股份,外人不能混入,或有一定地界,畛域各自分明,甚而至于乞丐下流,亦分地段。巫医贱业亦有门市,类难枚举。此皆俗例而非官例,私禁而非官禁,地方官要不能不俯顺舆情。若欲稍事更张,则讼争蜂起。窃恐日坐堂皇,亦有应接不暇之势。"(汤肇熙:《出山草谱》"札饬详复讯断杨连升等控案禀",载彭泽益编《中国工商行会史料集》,第944—947页)。这种看法应当是颇具代表性的。关于习惯法方面的情况,可以参阅梁治平《清代习惯法》,第127—166页。

[2] 所谓"同业开行,例所不禁"(引据汤肇熙),颇能表明官府对于民间自发活动的一般态度。此外,很早就有西方的观察者注意到,中国的行会并不是根据官府的授权或特许而成立和开展其活动的。参阅马士《中国行会考》之"手工业行会",载彭泽益编《中国工商行会史料集》,第58—75页。

不仅是官府衙门，也包括家族、行会等。又从帝国秩序的基本原则看，治国与治家所遵循的乃是同一种原则。其结果，治人者也是父母官，治于人者即是子民，整个帝国则是一个大家庭。这里，上与下、治与被治、公与私以及国与家的界线都是相对的、变动的。[1] 因此，中国古代法律的多元格局就呈现为一种多元复合的统一结构：它既是杂多的，又是统一的；既是自生自发的，又是受到控制的；既有横向的展开，也有纵向的联系；既是各个分别地发展的，又是互相关联和互相影响的。这些彼此对立的方面，一方面包含了造成动荡的因素，另一方面也蕴涵了解决社会问题的创造性力量。正是因为同时存在着这些不同的方面，也正是通过这些不同方面持续不断的相互作用，帝国秩序才可能在长时期的变化当中保持结构的平衡。

---

[1] 关于这一现象之社会理论意义的初步研究，参阅梁治平《清代习惯法》之"导言"部分。

中国历史上的习惯法[*]

研究中国法律史的学者们注意到,中国历史上不独没有"民法典",而且历朝历代的法典当中,也绝少有关"民事法律关系"的规定。然而,这既不意味着当时社会生活中没有今人视之为"民事"的关系与行为,也不意味着这类关系和行为不受规则的统制。前辈学者王世杰先生写道:"中国历代法典对于近代民法典中所规定之事项规定极少,……然钱田户婚等事(按:指民事)之未经律文规定者,却大都有习惯法在那里支配。"蔡元培先生更明言:"我国古代有礼、法之别。法者,今之所谓刑法也;而今之所谓民法,则颇具于礼。"如果事实如此,我们就要承认,只是研究历代由国家颁布、施行的法律规章,远不足以让我们了解当时社会生活的实际情形。换言之,要增进我们关于古代法律与社会的知识,须要扩大眼界,把我们的注意力转向"国家"之外、之下。

在中国古代,正如大家所知道的那样,"国家"的直接统

---

[*] 原载《文史知识》1997年第12期。

治只及于州县，再往下，是各种血缘的、地缘的和其他性质的团体，如家族、村社、行帮、宗教社团等等，普通民众就生活于其中。值得注意的是，这些对于一般民众日常生活有着绝大影响的民间社群，无不保有自己的组织、机构和规章制度，而且，它们那些制度化的规则，虽然是由风俗习惯长期演变而来，也足以被我们视为法律。因为它们不但具有一般所谓法律的基本特征，而且实际上履行着法律的职能。只是，这些人们通常名之为家族法（宗族法）、行会法以及帮会法的制度，与朝廷律例相比较，显然更接近于习惯。在这个意义上，我们不妨把这些民间的法律制度叫作习惯法。不过，这些都还不是本文所要谈论的习惯法。因为严格说来，习惯法，无论它比单纯的习惯多出些什么，比较起来总是最接近于习惯的形态。比如，在习惯法方面，事实与规范往往不能够清楚地分开；习惯法的发生、发展也是"自然而然"的，不受人为的规制，甚至缺乏文字的记录。在中国历史上，这种意义上的习惯法不但存在，而且颇为发达，其对于中国古代社会生活，尤其是以经济活动为主要内容的民众日常生活，有着极大的影响。下面我们即以清代社会为主要背景，对这种狭义的习惯法作一个粗略的观察。

清人陈盛韶入闽为官，每到一地，辄于民风土俗悉心咨访，著有《问俗录》六卷，其中"骨田皮田"条记建阳县风俗云：

> 同一田而骨皮异名。何骨？系田主宜税契收粮过户

完粮。皮系耕户直纳租于骨。然骨有不完粮者谓未卖断，找断过户出价若干，止得谷租若干。皮亦有不耕种者。仍将此田佃于他人，得谷租若干，并还骨主若干。田皮找断定须税契，不必过户；田骨找断必须过户完粮。有一田而卖与两户，一田骨一田皮者。有骨皮俱卖者。田皮买卖，并不与问骨主。骨系管业，皮亦系管业；骨有祖遗，皮亦有祖遗。其间争讼，有田皮而谋混田骨希图抗租者，有佃户谋混田皮希图霸田者。惟以契据佃据中见为断。

这一段记述提到的田皮、田骨、找断、卖断、完粮、税契、过户、管业等等，正是明清时代民间田土交易过程中一些最重要的概念和环节。比如，田分皮、骨（或曰面、底，面、根等），皮、骨分离，各为交易，这种名为"一田两主"（在有些地方发展为"一田三主"）的地权分化形态，不但流行于东南诸省，而且也见于北方一些地区，乃是清代土地法方面最重要的制度之一。据学者考证，"一田两主"制度发端于元，发展于明，发达于清。大体上说，田面权（即所谓田皮、田面）系由佃权发展而来。起初，佃农因为开垦荒地、垦生为熟或者预交押租等因，获得相对稳定的耕作权。这种相对稳固的耕作权世代相传而演为"永佃"，终至与地主的收租权相分离，成为一种独立的"业"，可以不经地主同意而转让。这时，单独的"田底"和"田面"，也都可以通过继承和买卖取得。事实上，直到20世纪上半叶，福建、江苏、安徽、江西等地仍流行此种制度。令人惊异的是，这样一种重要的制度既非渊源于国家，亦未获得官府的明确认可和保护，相反，在一定时期和一些地方，皮、骨分离的"一田两主"制度为国家法律明令禁止。只是，这种禁止令从未能完全奏效。结果，我们就看到许多有趣的案例，它们表明，一种地方性习惯可能如此流行和根深蒂固，以至人们视为当然，官府对此也只好睁只眼、闭只眼，甚至在相关诉讼中折中妥协。当然，这并不是说民间习惯和习惯法总是与国家的法律相抵触，也不是说习惯法的发生和发展与国家法律互不相干。实际上，这两者的关系极为密切和复杂。还以上面提到的那组概念为例。所谓"完粮"，当然是指交纳"皇粮"；"税契"，是官府针对民间田土交易而规定的征税制度；"过户"和"管业"，与国家对所谓民田的管理有直接关系；"找断"，原是基于土地"活卖"或"典"而发生的一种民间习惯，后来亦为官府所承认，并且为了管理上的便利而在法律上予以规定。不过，在另一方面，民间土地交易也并不完全按照国家法律的规定进行。交易者可能逃避契税；"找断"的方式和次数往往不依法律；应"过户"者不"过户"，应"完粮"者不"完粮"，这类情形也所在多有。问题是，这些又不只是个人的违法行为，而常常与民间习惯有关。由此，我们可以看到习惯法与国家法之间既相分离又相依赖甚至既相乖违又相适应的复杂关系。从历史上看，习惯法与国家法之间保持着长期的互动关系，习惯法以及国家法方面相应部分的面貌，正是在这种长期的互动过程中被逐渐塑造形成的。

由法律社会学的立场看，在人类文明史上，多种法律渊源、多重法律制度并存毋宁说是一种常态，因此，中国历史上官府之法与各种民间法律形式并存的现象不足为怪。真正值得注意的倒是这些不同法律制度之间的相互关系。以本文所讨论的狭义上的习惯法来说，它所涉及的基本是现代民法所针对的事务（所谓"钱田户婚"或"户婚田土钱债"），而这些事务恰好又是朝廷律例略而不载或规定极为粗略的那一部分。这样一种"分工"实在耐人寻味。

与其他主要古代文明及其法律相比较，中国古代文明和古代法的一个重要特点，是它很早就进入到一种世俗化的阶段，并且在其中发展出一种成熟的样态来。这种样态与同样世俗化和注重实际的罗马文明有很大的不同。就法律制度而言，它表现出一种强烈的道德化倾向。早在中国文明的发轫期，礼与刑就相配合，使法律成为"道德之器械"（王国维语）。至于后世，礼之所去，刑之所取，国家法律一准乎礼，法律与道德浑然一体。此所谓道德，实即伦常。它所关注的，主要是人与人之间的关系，而对人与物之间的关系率多忽略。其结果，"户婚田土钱债"一类关系，辄被视为"民间细故"而略于律典；所有纷争则委之于作为基层审判机关的州县衙门自行审结。然而，从社会与经济的角度看，所谓"户婚田土钱债"恰是一个社会普通民众日常生活中最重要的一部分内容。而在人际关系业已相当复杂的文明社会里，这部分内容之需要法律（不拘采取何种形式）的规范和调整自不待言。这时，倘若国家不能够提供相应的制度资源，就可能有其他形式的制度产生出来以满足社会的需求。

与朝廷律例相比较,作为一种制度的习惯法显然更贴近于实际的社会生活,因为它自始就不是被人为地按照某种原则设计出来的。从某种意义上说,习惯法是从社会生活鲜活的土壤中自然地生长出来的。当然,这并不是说它无须有"人"的参与。相反,它是由无数个人反复进行劳作、交往和冲突,在长时期的生活实践中形成的。这使得习惯法具有这样一些特征:首先,它主要受所谓"实用理性"支配,具有很强的实践性格,也因此而颇具灵活性。其次,它表现出程度不同的地方色彩,不但一省一地的习惯可以不同,一县一村的习惯也可能互不相同。再次,作为一种普通民众都耳熟能详的"地方性知识",习惯法中的内容往往借谚语、习语一类生动的民间知识形式表现和流传。比如,关于"永佃"有所谓"倒(换)东不倒(换)佃"之说;关于房、地回赎期限流行"雨水房子惊蛰地"或"头年房子过年地"之谚;关于房东与房客之间对于修房费用的分担有"小修归佃,大修归东"的说法;关于租、典、卖三种法律行为之间的效力有"租不拦典,典不拦卖"之说;关于家族继嗣的顺序和规则,则有"长子不出门"和"绝次不绝长"一类俗谚。明、清时代,这类"法谚"数量甚多,其对于普通民众日常生活的指导作用不可低估。复次,由于其非人为性,习惯法很容易适应实际的社会生活,这无疑是其合理性的一面。不过,在另一方面,也正是因为未经理性整理的缘故,它每每表现出混乱和不便之处。比如,典押关系采用绝卖契约,买卖契约可能写成租当。这些都是不确定因素，容易引起纷争。此其不合理的一面。再其次，习惯因俗而生，随风而变，这使得习惯法很难成为一种明白确定的规范体系。如前所述，习惯法的一项基本特征是规范与事实不能够清楚地区分开来，其结果，至少在其边缘处，辄存在一种不确定情态。这时，行为"规则"的确定便取决于行为人之间讨价还价和实力较量的结果。倘某种做法占据上风，且为众人群起效尤，就可能推衍成风，变成所谓"乡例"、"土俗"。最后，习惯法既非"立法者"所创造，也没有专门的机构来执行，这一点，甚至使它有别于民间的其他法律形式如宗族法或行会法。当然，习惯法的这样或那样一些内容可能在诉讼过程中为官府所认可，但是仅此一点并不足以保证习惯法秩序的有效性，因为事实上，在与所谓"户婚田土钱债"有关的各种纠纷里面，最后被提交官府裁断的只是极少的一部分，而且这极少的一部分通常也不是直接向官府提出的。在绝大多数情况下，这类纠纷都已先经过民间的"调解"或"调处"，尽管这些"调解"或"调处"没有直接获得成功，但它们往往成为下一步官府处断案件的基础。换句话说，习惯法之所以成为一种有效的秩序，虽然不能说与官府的认可、采纳没有关系，但是肯定有它自己的基础，自己的运作机制。到目前为止，人们对于中国历史上习惯法的运作机制尚没有充分的了解，这意味着我们关于中国古代社会实际状况的知识还相当地欠缺。

上面谈到习惯法的地方性，谈到习惯法中由自发性而来的种种混乱与不便，以及因为事实与规范相混淆而产生的某种不确定性。这些固然都是真实的，但是我们不应因此而得到错误的印象，以为所谓习惯法制度必定是狭隘的、粗陋的和作用甚为有限的。不要忘记，中国社会有着历史悠久的古老文明，它拥有统一的语言和政制达两千年之久。不仅如此，中国之社会与经济生活发达甚早，比如土地的自由买卖、人民之自由转业与迁徙，早在战国末年就已开始。至于文化、教育诸项，也都很早就十分发达。凡此种种，皆对于习惯法的发展有着重要影响。我们看明、清两代数量巨大的民间契约，尤其能够感受到民间社会秩序的稳固，感受到习惯法久远而强大的传统。

在历朝历代的律例里面，并无所谓契约法；征诸古代文献，也看不到专门的契约法理论。不过，中国历史上确实有数量惊人的契约文书流传下来，而且在某种宽泛的意义上说，也并不缺乏契约法的传统。明、清时代的契约种类繁多，然而其最基本的形式却都渊源久远。如一方写就交与另一方收执的"单契"，可溯源至南北朝中期；而分写两纸、双方各执其一的"合同契"，其远源可以追溯到周代甚至更早。又比如，明、清两代民间流行的契约，尤其是与当时基本的社会交往形式有关的那些，大多遵循相同的格式。如系土地交易，通常写明立契人户籍、姓名，交易原因、产权来源及现状，典卖产业之坐落、面积、四至等，买主名姓，立契程序，担保事项，立契时间，立契人及中、保人等签名画押，等等。这些立契的"要件"，其实早在秦汉时代就已经露出端倪。如下面这道东汉"买地券"的铭文：

建宁四年九月戊午朔廿八日乙酉，左骏厩官大奴孙成从雒阳男子张伯始卖所名有广德亭部罗佰一町，贾钱万五千，钱即日毕。田东比张长卿，南比许仲异，西尽大道，北比张伯始。根生土著毛物，皆属孙成。田中若有尸死，男即当为奴，女即当为婢，皆当为孙成趋走给使。田东、西、南、北以大石为界。时旁人樊永、张义、孙龙、异姓、樊元祖，皆知张约。沽酒各半。

这道著名的"孙成买地券"究竟是当时真实的契约，还是其复制品，是随葬的"明器"或"幽契"，学界所见不一。不过，这件汉代器物的真实性是没有问题的。

在中国古代契约的发展史上，汉代的契约形式只是承上启下的一个环节。事实上，我们所见到的"孙成买地券"已经是一种相当发达的契约形式，人们可以由此推想汉代以及汉代以前民间交易实践的广泛与丰富。汉以后，民间私约愈加发达；至东晋，官府为加强控制和增加收入，创立了名为"输估"的"税契"制度。至于宋代，随着社会经济尤其是商品经济的发展，官府则开始印制和强制出售所谓"官板契纸"，以进一步加强对民间交易的控制。这种制度一直延至民国时期。通常认为，"官板契纸"的采用促成了契约的标准化，从而有利于各地契约的完善和统一。这当然不错。不过，这里要着重指出，中国古代的契约法在更大程度上是我们所谓习惯法的一部分。因为自始至终，古代官府并没有创造出一套契约法制度。早在官府注意并且开始干预和管理民间私约以前，民间立契活动久已存在且已蓬勃发达。所谓"官板契约"，实际是对于已有之民间契约实践的某种总结。至于契约的"标准化"，其来源与表现也远不止官颁契约样文一种。宋元以降，民间流行大量有关社会生活事务的类书，如元之《新编事文类要启札清钱》、明之《尺牍双鱼》、清之《万宝全书》等。这些书也收录了各类契约样文，其范围较"官板契约"所涉及的更广。毕竟，官府所关注的只是与"施治"关系最为密切的那一部分，而受主观与客观两方面的限制，这部分的范围又是十分狭小的。当然，民间流行的契约种类和契约形式也大大超出了类书的范围。但是不管怎样，契约样文的大量出现（无论是出于官还是民），足以表明中国古代契约法的发达程度。一位生活在19世纪的外国观察家注意到，契约内容的专用名词到处都是一致的，谁要是熟习了一个地区的一般格式，他就会易于理解并在必要时遵守其他地区的特殊风俗习惯。与之相应的是，一些重要的习惯法制度，如"永佃"、"一田两主"、"典"、"活卖"、"抵当"、不同类型和形式的"会"等等，皆跨越数省乃至流行于全国，其基本的形态和原则大同小异。在此意义上，我们确乎可以谈论比如明代、清代甚至明清习惯法，而不只是某个地方的习惯法。

在中国历史上，宋以后的社会经济生活经历了一个较大的发展，尤其是在明、清两代，与社会的发展相伴随，出现了土地关系的"松解"、赋役制度改革、经济的商品化和货币化，以及人口的迅速增长。明代，中国人口数量在历史上首次达到一亿；而在清乾隆年间，社会人口更由一亿迅速增长到四亿。相比之下，社会物质资源的增长甚为有限。这时，解除人口压力在很大程度上要靠资源的重新配置。习惯法在这一时期更趋于复杂、细密，如土地权益的细分、各种新形式的担保，以及新旧制度之间的种种结合、扩展和运用，就反映了这种社会要求。反过来，习惯法的存在和发展本身，正是实现这种资源配置的最重要的制度条件之一。

清代的习惯法与国家法[*]

一

从法律史上看，中国古代法典中《唐律》最为显赫，习惯法则以清代为最发达。学者们早已注意到，《大清律例》于前朝法典虽然不无损益，实际仍多袭旧章。[1] 习惯法则不然，它植根民间，最贴近实际之社会生活，因此随时变化，因地而异。清代，国家对于土地之控制日渐松弛，民田侵蚀官田现象严重；随着人口压力迅速增加，经济商品化程度日益加深，民间租佃形式愈益多样，田土交易愈加频繁。凡此，无不直接表露于习惯法之发展中。[2] 其结果，不但国家法之相对不变、统一与习惯法之活泼、多样形成鲜明对照，而且这两极间的对立和相互作用也逾于前代。

本文下面要讨论的问题包括：作为不同的法律渊源，习

---

[*] 本文写于1995年初，系应《香港社会科学学报》之约撰写的论文。
[1] ［美］D. 布迪、［美］C. 莫里斯：《中华帝国的法律》，朱勇译，南京：江苏人民出版社，1993年，第59页。
[2] 详参杨国桢《明清土地契约研究》。

惯法与国家法具有何种性质，它们各受什么原则支配，其相互作用采取了什么方式和具有怎样的意义，等等。相信这些问题不但深刻影响了清代法律生活，而且对习惯法与国家法各自的发展也有着不可低估的作用。

二

上述情形颇类法律社会学家在"法条"与"社会秩序"[1]或者"正式法"与"非正式法"[2]之间所作的划分。事实上，中国法律史上习惯法与国家法的关系也确实可以借助这类理论予以部分的说明。然而，此中仍有一种重大差异须要指出，即法律社会学的上述分类主要基于法律发生之途径以及它们各自形态、效力等形式方面的不同，而在中国法律史上，习惯法与国家法之间的分野，除包含上述形式因素之外，还有一种内容上的"分工"。诚如学者所见，中国历代法典对于近代民法典中安排事项规定极少，后者大都由习惯法支配。[3] 更可注意的是，此种法律内容上的"分工"并非简单由社会结构所规定，而同时也是一种文化上的"选择"。[4] 换言之，中国古代国家不只是缺乏直接和全面控制乡村社会的能力，也很少对系统探究和阐发比如土地交易、金钱借贷一类关系产

1　参见 Eugen Ehrlich,"The Sociology of law", in *Harvard Law Review*, Vol. Xxxvi, 1922, No. 2。
2　参见 Lawrence M. Friedman, *American Law*, New York: W. W. Norton & Company, 1984, Ch. 2。
3　详参杨鸿烈《中国法律发达史》，北京：商务印书馆，1930年，第4页。
4　详参梁治平《寻求自然秩序中的和谐》，上海：上海人民出版社，1991年。

生兴趣。古代习惯法与国家法之关系因此便具有一种相当独特的性质。这种性质不但决定了国家对待习惯法的态度以及国家法与习惯法互相作用的方式，而且对此两种传统各自的发展产生深刻影响。

广义上说，国家法并非只限于法典，它也包括国家各级机构订立之规则、发布之告示、通过之判决等。同样，习惯法亦有广义，有狭义。清代，国家法之外尚有多种法律渊源，如宗族法、宗教法、民族法、行会法、习惯法、帮会法等。广义之习惯法包括民族法与行会法，其内容与宗族法亦多重合。狭义之习惯法仅指上述诸法源以外之民间惯习，内容主要涉及田房租赁、金钱借贷、土地典卖、人身雇佣以及婚姻、析产、立嗣等。这些，即传统所谓"户婚田土钱债"诸关系，恰是国家法视为"民间细故"弃而不取者。此外，与国家法乃至宗族法、行会法等不同，狭义之习惯法主要不是出于立法者的人为设计，而是由普通乡民在其长期生活、交往和无数次利益冲突中自发而共同地创生。所谓"土俗"、"乡规"、"乡例"、"俗例"等即是其主要表现形式。[1] 本文讨论国家法与习惯法，前者取其广义，后者取其狭义。

三

可以将习惯法与国家法置于人类学家所谓"小传统"和

---

[1] 详参梁治平《清代习惯法》。

"大传统"的框架中来说明。[1] 首先，它们是两套不同的知识系统。一是乡民社会之"地方性知识"[2]（在不尽相同的意义上借用吉尔兹语），一是受到自觉维护之更具统一性的精英知识信仰。其次，它们受不同原则支配。前者系关乎实用的知识，乃是乡民社会秩序之自动显现，后者则突出了文化之选择性，有更强的符号意味。再次，它们互相作用，因此必须在其相对关系中被了解和说明。[3] 习惯法与国家法在内容上的"分工"直接与它们各自的原则有关。

内有四百三十六条律文、千余条附例的《大清律例》，其内容按中央各部名称归举，即除总则性之"名例律"外，分为吏、户、礼、兵、刑、工六大部类。这种安排强烈地表现出一种行政统制原则。相应地，律文与其说是向臣民的直接宣示，不如说是对官吏的指示。[4] 在通常被西方学者译为"民事法"的"户律"里面，八十二条律文和二百四十六条附例（此据乾隆二十六年数）分配于户役、田宅、婚姻、仓库、课程、钱债、市廛诸条目之下；这些规定固然相对集中地涉及近现代民法所调整之关系，实际与民法大异其趣。首先，中国古代法律传统中并无民、刑分立之观念和程序，田宅、婚姻、钱债方面之"违法"行为辄被视为对社会公共秩序的侵

---

1 Robert Redfield, "The Social Organization of Tradition", in Jack N. Potter ed., *Peasant Society: A Reader.*, Boston: Little, Brown & Company, 1967.
2 参见［美］克利福德·吉尔兹《地方性知识：事实与法律的比较透视》，邓正来译，载梁治平编《法律的文化解释》，北京：生活·读书·新知三联书店，1994年。
3 因为直接与本文讨论的问题相接，这里归纳的三点具有引申意义，与罗伯特·雷德菲尔德（Robert Redfield）原初的说明不完全一致。
4 ［美］威廉·琼斯：《大清律例研究》，载高道蕴等编《美国学者论中国法律传统》，北京：中国政法大学出版社，1994年，第364页。

犯而招致刑罚。其次，"户律"之各项规定，除婚姻事项外，皆在某种形式上与户部的主要职能即税收相关联。最后，与此相关，有关继承或者土地交易的法律只涉及有关法律事项很小的一个方面，而没有对这些事项给予系统的说明和规定。[1] 这些显然与上述所谓行政统制原则有关。然而，"行政统制"并非支配国家法的唯一原则。在中国古代，法律的生命与其说在于行政，不如说是在道德。此所谓道德，并非现代意义上的社会制度或规范体系，而是包容宏富且具有决定意义的一套基本信仰、哲学和理论，国家"合法性"的最终渊源。个人、家庭、国家、社会和宇宙（或简言之天、地、人）被依据这种哲学合乎秩序地安排在一个统一、和谐的图景中，并且被相应地赋予责任和意义。比如，治理民众是天子的职责（正好比父亲对其子女负有责任），实施法律是国家的责任。这一切都在高度的自觉中被完成。乾隆五年"御制《大清律例序》"陈述其修律目的云：

> 朕寅绍丕基，恭承德意，深念因时之义，期以建中于民。……揆诸天理，准诸人情，一本于至公而归于至当。……五刑五用，以彰天讨而严天威。予一人恭天成命，监成宪以布于下，民敢有弗钦。

推行道德，弼成教化，这才是法律的目的、国家的职责。

---

[1] ［美］威廉·琼斯：《大清律例研究》，载高道蕴等编《美国学者论中国法律传统》，第 374—381 页。

因此，法律服从于行政、一统于君主的现象应当被置于此种广泛得多也深刻得多的道德秩序背景下来理解。

习惯法的发展依循不同的原则。如上所述，习惯法乃是一套关乎实用的知识，它们主要受实用理性支配，并且通过分配和调整乡民间权利－义务关系，实现乡村社会秩序。这种秩序经由长期生活实践和无数次利益冲突而形成，又随着社会变迁而发生或快或慢的变化。尽管其本身并非自足，但它无疑具有合乎其自身特质的生长规律，保有属于它自己的传统。明中叶以后，由于本文开始提到的那些变化，作为小传统的习惯法迅速进入其成熟之发展阶段。比如，在明末刊刻流传的各种民间日用杂书里面，我们可以看到几乎涉及当时民间生活中所有重要交往和交易形式的"标准"契式。这些"标准"契式规定了比如各种不同交易形式中当事人间的"权利"与"义务"，所用条款和词句只有微小的不同。[1] 在清代，这些契式以及反映于其中的社会关系本身又进一步被发展和完善。比如，租佃关系中的"永佃"制度在全国范围内获得极大发展；明代既已在个别地区实行的"一田两主"制度也扩展到江南、华南及华北诸省；土地交易中"活卖"与"绝卖"的分离更加确定和突出；中国所特有的"典"之制度也更加流行，且已完全具有其近代形态。与之相应，田土交易中的皮、骨分卖，活卖和典之后的回赎、找价和作绝，所有这些做法皆已演成民间之"风"、"俗"、"例"、"规"

---

[1] 参见杨国桢《明清土地契约研究》，第22—29、43—52、58—62页。

等，从而具有相当程度的确定性与"合法性"。[1] 不夸张地说，在清代，主要由习惯法构筑的乡村经济秩序是相当完整的。没有这样一种秩序，整个清代的社会和经济发展都是不可想象的。[2] 不过，正如前文所指出的，小传统不是自足的，不能由其自身得到说明。习惯法的发展至少应部分地从它与作为大传统之国家法的关系方面来了解。

四

消极地说，"分工"意味着国家对于民间各种"俗"、"例"某种程度上的放任，以及它鼓励民间调处和抑制诉讼的政策；而从积极的方面看，"分工"意味着习惯法与国家法在实施社会控制过程中的互相配合。毫无疑问，主要建立在习惯法基础上的乡村社会经济秩序对于国家实现其职能乃是必不可少的。以土地契约为例。清代，民间土地交易空前频繁，土地契约数量庞大，国家则通过规定税契以及钱粮推收过户的登记和注册手续等对之加以控制，为此而颁行和使用的官文书如契尾、税票、推单、执业单等，与民间土地契约相配合，"构成土地管理制度和赋役制度的基础资料，由此而层层编造出数量甚巨的鱼鳞册和黄册来"[3]。土地契约又是民人产

---

[1] 参同上书；梁治平：《清代习惯法》。
[2] 详参 Ramon H. Myers, "Customary Law, Markets, and Resource Transactions in Late Imperial China", in Roger L. Ransom ed., *Explorations in the New Economic History*, New York: Academic Press, 1982。
[3] 杨国桢：《明清土地契约研究》，第83页。

业的主要证明文件。所谓"有契斯有业，失契即失业"（乾隆三十八年浙江布政使司告示中语，《治浙成规》卷一），即表明官府在解决地权争执中对于民间私约的倚重。事实上，民间纠纷凡涉及私约者，官府大抵总要"调契查验"，以为判断依据。基于相同原因，地方官对于各地通行之乡规、俗例等，一般并不干预，除非这些乡间惯习有碍教化或与国家利益相悖而为国家法所禁止。

另一方面，习惯法虽植根于民间生活，其发展却不能不受国家法影响。从理论上说，任何一种民间纠纷都可以提交官断，国家也可以主动干预民间生活的任一领域。尽管事实上，绝大部分民间纠纷并未经由诉讼程序即已获得解决，国家为其能力所限也不可能事事干预，但是此种可能性的存在至少在一定程度上有助于习惯法与国家法之间的整合。比如，国家法禁止将已典卖与人的田宅朦胧重复典卖，民间土地契约则往往声明"并未典押他人，亦无重复交易"等情，有些契约更径直写明"于条无碍"、"谨遵宪例"等语。又比如，国家法方面的税契、过割制度对于民间订立土地契约习惯有明显影响；民间租佃关系中的"永佃"制度因得到国家法承认和保护而得以迅速发展。其他如民间交易中的"凭中"习惯以及对于实施和发展习惯法有着关键作用的民间调处制度等，也无不是在国家法直接或间接的影响下发展起来的。确切地说，中国古代习惯法与国家法之间的"分工"，实为此二者间长期互相作用的一种结果。

以上所述揭明了习惯法与国家法关系中整合的一面，即习惯法与国家法通过分工与合作，构成更大社会范围内一种相对完整的秩序。着眼于这一点，有学者甚至认为习惯法乃是国家法的伸延，民间调处机构即是国家法院的下级法庭。[1] 事实当然不是如此简单，如果习惯法与国家法确实属于两种不同的知识传统，分别受不同原则支配，那么，"分工"并不一定带来合作，相互作用也可以冲突形式表现出来。

民间习惯与国家条法不符者甚多，有些习惯本身即是规避国家法的产物。研究中国婚姻制度的学者发现，历史上"礼律繁文苛禁，往往与俗悬殊，且有适相反者"[2]。此种情形实际并不只限于婚姻领域。继承方面之"异姓承宗"、"兼祧重娶"，土地制度上的"一田两主"及钱债方面"违禁取利"的各种债务形式，皆是习惯法与国家法相悖的著例。然而，此中值得注意的，与其说是这二者的不相符，莫如说是它们互相作用的方式及相关问题，比如：谁人来联结习惯法与国家法，他们对民间习惯的兴趣缘何而来，官司根据什么原则去干预民间私约，国家法对习惯法的取舍和改造具有何种性质，以及这两种不同的知识传统在此互动过程中发生什么样的相对变化。

五

罗伯特·雷德菲尔德似乎认为，在中国，联结大传统与

---

[1] Sybille Van der Sprenkel, *Legal Institution in Manchu China*, London: The Athlone Press, 1962, pp. 96–112.
[2] 陈鹏：《中国婚姻史稿》，北京：中华书局，1990年，第1页。

小传统的人乃是读书人（他用的词是"*scholar*"）。[1] 就习惯法与国家法的关系而言，这种说法至少不够确切。读书人或者乡绅（尽管这两个概念并不完全相同）在一般文化意义上所起的中介作用固然比较显著，但在联结习惯法与国家法方面，真正值得注意的人物却是负有亲民之责的地方官。因为职责所在，他们直接处在国家法与我们所谓习惯法之间，他们对民间词讼案件的处理，以及他们针对民间习惯所抱持的态度和采取的措施，本身即可被视为国家法对习惯法的一种反应。不仅如此，作为受过正统教育（也是典型的中国式教育）的知识精英，他们同时又是意识形态的维护者和理论的创造者。如果我们想要了解古代法律理论，也须要在他们身上去寻找。

清代名幕之一汪辉祖认为，"官之所难为者，莫患于上下暌隔"。所谓"上下暌隔"即是风俗不知，奸良莫辨。如此行政，必然"不协舆情，即滋议论"。为此，汪氏建议，新官初到，听讼理事务要"体问风俗"，"折中剖断"，这样才能"情法兼到"。[2] 这里，法即是国家条法，情则指舆情、人情或汪氏所谓"风俗"，它当然包括本文意义上的习惯法，但相较其范围要宽泛得多。乾隆十九年，陈宏谋在其福建任上发布"谘询民情土俗谕"，其中把所谓"民情土俗"列为二十九项，即田赋、地丁、粮米、田功、粮价、垦殖、物产、仓储、社谷、生计、钱法、杂税、食盐、街市、桥路、河海、城垣、官

---

[1] Robert Redfield, "The Social Organization of Tradition", in Jack N. Potter ed., *Peasant Society: A Reader*, Boston: Little, Brown & Company, 1967, p. 3.
[2] 汪辉祖：《学治臆说》，载《清经世文编》，北京：中华书局，1991年，第553页。

署、防兵、坛庙、文风、民俗、乡约、氏族、命盗、词讼、军流、匪类、邪教。这些恰也是地方官为履行其职责所应注意的几乎全部事项。换言之，地方官对于"民情土俗"的兴趣和关注并不超出他们作为知识权力精英对守持道德理想和维护社会秩序之义务范围。上引陈宏谋谕令开篇云："因俗立教，随地制宜，去其太甚，防于未然，则皆官斯土者所有事也。苟非情形利弊，熟悉于心胸，焉能整饬兴除，有裨于士庶？"后来也在福建地方做过官，并著有《问俗录》六卷的陈盛韶亦云："夫惟知之明，然后处之当。邑令于民间风俗不能周知，势必动辄乖违，又何能兴利除弊耶？"因有这样一种强烈的意识和自觉的立场，国家法与习惯法间的关系就呈现出某种简单的逻辑。

　　从文化内部的观点看，法只有一种，那就是国家法。我们所谓习惯法不过是"民情土俗"的一部分，它们首先不为那些能够联结习惯法与国家法的人视为法。地方官所以要了解"民风土俗"，甚至在审理词讼时可能"听依俗例"，完全不是因为后者对他们具有法的拘束力，而只是因为它们已经存在，是既有秩序的一部分。国家无意也无力全面改变这一秩序，事实上，如若不是涉及赋役征收、地方安靖一类与国家利益和职能相关的事宜，民间习惯从来不为他们所注意。从这样的立场出发，在很大程度上支配了民间社会与经济生活的各种"规"、"例"、"俗"等就不是被从内部依其固有原则受到注意、观察和探究的。相反，包含于其中的种种复杂关系都被从外部加以统摄和简单化：经济生活中的利益分配关系被置于公共秩序的框架中来衡量，人与人之间复杂的权利－义务关系被翻译成道德上的是非关系。其结果，一个必令现代法律家产生浓厚兴趣的法的基本领域，在中国古代知识传统（思想与学术）中便不能够产生。在汇集了清代众多官吏、学者有关政治、经济、法律、学术等方面论说的《皇朝经世文编》里面，找不出一篇现代意义上的法学论文，尽管包括"习惯法"在内的法律问题一再被涉及。在与《大清律例》中被一些学者划为"民事法"的"户律"相对应的"户政"下面（《皇朝经世文编》体例与清国家行政体制和律典体例基本相同），依次排列的篇目为理财、养民、赋役、屯垦、八旗生计、农政、仓储、荒政、漕运、盐课、榷酤、钱币。在这样的知识传统里自然不会有"民法学"。这种欠缺导致国家在对待民间惯习和处理我们所谓"民事关系"问题时的简单化。

六

清代，因垦荒而成立之永佃关系甚为普遍。永佃关系中，佃户如不欠租即可世代长耕其田，唯不得私自出卖与出佃等，其地位不因田地易主而变化，故有"换东不换佃"之谚。清代为鼓励垦荒，对已经形成之永佃关系予以承认，《钦定户部则例》亦曾将之列为专条。只是，也像所有其他类似例、规一样，永佃关系从未被在学理上系统地阐说。有关永佃之户部则例的提出者、甘肃巡抚黄廷桂在其最早的奏疏中也曾述明原委：盖甘省佃农于垦荒之时，"必藉绅衿出名，报垦承种……复立永远承耕，不许夺佃团约为据"，后有地主借故夺田换佃，致使佃户"忿争越控"。黄氏以为，甘省佃农与他处不同，"其祖父则芟刈草莱，辟治荒芜、筑土建庄，辛勤百倍，而子孙求为佃户而不可得，实于情理未协"[1]。在欧洲法律史上，永佃关系的性质曾经是法学家们热烈讨论的话题[2]，而在中国，先已在民间形成的类似关系[3]（类似但并不相同），只是因为导致"忿争"与"越控"才引起国家注意。不仅如此，有关承认和保护永佃关系的建议和法律并非由可能与之相关的其他法律关系中推出，而是直接诉诸"情理"的结果。这里，"情理"不但是推理的起点，而且也是推理过程本身，于是，复杂的技术问题就为简单的道德判断所取代。下面的事例可能更典型。

乾隆年间，河南连年饥荒，致有产之家多将地贱卖糊口。山西等地富户借机放债，准折地亩。当地官府以为不妥，因勒限报明地方官，酌核原卖价，将已绝卖地亩赎回。乾隆五十一年上谕对此举极表赞许，且进一步申明：

>……似此乘人之危，以遂其垄断之计，其情甚为可恶。各省黎元，何一非朕之赤子！今因河南灾旱，而山西富户乘以为利，是富者日益其富，贫者日见其贫，及

---

[1] 《清高宗实录》卷一七五，转见杨国桢《明清土地契约研究》，第96—97页。
[2] 参见［意］彼德罗·彭梵得《罗马法教科书》，黄风译，北京：中国政法大学出版社，1992年，第264—268页。
[3] 参见梁治平《清代习惯法》，第81—92页。

遇丰年，展转增价售卖，而中州元气，竟为隔省豪强兼并侵剥，灾区气象何由得复旧观！将来豫省贫民日渐流徙，田产皆为晋民所有，成何事体！……此等贱买贱卖之田，核其原价，勒限听原主收赎。其连麦准价之地，仍令原主收回刈割，除原价归还外，酌量给与一、二分利息，毋许买主图利占据，不能给赎，致失业之民有岁无田，坐听丰年梜腹。倘有财力不赡，不能给与本利回赎者，在买主已获厚利，自当于本利十分之中，酌减三、四分听赎，方合人情天理。该富户等同为朕之子民，亦当各具天良。乃祝人之饥寒以为厚利，以天理论之，岂得长享富厚！甚可畏也。但遽绳以法，朕亦有所不忍。经此次降旨明切谕劝之后，倘伊等仍思牟利，不放原主收赎，或勒取重利，不肯减价，则是图利之民，怙终不悛，一经查出，必当置之于法，勿谓朕不教戒也。[1]

这道上谕以对民间交易进行干预的方式把国家法的性质以及国家法与习惯法和民间私约的复杂关系充分揭示出来。这里，最可注意的并不是这种干预是否正当，而是它所采取的方式。像前一个事例一样，有关法律事务的安排并不依据法律推理作出，而是直接诉诸"天理"、"天良"、"人情"等道德原则的结果。这样做固然合乎中国政治文化的内在逻辑，而且，从技术方面看，凡事诉诸"情理"显然可以起到化繁为简、化难为易的作用，但是因为这个缘故，关于"户婚田

---

[1] 《东华录》，乾隆一〇三。

土钱债"一类事务就不大可能产生一套多少具有系统性的说明性学理，这就是为什么律典上的"民事法"不过是一些个别和不相关联之条款的集合，官司对所谓"民事纠纷"的处断也只能极尽简单。律典中的情形前已述及，兹不赘述。下面就后一问题举例说明。

乾隆三十九年（1774），陕西华州武全德、康有增共同出资若干，交与李全盛做生意，后李全盛生意做坏逃走，本钱未偿。乾隆五十三年（1788），李全盛在四川巴县请姚治珍出图章代赊棉花，欠方豫泰、吴行义银一千二百余两。李全盛再次逃逸，债主告状求索，不但指名姚治珍，而且将其远在成都的东家赵公佐牵告在内。县衙限两年找李全盛到案对质偿债。姚姓寻李全盛不到，却将当年出资的武、康二人押回。此后又过三年，姚治珍已瘐毙，县主亦易人。此案经复审，有如下判决：

> 昔日支骗棉花乃李全盛因借用兴盛图章。全盛逃债，以致方豫太、吴行义指定姚兴盛（按：即姚治珍）索讨，株累赵公佐。前经讯明有判。原令赵公佐、姚兴盛找回李全盛还账。如逾限两年，全盛不来，账归赵姚二姓赔缴。不料兴盛回陕，找不着李全盛，乃以全盛出牛之则东康有增、武全德解渝，拖累二载。姚治珍已押毙。赵公佐旅食维艰，若再拘押，是实骗债者李全盘置身远扬，而拖累死者又有三人矣。堂断债银既有全盛，理宜备文赴陕原籍查拿。康与武着带文回去安业，赵公佐具结回

省，各寻生理。俟李全盛获日，再来对质，该房具详。[1]

此案判决中含混乃至矛盾之处甚多。首先，同一案件，前后判决不同。第一次判决限两年内找到李全盛，否则由"赵姚二姓赔缴"。第二次判决时姚姓已死，但"债务"既未"消灭"，也未转移于他人。赵公佐被判令"具结回省"，不过负有将来对质之"义务"。这里，姚、赵二人到底负何种责任，他们与李全盛又有什么关系，均不清楚。其次，即使姚姓为本案债务人，赵姓责任仍不清楚。姚姓"出图章"是实，然当时赵姓远在省城，并不知情，那么，在什么情况下他应为其伙计姚治珍的行为负责？再次，仅以其单独出名赊账、且债权人亦指名具告一事看，姚治珍似应负赔偿之责。官司以李全盛为骗债者、本案关键之人，根据何在？最后，昔日出资之康、武二人既未告状求偿，与本案有何关系？如无关，根据什么将其押解到案，羁押数年？法官没有用代理、合伙、责任、侵权、诈欺、有独立请求之第三人等概念来描述这些关系原不足为怪，但是他们对于此类关系根本不加说明的做法却耐人寻味。由于前面提到过的原因，现代民法所规定的复杂关系不是旧时法官所能了解，实施相应法律所需费用恐怕也非当时国家财政所能负担。因此只好简化案情，将"有关"人等押解到案，待寻出骗债之人，对质明白，追债治罪。做出这样的判决无须专门训练，具备常识即可。只是，依靠常识处理复杂案件，往往不能保证条理上的明晰和前后一致。

---

[1] 四川省档案馆编：《清代巴县档案汇编》，北京：档案出版社，1991年。

七

寻常词讼如此，在因民间纠葛致酿人命的场合，官司判决更体现简单化特点。在一桩因收租而致纷争的案件中，徐姓卖田与余之益，契内载明回赎，田仍由徐姓耕种偿租。后，之益弟余荣若将部分田亩转卖祝姓。徐姓屡向之益取赎，后者不允，祝姓则每年在徐姓田内收割租谷。乾隆十一年（1746），徐姓将田若干自行收回，祝姓等前往理论讨租，因此发生争殴，致死人命。官司对此案的判决，除照例惩治凶手外，并将余氏兄弟分别照"典主托故不肯放赎"律及"盗卖他人田宅"律治罪。应赎田地照价回赎。至买受田地之祝姓，不但被着令收回买价、退还田地，而且因其"争租起衅，酿成人命"，被照"不应重律"处罚。[1] 民法注重个人之间的权利－义务关系，所以它关心的首先是祝姓作为买受人可能有的权利，比如，他是否有"权利"争租（而不是这种行为的实际后果）。这涉及买卖的有效性，也涉及成就其有效性的各种条件，如合法、善意、时效等。显然，这些学理性问题不为官司所注意。它们问的，只是一种行为是否合乎情理，是否于法条无违，以及在更多场合，是否有助于社会稳定。官府对民间私约、惯行的处置，首先服从这方面的考虑。在一起主佃纠纷致死人命案中，官司判决说："（某处田亩）今因主佃不合，酿成命案，若仍听给佃耕，势必抗租，又滋讼

---

[1] 刑科题本，乾隆十二年八月初三日浙江巡抚常安题。

端，应听……另佃耕种。"[1] 基于同样原因，官府甚至主动干预，强行改变原有关系。比如在一案中，雷姓家族出卖田房，房产、地基分属兄弟二人，契内写明"浮房"。后园地基所有人误以为卖主将其地基一并卖出，致生争执，酿成人命。官司判决在将争殴各方一一发落之后，着令原房产买主依时价再出银若干，将属于雷姓家族中另一人所有的地基一起买下，"载明契内，以杜争端"。[2] 类似这样的断法，在有关土地、债务的刑科题本中比比皆是。可以说，杜绝争端，永断葛藤，这就是官司在命案中附带处断民间田土钱债纠纷时遵守的基本原则。

表明国家以简单手段处理"民事纠纷"的另一个事例是"不应为"律的广泛应用。《大清律例·刑律·杂犯》："凡不应得为而为之者，笞四十。事理重者，杖八十。"其律下小注云："律无罪名，所犯事有轻重，各量情而坐之。"这条概括性律文在律典中的位置并不突出，但在司法实践中的适用却极普遍，尤其涉及命案中"民事纠纷"的裁断，几乎无案不引。从官司特定之立场看，所有行为皆可依其性质分成应为与不应为两类。在田土钱债等领域，区分二者的主要标准是看它们是否容易"肇事"、"起衅"。广义上说，律例所禁止和处罚的行为皆属不应为者，但就"不应为"律而言，所要处罚的只是那些因其琐细而为律典不屑也不能一一予以规范的行为。包括现代民法规定事项在内的许多行为都可以归于这

---

[1] 刑科题本，乾隆十一年十一月十六日刑部尚书阿克敦题。
[2] 刑科题本，乾隆二十一年七月十七日安徽巡抚高晋题。

一类。因此，讨债、追租、负欠拖延、分家不公、劝解不力、强赎绝产、自力救济、冒昧作保以及在不法交易中代为说合等，都可以受"不应为"律处罚。"不应为"律之适用范围如此之广，足以弥补传统律典在"民事行为"规定方面的遗漏，由"不应为"律所规定的笞、杖刑罚，在强度上又恰好与"民事"方面不当行为应受的处罚相当。这就是"不应为"律在我们所关注的这个领域内被如此频繁引用的原因。

八

由上面的讨论，我们已接近于这样一种认识，即在习惯法与国家法这两种不同的知识传统之间，缺少一种内在和有机的联结。其表现于知识传统，是缺乏一种关于习惯法的说明性学理；表现于社会方面，是缺少一个有志于这种探究和说明工作的群体。由此造成的习惯法与国家法之间的"分工"实具有"断裂"性质。这一点也许是此二者关系中最可注意之处。

比较而言，中国古代习惯法，因为有久远的传统，也因为享有统一政权所带来的长久和平，得以在极广大的空间内传播和发展，它的一些重要制度跨越数省，乃至成为全国性习惯。我们前面提到的那些明代即已流行的"标准"契式，就可以表明习惯法已经达至的发达程度。尽管如此，从整体上看，习惯法仍是杂多的，且往往是混乱的。比如，由于各种因素的综合作用，民间交易形式常常混淆，如典、押写作绝卖，卖契写成租、当；土地交易有活、绝之分，活业索找一而再，再而三，至其卖而不断，断而不死。[1] 类此交易性质不明、产权界限不清现象足以暴露出习惯法制度在形式化与合理化方面的不足。事实上，习惯法既为小传统，原本是地方性的，其中的混乱与矛盾亦难避免。观诸近代各国法律发展，习惯法必先为司法所吸收、法学家所整理，才可能被改造而纳入具有较高形式化与合理化的法律体系。然而正如以上讨论所表明的，这样的条件在中国传统社会始终未能具备。有意思的是，清代国家对于习惯法的"改造"至少在表面上与近代国家的法律合理化运动有相合之处。比如，《大清律例·户律·田宅》所收雍正八年和乾隆十八年关于土地典卖的两条例，就有助于明确交易形式和划清产权。清代福建、江西、台湾等地官府针对民间"一田两主"等习惯采取的整顿措施，客观上也具有强化所有权的作用。问题是，所有这类改造和整顿民间习惯的举措都只是出于所谓"官吏意识"，而与法律的合理化无关。恰如学者所言，"在官吏意识中无论如何也发现不了近代化意识的构思。如果与征课无关，就不愿意与习惯秩序多打交道，这是历来政府或官吏的一般态度"[2]。这种态度既已造成习惯法与国家法两种知识传统间的"断裂"，国家法方面的改造措施最终也无助于习惯法的合理化。实际上，清代习惯法性格的形成以及它发展上的局限性，应当通过它与国家法的相对关系来说明。

1　详参梁治平《清代习惯法》，第92—111页。
2　［日］仁井田陞：《明清时代的一田两主习惯及其成立》，载刘俊文编《日本学者研究中国史论著选译》（第八卷），北京：中华书局，1992年，第421页。

九

进入20世纪,中国法开始经历一场剧烈变革。从清末修律,到民国政府完成《六法全书》,短短三十年间,国家法面目全非:在从术语、分类到原则和结构都已经"西方化"的法律体系里面,很少留有古代制度的痕迹。与之相比,习惯法的发展则有相当不同的结果。一方面,在上述法律变革过程中,习惯法开始具有某种新的意蕴。民国大理院及各地方法院在其审判活动中既有意识地根据新的法律原则改造习惯法,又对各地流行的习惯表现出一定的尊重,而通过对全国各地民、商事习惯的系统调查,习惯法的某些重要制度如"典"亦为立法所吸收。另一方面,在民间,习惯法的影响长期存在。在中国,直到1949年以前,支配民间(主要是乡镇)经济生活和交往的法律几乎就是清代习惯法的直接延续。在此意义上可以说,同是古代制度,习惯法比国家法具有更顽强的生命力。这一差异显然与此二者本身的性质和它们作用于社会的方式有关。

本文对于习惯法与国家法相对关系的关注和考察,主要基于这样一种认识:中国古代法乃是一种包含众多法律渊源的多元复合体系,不了解国家法之外的其他法律渊源,以及不了解它们之间的相互关系和互动方式,便不可能真正了解中国古代法律传统,甚至不能够正确说明它们各自的性质。当然,本文讨论的问题极其有限,实际上,它只是我新近完成的有关清代习惯法研究的一个方面。在我看来,这项研究具有多方面的重要性。首先，它是一种社会史研究，因此能够拓宽人们的视野，并且在方法、对象和范围诸方面可以更新传统的法律史研究；其次，对包括习惯法在内的中国古代法律传统之独特性质的深入研究，不但可以帮助人们比以前更加深入地了解中国法律与中国社会，而且可能对现有的法律学和社会理论提出挑战；最后，由于习惯法在民间生活中的有效性长期延续，关于清代习惯法的知识无疑有助于人们了解民国时期的法律与社会，不仅如此，随着社会和经济制度最近十数年里的变化，习惯法的研究正在变成一个具有现实意义的课题。

从"礼治"到"法治"？*

一

根据一般流行的见解，传统的中国社会，从政治学的方面看，是一个"人治"的社会；从社会学的方面看，是一个"礼治"的社会，而无论"人治"还是"礼治"，在今天都不具有超越时代的意义，因为归根到底，它们只是另一种社会、另一个时代的范畴。在讲求自由、民主和法治的现代社会里面，这些范畴既不具有正当性，也无法成为一种积极的精神资源。

对繁复的社会事实进行分类和概括，这是人们认识和了解社会的一种基本手段；而且，把传统的中国社会定义为所谓"人治"的社会或者"礼治"的社会，恐怕也不能说是错误。不过，我们在这样做的时候确实面临着某种危险，那就是把对象简单化和将概念绝对化，把复杂多变和包含诸多差

---

* 原载《开放时代》1999年第1期。

异的社会生活化约为一两种原则乃至口号，因而失去对社会生活丰富性的了解，看不到其中所包含的冲突、变化和推陈出新的可能性。事实上，作为一种日常话语实践，"礼治"与"法治"这一对概念的运用，常常具有某种绝对的意味，这一点不仅表现在人们对这样两种社会和秩序所作的截然划分上，也表现于他们对这种区分后面的支持性理论缺乏自觉的情形。为了揭示这种状况，我将从分析一个社会学家所建构的颇具影响的社会模式入手，通过将相关概念语境化和相对化的办法，达到对这些概念以及概念后面的理论的反思，重新把握被遮蔽的社会现实。

本文下面将分为四个部分。首先，我将介绍一种名为"礼治秩序"的社会解释模式[1]，并描述其基本内容与特征；然后，我将引入一些相关的历史与社会材料，以检验这种理论对于社会现实的说明力；再其次，我将沿着同一思路扩大对相关历史与社会材料的追索，进而探求其中可能蕴含的理论意义；在结语部分，我将重新回到理论问题，并作出简短的结论。

---

[1] 自然，这既不是关于中国的唯一的社会解释模式，也不是唯一有问题的一种解释模式。比如，相对于这里将要讨论的注重基层社会共同体，并以之为基本研究单位的社会解释模式，还有特别强调国家对社会的控制力，以国家为研究重点的社会解释模式。比较这两种社会解释模式之间的异同，尤其是支持这两种社会解释模式的前设理论之间的异同，应当是一件很有价值的工作，不过，限于本文的主题和篇幅，我在这里将只讨论前者。

二

本文所要讨论的"礼治秩序"的概念出自著名社会学家费孝通先生。

在最初于1947年出版的《乡土中国》一书中,费氏试图从对中国本土社会的研究里面提炼出一些基本概念,并用它们来勾画中国乡村社会的面貌。这些概念包括"乡土社会"、"差序格局"、"礼治秩序"、"长老统治"等等。在费氏看来,中国基层社会是乡土性的,或者,用社会学家的话说,是所谓"礼俗社会"[1]。在这种社会里面,人们安土重迁,其生活富于地方性。乡土社区的单位是村落,人们彼此熟悉,因此,这又是一个"没有陌生人的社会"[2]。在这样一个社会里,"规矩不是法律,规矩是'习'出来的礼俗"[3],换言之,乡村社会秩序的维持,在许多方面与现代社会秩序的维持是不同的。正是着眼于这一点,费氏不以"人"、"法"二字区分"人治"与"法治",而把它们分别确定在维持秩序时所用的力量和所依据的规范的性质上面。从这里,便产生了"礼治秩序"的说法。

---

[1] 值得注意的是,相对于"法理社会"的"礼俗社会"一词正好是"Gemainschaft"这个德文词的中文翻译。费氏自然熟悉德国社会学家滕尼斯(Tonnies)关于"礼俗社会"(Gemainschaft)和"法理社会"(Gesellschaft)的著名区分。虽然费氏对礼俗社会的刻画更强调中国社会的特殊性,我们在他的"礼治秩序"对"法治秩序"的二元划分中仍然可以看到滕尼斯的影子。

[2] 费孝通:《乡土中国》,北京:生活·读书·新知三联书店,1985年,第5页。本书原系报章文字结集而成,篇幅亦甚小,但是由于作者深厚的社会学素养和对社会生活的独到观察,这本小册子不但为普通读者所喜爱,而且为学术界所推重。

[3] 费孝通:《乡土中国》,第5页。

根据费氏的定义，"礼是社会公认合式的行为规范"[1]。不过，仅就行为规范这一点来说，礼与法律无异。二者的不同在于，法律要靠国家权力来推行，礼却不需要有形的权力机构来维持。"维持礼这种规范的是传统"，"传统是社会所累积的经验"，[2] 通过教和学而代代相传。在缺少变动、代代如是的乡土社会，过去的经验常常可以用来作现下生活的指南，人们因此对传统抱有敬畏之感。作为所谓"合式的路子"的礼，即是"经教化过程而成为主动性的服膺于传统的习惯"[3]，而所谓礼治，"就是对传统规则的服膺"[4]。这样的秩序自然要强调修身，提倡克己和注重教化。有了纠纷，要用调解的办法来解决，打官司是可耻的事情，因为那表明教化不到。

"乡土社会"所描述的是一种特定的社会情态，"礼治秩序"所代表的则是一种秩序类型，二者之间具有紧密的内在关联。用费氏自己的话说，"礼治的可能必须以传统可以有效的应付生活问题为前提。乡土社会满足了这前提，因之它的秩序可以礼来维持"[5]。相反，在一个变迁的社会里，传统的效力无法保证，只有大家在规定的办法下合作，才可能成功地应付共同的问题，这样便产生了对法律和法治的要求。换句话说，"法治和礼治是发生在两种不同的社会情态中"[6]。礼治社会是乡土社会的特色，法治则适合于变迁很快的社会和

---

1 同上书，第 50 页。
2 同上。
3 同上书，第 53 页。
4 同上书，第 55 页。
5 同上书，第 53 页。
6 同上。

时代。社会情态改变了，秩序类型也必然要发生变化。

费氏在他的书里面并没有正面地和系统地论述法治的理念，但是他的"礼治秩序"概念却是在一个与之正相对应的概念即"法治"的对照下展开的。实际上，无论"乡土社会"还是"礼治秩序"，都只有在一个历史的和比较性的框架里才是有意味的和可以理解的，而我们也确实可以从费氏的比较性论述当中理出一个"礼治"和"法治"的对比式来：在"礼治秩序"这一面，维系社会秩序的规范是礼，维持礼的力量则是传统和习惯；礼对于人的约束是内在的，即人通过教化而主动地服膺于礼；这种秩序注重修身和克己，依靠调解来解决纠纷；打官司被视为丑事，讼师更为众人所不齿。与这种秩序相配合的是一个缺少变化的社会，或者，用更加确定的说法，一个前现代的社会或传统社会。而在"法治"这一面，基本的规范是法律；法律靠了国家力量来实施，从外部对人加以约束；法律着眼于个人权利的保护，因此鼓励人们主张各自的权利，亦不以涉讼为耻，相反，专门的法律家如律师在这样的社会中占有重要位置；自然，与法治相配合的社会是一个变迁很快的社会，即我们所谓现代社会。如果把上面的对比式再加以简化，我们可以看到这样一组正相对应的概念：

礼治／法治

礼俗／法律

习惯、传统／国家权力

内在 / 外在

强调克己 / 主张权利

调解和教化 / 诉讼和审判

讼师 / 律师

相对不变 / 变动很快

传统社会 / 现代社会

对乡土社会的刻画和对礼治（秩序）与法治的区分，自然有助于人们认识和了解中国的社会现实，但这未必是作者唯一的和最终的目的。在费氏思考和写作这本小书的时候，中国社会正处于变化和动荡的转型时期。就其讨论的主题来说，一个引人注意同时也是令人感到困窘的问题是，现代的司法制度已经引进并且推行下乡，乡土社会中人的组织、行为和观念却没有发生相应的变化，结果是"现行的司法制度在乡间发生了很特殊的副作用，它破坏了原有的礼治秩序，但并不能有效的建立起法治秩序。……结果法治秩序的好处未得，而破坏礼治秩序的弊病却已先发生了"[1]。要解决这样的问题，根据费氏的看法，除了把现代法律和法庭推行下乡，还应当在"社会结构和思想观念"上作一番改革。因为，归根到底，只有破坏了原有的乡土社会的传统，才可能使中国走上现代化的道路。[2]

费氏的问题意识很清楚。由于中国社会所经历的转变，

---

[1] 同上书，第58—59页。
[2] 同上书，第58页。

礼治秩序已经失去了它的历史正当性，而且事实上，它也正在为法治秩序所取代。因此，问题仅仅是，如何推进这一历史进程，完成这一社会转变，同时尽量避免社会转型过程中可能出现的种种弊害。应该说，费氏当日对中国社会所作的观察是敏锐的，而他对于中国社会发展所抱持的这种看法，即使在今天仍然是颇具代表性的。[1] 不过，在这本小书问世将近半个世纪之后，面对新的社会理论与实践，我们似乎有责任也有理由重新思考这一问题。

三

在把费氏的"乡土社会"概念导入相关历史和社会情境之前，可以先对其方法论作一个简短的检讨。

费氏对于他所谓"乡土社会"的描述一方面建立在社区观察的基础上面，另一方面也受到他对于中国社会一般了解的支持。不过，正如他自己在《乡土中国》的"重刊序言"中所说，这本小册子与他以前所写的社会学调查报告如《江村经济》等不同，"它不是一个具体社会的描写，而是从具体社会里提炼出的一些概念"[2]。这些概念能够帮助我们一般地了解"中国基层传统社会"，了解它的特质和结构，它支配着社会生活各个方面的"特具的体系"[3]。换言之，"乡土社会"也好，"礼治秩序"也好，这些概念在时间和空间两个方面都

---

[1] 费氏的这本小书自 1980 年代以来一再重印，也许可以从一个侧面说明这一点。
[2] 费孝通：《乡土中国》"重刊序言"，第 2 页。
[3] 同上。

具有远为广泛的适用性。[1] 问题是，费氏对于中国社会的直接观察和思考毕竟被限制在特定的时空范围之内，而这一特定时空又恰好处于中国社会面临现代性挑战的转变过程之中，早已经不是单纯的"传统社会"，于是，费氏对"中国基层传统社会"的描述在多大程度上真实可靠，又在多大程度上因为其特定时空内的特殊经验而受到扭曲，就成了一个问题。[2]

指出上面这一点并不是要否认传统的连续性，而是想强调，即使是具有连续性的传统也常常在变化之中。经历了近代革命的中国社会不同于"传统的"中国社会固不待言，就是在"传统的"中国社会里面，秦汉与唐宋、唐宋与明清，其社会形态也都各不相同。事实上，费氏所刻画的"乡土中国"更接近于明清社会。这也很自然，因为正是明清社会，直接构成了近代中国社会变革的历史背景。也是因此，对明清社会的了解，不仅有助于我们重新检讨费氏建构的所谓"乡土中国"的社会模式，而且对我们认识最近一百年来中国社会的变迁大有裨益。

费氏笔下的"中国基层传统社会"有两个特点，第一是它比较缺乏变化，所谓"乡土特色"使得整个社会趋于静止；

---

[1] 须要特别指出的是，尽管费氏把"乡土社会"概念称之为"理想类型"（ideal type）的概念，但事实上，他并不是在马克斯·韦伯（Max Weber）的意义上使用"理想类型"这个概念，因为他把"乡土社会"所描述的这个社会视为整个中国社会的真实缩影。因此，"乡土社会"的概念与其说是分析性的，不如说是描述性的。

[2] 比如，1940年代中国的农村社会已经深受现代化进程影响，新式的司法制度也已经推行下乡，这意味着社会与国家的关系开始发生重大改变，这种改变不能不影响到乡村社会生活，影响到乡民针对"法律"的看法、态度和行为。实际上，费氏自己也提到这种变化及其在乡村社会生活中的复杂影响。（见《乡土中国》，第58—59页）关于这一时期国家政权建设对中国乡村社会生活产生的深刻影响，参见［美］杜赞奇《文化、权力与国家》，王福明译，南京：江苏人民出版社，1994年。

第二是只见"社会"不见"国家",以及相应地,只有"礼俗"没有"法律"。这种社会与我们现在所了解的明清时代的社会并不相同。许多学者的研究都表明,明清时期,尤其是清代,随着人口规模的迅速扩大,中国社会的商品经济和货币经济有了很大的发展,土地交易和土地的流转极为频繁,这使得整个社会内部充满了动荡与不安。这种情况表现在法律上面,便是诉讼频仍和地方行政的不堪重负。比如据一位日本学者的保守估算,乾隆年间(1736年—1795年),普通州县一年可能收到一万五千到二万份状词;在一个有大约二万三千户人家的州县,每年作为新的原告或被告参与诉讼的在千人以上。[1] 当然,这种估算即便属实,也并不意味着清代社会与现代社会无别,或者,清代中国就已经开始进入法治时代。我们能够确定的只是,明清社会并不缺少变化,当时的基层社会也不是不见"国家",在那里,社会秩序单靠传统、习惯和礼俗尚不足以维系。

一个有意思的问题是,除了上面提到的一般原因,诉讼频仍的现象究竟是如何产生的?这些诉讼所要解决的问题是什么?以及对于体现于诉讼中的社会要求,国家的司法制度是否能够予以满足?要全面回答这些问题,显然将大大超出本文的主题和篇幅,因此,下面仅就本文关心的问题,根据

---

[1] 参见〔日〕夫马进《明清时代的讼师与诉讼制度》,范愉译,载王亚新、梁治平编《明清时期的民事审判与民间契约》,北京:法律出版社,1998年,第389—430页。据另一位学者估算,清代每年每二千人中就可能有一件新案子。参见黄宗智《民事审判与民间调解:清代的表达与实践》,北京:中国社会科学出版社,1998年,第165—174页。这两种估算显然有出入,但重要的是,它们都说明了当时国家法律在普通社会生活中的重要性。

已有的研究作一个简单的叙述。

清代的诉讼，就其数量而言，一多半与所谓"户婚田土钱债"有关。当时，这一类事务被国家视为"民间细故"，并将处断的权限委之于州县官吏。[1] 然而，对普通民众而言，生活日用无非就是"户婚田土钱债"一类事情，遇有纠纷，若不能及时解决，其日常生活必然深受影响。尤其是田地房宅一类纠葛，关涉人民生计，故其往往拼死相争。值得注意的是，民间这类利益纷争并不以"权利主张"的方式表现出来，同样，无论民间的调解还是官府的听讼，[2] 也都不是以界定"权利"为目标展开的。比如诉讼，当事人并不是依法主张其权利，而是以"喊冤"方式求"青天大老爷"为自己"做主"。为此，无论告、诉，状词总要列举对方"恶行"，如无理、霸道、欺压、殴打情事，且多夸大其词，期冀引起官府的注意与同情。官府这一面，则以更高道德权威的身份，站在"公"的立场上，[3] 在全面考察和考虑了各种具体因素的基

---

[1] 这意味着，首先，地方官对这类案件可以自行决断，而无需像性质较严重的案件那样由上一级官府审核定夺。其次，处断这类案件，地方官拥有很大的裁量权，不必严格依照律典。有学者对后一点表示异议，认为清代的地方官在处理这类案件时也是严格按照律典办事的。见 Philip C. C. Huang, "Codified Law and Magisterial Adjudication in the Qing", in K. Bernhard and Philip C. C. Huang ed., *Civil Law in Qing and Republican China*, Redwood City: Stanford University Press, 1994。对这一看法的批评，见梁治平《清代习惯法》，第 138 页，注 1。

[2] 应该注意的是，清代的调解和听讼并不是两个可以明确区分开来的程序。在许多场合，它们部分重合，并且受地方官指导。更重要的是，调解和听讼的性质和目标并不像有的学者所认为的那样截然不同。有关的讨论，见梁治平《清代习惯法》，第 16—20 页。

[3] 中文里所谓"公"同时指官府的、公共的、公平的等等。

础上，作出不偏不倚、合情合理的判断。[1] 所谓不偏不倚，就是取中，不偏私；所谓合情合理，即是考虑周全，既遵守当然之理（如"欠债还钱"），又照顾自然之情（如"事出无奈"之类）。[2] 因此，"在理"者不一定能获全胜，"无理"者也未必全败。自恃理直而不依不饶的态度和做法本身就会被看成是不近情理而遭受非议。[3]

与上述情形相对应，民间也并不存在与事实上的领有关系相分离的抽象权利以及保护这种权利的"所有权制度"。比如在与民生关系最为密切的土地方面，"所有的对象与其说是'物'，不如说是一种'经营权'，……土地所有权本身并没有成为一种国家的制度。因为所有者的地位并不由国家在他相对于社会以及国家权力的位置与作用这一制度层次上进行设定和承认，而只是体现在所有者从前一管业者手里取得的、眼下正在从事或转让负有税粮义务的经营收益以及周围人们对这种状态的一般了解和尊重"[4]。换句话说，我们今天所谓"土地所有权"，当时只是一种建立在某种"来历"的基础之上并且获得一般社会承认的相对稳定的状态，一种介乎权利与事实之间的状态。从规范秩序的角度看，这种状态的稳定

---

[1] 参见［日］寺田浩明《权利与冤抑——清代听讼和民众的民事法秩序》，王亚新译，载王亚新、梁治平编《明清时期的民事审判与民间契约》，北京：法律出版社，1998年，第191—265页。
[2] 参见［日］滋贺秀三《清代诉讼制度之民事法源的概括性考察——情、理、法》，范愉译，载王亚新、梁治平编《明清时期的民事审判与民间契约》，第19—96页。关于这一问题更一般的考察，参见梁治平《寻求自然秩序中的和谐》，北京：商务印书馆，2013年，第九、十、十一章。
[3] 参见［日］寺田浩明《权利与冤抑——清代听讼和民众的民事法秩序》，王亚新译，载王亚新、梁治平编《明清时期的民事审判与民间契约》。
[4] 同上，第200—201页。

性与地方性惯例或我们所谓习惯法有关，但即使是习惯法，正如这个词本身的含义所表明的那样，也不能够提供一套脱离开事实的抽象规范。[1] 其结果，在明清时代，伴随着人口的巨大压力，以及人口与资源之间日益尖锐的矛盾，民间围绕着各个不同的"生业"而展开的斗争，就呈现出一种你挤过来、我推过去的暗暗较劲的状态。[2] 明白了这一点，我们就不难了解，为什么当时的民间纠纷常常伴以各式各样的强力行为，从"图赖"式的"胡搅蛮缠"一直到关涉人命的"争殴"。[3]

回到前面提出的问题，我们可以清楚地看到，明清时代民间的"户婚田土钱债"纠纷之所以多，除与当时的社会经济变化有关之外，也与财产制度和法律制度有关，与人们看待和解决纠纷的方式有关。既然民间各种"生业"只是一种介乎权利与事实之间的相对安定状态，而不曾在制度上被明确地加以界定，纷争与诉讼便会源源不断。[4] 又因为官府的审

---

[1] 在习惯法那里，规范与事实不能够明确地区分开来。参见［美］昂格尔《现代社会中的法律》，吴玉章等译，北京：中国政法大学出版社，1994年，第43—44页；［英］哈特：《法律的概念》，张文显等译，北京：中国大百科全书出版社，1996年，第92—95页。

[2] 参见［日］寺田浩明《权利与冤抑——清代听讼和民众的民事法秩序》，王亚新译，载王亚新、梁治平编《明清时期的民事审判与民间契约》，北京：法律出版社，1998年。

[3] 寺田浩明和滋贺秀三都曾谈到这种现象。详见寺田浩明上引文；［日］滋贺秀三：《清代州县衙门诉讼的若干研究心得——以淡新档案为史料》，姚荣涛译，载刘俊文主编《日本学者研究中国史论著选译》（第八卷），北京：中华书局，1992年。又，清代刑科题本中"土地债务"类涉及的都是这类情形。详见《清代地租剥削形态》及《清代土地占有关系与佃农抗租斗争》两书，北京：中华书局，1988年。

[4] 这里可以附带指出，当时许多涉及土地的交易不是一次完成的，这种情形往往导致无休无止的讨价还价和纷争。参见梁治平《清代习惯法》。

判实际上与民间调解一样,旨在恢复和谐、解决纷争,并不以界定和保护权利为目标,上述情形便只会进一步加深,以至虽然社会中存在着无讼的理想和息讼的努力,虽然诉讼费用并不低,[1] 纠纷和诉讼仍然有增无减。其实,诉讼费用高昂这一现象本身也很能说明问题。说到底,当时的司法制度并不是为保护个人权利而设计,如果要在情节琐细且数量众多的民间词讼里面将权利一一界定清楚,则将耗费大量的人力物力,为收入有限的地方政府所不能负担。因此,地方官便不得不倚重民间调解机制,并且把听讼变成教化,将技术问题转变为道德问题。[2] 不过,正如我们已经看到的那样,这样做的结果并不能阻止潮水般的诉讼。为了应付繁杂的衙门事务,地方官不得不依赖幕友、书吏和差役。[3] 后者数量可观,却在国家编制之外,他们中间多数人的生活和办公费用从当事人身上索取,由这里,便产生了种种所谓衙门"陋规"。它们令诉讼成为一种灾难,但仍不足以根绝诉讼。

明清社会内部潜藏了许多危机,诉讼频仍与地方行政的困顿便是这些危机的表征之一。

---

1 黄宗智教授曾经对当时的诉讼费用作过一些估算,并得出结论说,尽管较大和性质严重案件的诉讼费用可能非常高,较小和不很严重案件的诉讼费用却没有高到阻止普通人涉讼的程度。参见黄宗智《民事审判与民间调解:清代的表达与实践》,北京:中国社会科学出版社,1998年,第174—178页。
2 这一点早经黄仁宇先生指出,详见黄氏所著《万历十五年》,北京:中华书局,1982年,第145—155页。关于中国古代法律的道德化问题,参见梁治平《寻求自然秩序中的和谐》,北京:中国政法大学出版社,1997年,第九、十、十一诸章。
3 关于清代幕友、书吏和差役的情况,参阅 Ch'u Tung-tsu, Local Government in china under the Ch'ing, Cambridge: Harvard University Press, 1962, Ch. 3-6. 又见郑秦《清代司法审判制度研究》,长沙:湖南教育出版社,1988年,第105—143页;戴炎辉:《清代台湾之乡治》,台北:联经出版事业公司,1984年,第631—665页。

四

明清时代的人很容易把诉讼频仍的现象归因于民间的"健讼"风习或者讼师的活动，但是对于一个生活在20世纪的观察者来说，这类看法显然过于简单化了。在我们看来，不但诉讼的当事人，而且就是那些从诉讼中渔利的讼师，其行为也未尝不具有某种合理性。事实上，并不是"健讼"之风和讼师的存在使得诉讼有增无减，恰恰相反，正是诉讼的必要性促使民众选择诉讼，[1] 并使得讼师能够存在。[2] 问题是，诉讼中所体现的社会要求并没有获得制度性的解决，结果在一方面，旧的诉由一提再提，新的诉由纷至沓来；另一方面，众多的诉讼在对地方衙门造成巨大压力的同时，也对当时的司法制度构成了挑战。今天看来，这个挑战无法在传统的制度框架内予以化解，因为它包含了现代性的要求在内：一套产权界定办法和权利保护制度。

把现代性这样的概念加入到明清社会生活之中，这种做法必须加以限制性的说明。实际上，当时没有人提出什么

---

[1] 大体说来，发生纠纷时诉诸民间权威还是官府，这一点取决于当事人对其具体景况的权衡。参见［日］岸本美绪《清初上海的审判与调解——以〈历年记〉为例》，载《近世家族与政治比较历史论文集》，台北："中央研究院"近代研究所，1992年；黄宗智：《民事审判与民间调解：清代的表达与实践》，北京：中国社会科学出版社，1998年，第182—190页。

[2] 参见［日］夫马进《明清时代的讼师与诉讼制度》，范愉译，载王亚新、梁治平编《明清时期的民事审判与民间契约》。此外可注意的是，讼师的存在还为社会中的弱者提供了一种可能性，使他们有可能打破地方精英对于地方事务的垄断而诉诸更高一级权威。在这种意义上，讼师的活动可以被视为连接地方社区和政府的一个重要渠道。参见 Melissa Macauley, *Social Power and Legal Culture*, Redwood City: Stanford University Press, 1998。

"权利主张",也没有人根据现代人所熟悉的权利－义务模式去思考问题。因此,与其说明清社会内部孕育了现代性的要求,不如说当时社会生活中的一些基本问题有可能借助现代性的方案来加以解决。换言之,在传统社会与现代社会之间,存在了一些结合点。这个问题也可用另一个事例加以说明。

在对所谓清代习惯法的研究过程中,我发现,习惯法的支配原则与官府之法的支配原则不尽相同。前者是一套实用性知识,其应用关乎民生日用,因此主要受实用理性支配。后者则相反,作为一种精英知识传统,它的符号意味更强,文化选择色彩也更浓。通过对此二者之间相互关系的研究,我还发现,尽管这两种知识传统从来不是互相隔绝的,但从某种意义上说,它们之间的联系终究是外在的。中国历史上既缺少一种关于习惯法的说明性学理,也缺乏一个从事于这种探究和说明工作的群体,结果是,所谓习惯法只能是一种粗糙、实用的地方性知识,而无由成为一种精致、抽象和富有学理性的知识系统。[1] 具有讽刺意味的是,当清末立法者决定模仿西法改革旧制之际,这种粗糙实用的知识传统一改其鄙俗卑微面貌,登堂入室,成为创立新法的一项重要内容。对于各地方习惯的大规模调查发端于清末而完成于民国,[2] 分散而多样的地方习俗历史上第一次被在全国范围内全面地搜

---

[1] 参见梁治平《清代习惯法》,第128—141页。
[2] 有关清末民初民商事习惯调查的一般情形,参见黄源盛《民初法律变迁与裁判》,台北:台北政治大学,2000年,第373—378、380—384页。

集和整理，并且根据现代民、商法体系加以分类。[1] 不仅如此，在当时各地的司法审判过程中，习惯还被按照现代法理加以解释，进而程度不同地融入司法实践和新式立法当中。[2] 作为日常生活实践的民间惯习突然获得如此关注，显然不是因为它们自身发生了重大变化，而是因为法律制度的整体架构改变了，因为这一变化，一向被官府视为细枝末节而不加重视的"户婚田土钱债"事务开始具有特殊的重要性，与这类事务有着直接关联的社会生活实践也被从新的角度重新加以理解。在此基础之上，作为民间小传统的习惯与新的国家法律逐渐被内在地联系在一起。[3]

在明清社会内部发现现代性的生长点，这是一件颇有意味的事情。它表明，传统与现代不必截然两分，"礼治秩序"中也可能有"法治"的要素。反之，根据同一种逻辑，"法治"也未必不能包容和吸收某种"礼治"的要素。

也是在《乡土中国》一书中，费孝通先生区分了三种不同的权力类型，即所谓横暴的权力、同意的权力和教化性的权力。前两种权力另有专名，即专制与民主，后一种权力类

---

[1] 由这一调查产生了若干种习惯汇编，其中最著名的是由北京政府司法部于1930年出版的《民商事习惯调查报告录》。此一汇编后来先后在台湾（台北：进学书局，1969年）和大陆（北京：中国政法大学出版社，1999年）重新出版。

[2] 作为中国固有制度之一的"典"被吸纳到《民国民法典》（1928—1930）中就是一个好例。此外，《民国民法典》第一条即规定，民事"法律所未规定者，依习惯"。民国初期的最高法院大理院更在其一系列司法判决中确立若干标准以决定可以依据习惯解决纠纷的情形。详见黄源盛《民初法律变迁与裁判》，台北：台湾政治大学，2000年，第393—424页。

[3] 除了推动民商事立法，上述针对地方习惯采取的种种措施还有一层更重要的意蕴，那就是通过全国法律的统一和有效贯彻来完成法律的现代化和民族国家建设。

型则为中国乡土社会所有。在费氏看来，这种权力显然不是专制的，但也不是民主的，而是建立在他所谓"长老统治"的基础之上，是"无为政治"的一个结果，"礼治秩序"的一项内容。换句话说，教化性权力的社会学基础，是乡土社会中的特定经济条件和社会组织结构。在那里，横暴的权力受到种种约束，在人民的实际生活中是松弛的和微弱的。[1] 也是着眼于这一点，有人说中国传统社会虽没有政治民主，却有社会民主；或说中国的政治结构分为两层，上面是不民主的，下面是民主的。[2] 也有人认为，与前现代社会中的欧洲人相比，中国人享有的自由，从来都不是太少，而是太多。[3] 持这类看法的人通常会注意到传统社会中的乡族、村庄、行会等共同体，强调其自治性质和它们对于来自国家的专制力量的消解作用。具有讽刺意味的是，五四运动以后占主导地位的思想舆论恰好认为，传统社会中的共同体如家族、行会等不仅不是自由的保障，反而是自由的大敌，只有彻底打破这种所谓"宗法社会"的格局，个人才可能获得真正的解放。[4] 中国现代国家就是在这套现代性话语的指导下成长起来的，只是，它最终并没有实现有关个人解放的诺言，相反，随着"宗法社会"的彻底瓦解，不仅社会消失了，个人也不复存

---

[1] 费孝通：《乡土中国》，第60—70页。
[2] 同上，第65页。
[3] 比如，孙中山先生即有这样的看法。转见梁漱溟《中国文化要义》，上海：学林出版社，1987年，第163页。
[4] 沟口雄三曾对这一时期的思想转变作了很好的描述与概括，参见其所著《礼教与中国革命》，载《学人》第10辑，第121—139页。

在。国家取代了一切，吞噬了一切。因此，毫不奇怪，在20世纪即将结束之际，当人们重新回顾这段历史，并认真反省当下的中国社会之时，历史上的各种共同体，它们的自治性质，以及它们与国家和个人之间的关系，又一次引起了他们的注意。[1]

在此，我无意对中国历史上的国家、社会和个人自由的关系问题加以论证，事实上，我并不认为传统的中国人（即使是在明清时代）具有与西方人同样的自由、民主等价值理念。当费孝通先生指出教化权力既非民主又异于不民主的专制，[2] 或者，梁漱溟先生说中国人未尝自由亦未尝不自由的时候，[3] 我想，他们都意识到了中国社会情态的复杂性，意识到简单地用自由、民主一类价值去衡量中国传统社会的危险。尽管如此，我们仍不妨去构想一种经由"社会"来实现的个人自由，而且，无论我们赋予这个"社会"什么样的现代含义，在它与那些渊源久远的民间社会组织形式之间，是可能存在某种联系的。正是在这样的意义上，我们可以说，现代

---

[1] 由近年来欧美中国研究中有关"公民社会"的讨论可以看到这一发展。英语文献方面的一般讨论，见 *Modern China*, Vol. 19, No. 2, April, 1993 之专号。中文文献方面的一般介绍和评论，参见顾欣《当代中国有无公民社会与公共空间》，《当代中国研究》1994 年第四期；杨念群：《近代中国研究中的"市民社会"——方法及限度》，《二十一世纪》1995 年 12 月号。最近的研究见梁治平《"民间"、"民间社会"与 Civil Society》，《当代中国研究》2001 年第 1 期。有关日本学者对这一问题的部分看法，参见［日］岸本美绪《市民社会论与中国》，王亚新译，载王亚新、梁治平编《明清时期的民事审判与民间契约》，第 350—372 页。

[2] 费孝通：《乡土中国》，第 70 页。

[3] 梁漱溟：《中国文化要义》，第 254 页。

法治也可以从传统的礼治秩序当中汲取养分。[1]

五

中国近代革命和中国现代国家，都是在一个历史进步论的宏大理论笼罩之下发展起来的。这种理论力图让人们相信，人类社会在不断的进步当中获得发展，新社会取代旧社会、现代取代传统，体现了历史的发展规律，是人类进步的必然结果。受这种宏大理论支配，产生了各式各样的现代性话语，这些具体理论虽然各不相同，但是都假定传统与现代截然不同，相信前者必然为后者所取代。在本文前面所介绍的费孝通先生对于所谓"乡土中国"的描述里面，就隐含了这样的理论逻辑。在那里，正如我们所见，"乡土社会"及其"礼治秩序"是在一系列二元对立的概念区分中被把握和说明的。因此，这里的问题并不是费氏对于中国基层社会的描述有多少真实的成分，或者，他从中国具体社会中提炼出来的概念具有多大的说明力，而在于，这种对中国社会的观察和解说在多大程度上受到作者本人理论"前见"的影响和扭曲，以及一种贯穿于语词和概念结构中的理论可能在多大程度上遮蔽社会现实，又在多大程度上限制人们的想象力。

---

[1] 美国哥伦比亚大学的狄百瑞教授在他的一部近著中试图在中国语境中发现"个人主义"、"宪政"、"公民社会"以及儒家传统在学说和实践两方面与现代性的相关性。参见 Wm. Theodore De Bary, *Asian Value and Human Rights*, Cambridge: Harvard University Press, 1998. 我在一篇文章里由一种历史和内在的视角入手讨论了中国的法治问题。详见梁治平《法治：社会转型时期的制度建构》，《当代中国研究》2000年第2期，第18—66页。

通过把理论概括和抽象概念引入历史与社会的具体情境，使之情境化、相对化，本文试图证明，费氏笔下的"礼治秩序"在很大程度上是一个人为构造的虚幻实在，支撑这一构造的一系列二元对立实际上并不存在。相反，实际情况可能是，"礼治秩序"中有"法治秩序"的生长点，"法治秩序"也可以从"礼治秩序"中获取养分。在"礼治"与"法治"、传统与现代之间，可能存在着一些我们从来没有注意到的结合点。如果真是这样，我们便不得不重新检讨百年来中国的现代化理论与实践，不得不重新看待和评估今天仍然备受压制的各种民间知识形态，不得不重新检讨和调整我们对待历史传统和民间社会的立场和态度。毕竟，我们今天的历史处境和生存状态，与我们对历史和社会、过去和未来的认识有着密切的关联。意识不到这一点，我们就将既失去过去，也失去未来。

法律实证主义在中国 *

　　法律实证主义为 19 世纪法律思潮，近世英国的分析实证主义与德国的历史实证主义，俱是此种思潮的产物。然而，讨论中国的法律实证主义并不一定意味着能够找出中国的分析法学派或历史法学派。实际上，本文的目的不是要考察某一具体的法学流派，而是在明了一般社会、历史及文化背景的基础之上，揭示出能够表明法律实证主义之立场方法的特征，并以此为线索，讨论近代以来法律实证主义在中国的发展，这其中包括外来思潮与固有传统的冲突与融合，包括在特定历史背景之下国人对于法律实证主义的利用和改造，也许可以说，一部中国法学史主要是以此为线索发展开的。

一

　　法律实证主义表明了一种哲学立场，由这一立场出发，

---

* 原载《中国文化》1993 年第 8 期。

法律只是国家制定和颁布的实在法，法学以经验材料为研究的对象，"价值"、"本质"一类形而上之物不在其研究范围之内。这种实证立场具有浓厚的科学主义色彩，适足表明其时代特征。

19世纪以前，欧洲居主导地位的法学思想是关于自然法的学说，这种学说最重法律的价值基础，因此以"理性"、"正义"、"自然法"等基本概念为构成要素。18世纪由德人康德创始的先验唯心主义法学，虽然相对于中古神学之法理为新的启蒙学说，但就其与19世纪实证主义相对立的性质而言，仍然可与自然法学说归于一类。事实上，古希腊以降支配西方法学思潮的一直是某种关注价值问题的思辨哲学，[1] 此种情形至19世纪始有很大的改变。

1798年出生的法国人奥古斯特·孔德首次系统地表明了社会研究领域中的科学主义立场。孔德受到近代科学进步的鼓舞，立志要在科学方法的基础上创立新的哲学。他把人类知识的演进划分为依次递进的三个阶段，并且指出与之相应的三种哲学思考的方法，即神学的、形而上学的和实证的方法。实证主义阶段即是人类现今所在的阶段，在此一阶段，

---

1 12世纪意大利波伦亚出现的注释学派以其对罗马法文本的注释和整理而闻名，由注释学派开创的法律学被认为具有科学的性格。参阅 H. J. Berman, *Law and Revolution*, Cambridge: Harvard University Press, 1983, 第3章 "The Origin of Western Legal Science in the European Universities"。然而此种技术特征尚不足以形成实证的哲学立场，相反，12世纪以后在意大利成长起来的大学无一讲授"实证的"法律，因为"实证的"法律（当时是地方习惯法）在大学教授们看来恰好不是法。法是合乎正义和理性的一套规范，这种把法奉为正义的典范的做法才是大学的传统。（参阅 [法] 勒内·达维德《当代主要法律体系》第一部分第一、二章，漆竹生译，上海：上海译文出版社，1984年。）

探究事实之间联系的努力取代了发现事物内在本质的无益之劳，所问的问题不是"为什么"，而是"怎么样"。经验的、观察的方法受到推崇，因为这样取得的知识方为实证知识，而只有为实证科学所证实的知识才是真知，才可能有益于进步。[1]

19世纪下半叶，科学实证主义思潮全面渗入社会研究各领域，其影响及于法学，于是有法律实证主义。法律实证主义是对于旧时自然法学说和先验唯心主义法学等"形而上学"的反动，[2] 其本身却包含了各不相同的学说与流派，现在提出三种比较具有代表性的学说稍加述说。

1. 分析实证主义

分析实证主义视法律为主权者的命令，此种命令不但来自主权者，而且具有强制性，因此有别于宗教的和道德的规范。法学与伦理学的严格区分为这一派学者特别强调，据此，立法为伦理学的一个分支，与法学无涉，法学只考虑实证法，而不问善恶。换言之，立法者对应然之法有兴趣，法学家只关心实际之法，法学的使命被限定在实证法律之内，表观于对取自经验材料的一系列基本法律概念、范畴和命题的阐释、分析及逻辑推演上面。分析实证主义的法律观可以追溯及英

---

[1] 参阅［美］梯利《西方哲学史》（下册）第九编第一章，葛力译，北京：商务印书馆，1979年。
[2] 施太格缪勒在谈到现代经验主义哲学时提出一种含义宽泛的"形而上学"概念，据此"'形而上学'……不仅被理解为关于超自然的对象的学说，而且被理解为任何一种声称能够用先验的方法获得有关现实的论断或规范陈述的哲学"。参阅［德］施太格缪勒《当代哲学主流》（上卷），王炳文等译，北京：商务印书馆，1986年，第366页。

国哲学家边沁与德国法学家耶林，然而系统阐发其学说者实为边沁之追随者、英国人约翰·奥斯丁（John Austin，1790—1859）。奥氏之后，分析法学卓然而立，其对于近世法律学发展所生之影响，既深且巨。[1]

2. 纯粹法学

纯粹法学创自美籍奥地利人汉斯·凯尔森（Hans Kelsen，1881—1973）。凯氏基本立场与奥氏颇接近，然而其实行更加彻底。凯氏意欲摈除法学中所有价值的和意识形态的要素。因此将法学锻造成一种自我封闭的体系，而与其他学科如心理学、伦理学、社会学等彻底区分开来。凯氏亦以国家之强制力为法律的基本特征，而不问法律内容如何，因为在他看来，任何人类行为均可成为法律规范的内容，而所谓法律规范，乃是那些使得某些行为合法或是非法的强制性规范，此类规范即是法学研究的对象。纯粹法学绝不谈论传统的正义问题，因为这样的问题不可能科学地予以解答。纯粹法学只有"合法性"的概念，这即是科学化了的正义观。[2]

3. "学说汇纂派"（Pandicts）

一般的法学史著作并不专门讨论"学说汇纂派"。因为这一派原来不曾构成法学上的一支流派，而其领袖人物萨维尼的突出贡献是创建了德国的历史法学派，他在法学上的特殊地位正表现于彼。不过，这里有两种理由让我们特别提到"学说汇纂派"。其一，历史法学派本身也是对"形而上学"

---

[1] 参阅 E. Bodenheimer, *Jurisprudence*, Ch. 7, Cambridge: Harvard Press, 1981。
[2] 同上书，第7章。

法学的反动，它虽然有别于逻辑分析的实证主义法学，却也是实证主义思潮影响下的一种产物。[1] 其二，"学说汇纂派"以逻辑推演为手段构造法律体系，实际是对于分析法学的一种出色的运用。

萨维尼对于历史经验的强调引发了对于罗马法的系统研究，萨氏的追随者们以科学家为楷模，努力从经验材料中发现原则及其相互关系。他们以逻辑为武器，在概念、定义、范畴、分类上用功，层层抽象，终于构造出高度抽象、系统和纯粹的法律体系。颇具科学精神的《德国民法典》即是建立在此基础之上，德国法学的影响并因此而愈加广泛。[2]

以上关于分析实证主义和历史实证主义的简略分析有助于我们认识法律实证主义的基本特征，但是如果不了解产生这一种思潮的特殊背景，则我们根本还不能说对其有充分的把握。

在19世纪以前之欧洲，国家的职能主要是警察的，彼时既缺乏中央集权的官僚体制，亦无单一的主权观念。但是自文艺复兴、宗教改革和罗马法的继受之后，中经马基雅维利、博丹、霍布斯、格劳秀斯诸人的努力，近代国家理论渐次成形。18、19世纪乃是国家主义勃兴的时代，新兴的民族国家借重于"主权"的概念崛起，很快就成为拥有绝对主权的政

---

[1] 历史法学派以观察的经验主义方法代替传统的思辨方法，开辟了历史实证主义法学。博登海默（E. Bodenheimer）在讨论分析实证主义时提到所谓"社会学的实证主义"（E. Bodenheimer, *Jurisprudence*, p. 95.）应当与此归为一类。指出这点对我们正确评价实证主义思潮对于法律学的广泛影响是必要的。

[2] 参阅 J. H. Merryman, *The Civil Law Tradition*, Redwood City: Stanford University Press, 1969。

治体。主权者占据了社会的中心,乃是法律产生的唯一来源。

国家主权之表现于法律,对外拒斥所有外国的法律,在内则排除任何源自地方组织或习惯的法律。其结果,它在技术上势必要鼓励法律的法典化,在性质上则肯定导致了法律的民族化。彼时,过去数百年大学里讲授的"普通法"——罗马法,和现实中应用的法律——地方习惯法,俱已经过许多代法学家的整理,只需机缘凑合,很容易就综合成为各种民族化的法典。欧洲的法典编纂运动从18世纪末到20世纪初,轰轰烈烈进行了百余年,其成就粲然可观。然而法典化的一个附带结果是,法学家产生了某种"错觉",竟以为作为正义的法与作为立法者意志的法律已经合而为一。[1] 他们从此不再关心实证法之外、之上的正义观念,转而埋头于法典的解析与注释。就此而言,法律的民族化和法典化即是其实证化。[2]

法律研究的实证化起因于科学方法的推广,这一点前面已经谈到。17世纪异军突起的近代科学,至19世纪已经在诸多领域取得重大进步,科学的应用更极大改变了社会生活条件,从而对以往各种世界观构成严重的挑战。结果是,即使有着久远传统且一向不具实用性的学问如哲学,也被迫作出

---

[1] 参阅[法]勒内·达维德《当代主要法律体系》,第97页。
[2] 英国始终没有制定出像《法国民法典》和《德国民法典》那样体系严密的法典,但是实证主义法学最先在这里产生,这从另外一个方面表明了科学主义对于法律学的影响。奥斯丁和他的老师边沁一样,都对英国法体系的混乱和概念的含混极其不满,边沁毕生谋求法律改革,奥斯丁则致力于法律研究的科学改造。他们都竭力争取英国法的法典化。这种努力虽然不曾获得完全的成功,但是对于英国法的"合理化"却有过重大影响。

改变以回应挑战。这方面最有意义的发展可以在比如现代经验主义的各种形式中见出。这一派哲学家反对任何一种形而上学，力求其研究具有如专门科学一样的精确的科学性质。现代经验主义哲学仿照科学发展出一套自己的科学认识方法，也一般地强调经验、逻辑和分析的方法，并且主张严格地区分科学与艺术和宗教这两者。[1] 创立纯粹法学的汉斯·凯尔森所由出的"维也纳学派"即是这一派哲学中最具代表性的一支。

上述三方面的发展虽然各具特点，却也不是互不相关。17世纪以后在西欧诸国发生的变化实际有着某种内在的一致性。用统一而强有力的政治组织取代以前分散而低能的政治权力，以划一且谨严的法律体系清除旧有之规章与惯习，更以科学方法改造学问、树立新的世界观，凡此皆指向同一个方向，那就是世界的"合理化"。"合理化"虽然以理性的专擅和役使自然为主要内容，实际却要求变更与改造所有的观念与制度。所谓现代化的运动其实就是"合理化"的过程，近代以来全部政治的、经济的、法律的和社会的发展最后都

---

[1] 参阅 [德] 施太格缪勒《当代哲学主流》第九章第1、2节。最初，现代经验主义哲学被称为逻辑实证主义，这主要是因为他们企图通过对语言进行逻辑分析来克服形而上学。今天，这个流派的大多数拥护者都拒绝这个名称，人们用诸如"科学经验主义"、"逻辑经验主义"、"分析哲学"等名称取代了"逻辑实证主义"的名称。（见 [德] 施太格缪勒《当代哲学主流》，第378页）这里，"实证主义"具有某种严格含义。所以上述改变并不影响我们的一般结论，即受到近代科学有力影响的现代哲学也开始"实证化"。

归结为这一点。[1] 明乎此，则我们不但对于法律实证主义的本质及其固有的优势与不足可以有比较正确的估价，而且对于这一种法学思潮在近代能够广为流传的诸多复杂原因能有某种明晰的认识。这些，对于我们讨论法律实证主义在中国的命运必定有所帮助。

二

法律的产生势必引出法律的解释与研习，因此，最一般意义上的法律之学乃是法律的伴生物、文明社会的普遍现象，然而，由于历史与文化的协同作用，中国法律自始便与西方法律异样，这种差异远远越出比如英国与法国，甚至古代希腊、罗马与近代西方诸国相互之间比较的范围，足使我们在与中国法律传统相对的一面，把西方法当作一个单一的传统来把握。比如，西方的法律之学为法学，渊源于古罗马，中国的法律之学为律学，其源出自汉代。中国至19世纪末方始受到西方法律的改造，并且为西方法律思潮所影响，于是有中国的法学。[2] 这时我们所见的，不是一种简单的移植，而是新旧传统的激荡与融汇，是中国近代国家形成过程中一种错

---

[1] 关于现代化的概念及其与合理化、国家主义等概念间的关系，可以参阅艾恺《世界范围内的反现代化思潮》（贵州：贵州人民出版社，1991年）前七章中有关论述。法律上的"合理化"乃是马克斯·韦伯法律社会学中的重要概念，而韦氏据以塑造其法律之合理化范型的正是"学说汇纂派"理想中的法律体系。参阅 Max Rheinstein ed., *Max Weber on Law in Economy and Society*, Ch. 4, Cambridge: Harvard University Press, 1954。

[2] 本文将"法学"作为一个具有社会科学意义的主题来讨论，并不涉及一般所谓法律思想。

综复杂的局面：历史与现实相矛盾，法律与道德相冲突，社会生活与社会体制层层脱节，历史的内在要求往往表现为权宜之计，外来思潮迭遭改造而具有本国特色，在这种情形之下，非细心寻绎不能够查明原委，廓清线索。下面就以时间的自然顺序，依次考察历史和现实里面最能够影响法学思潮的若干因素。

法学并非中国固有之学，而是在19世纪随西方法律一道输入的"舶来品"。由此可以注意两个方面的问题，一是中国固有法律之学的传统，二是清末的法律改革以及相关的种种问题。这两方面的情形均对中国法律的成长产生重要影响，可以作为我们考察西洋法学思潮东渐时最先讨论的问题。

中国法律的传统奠基于三代，而成于先秦。这种传统的根本，大体说来，即是视法律为"王者之政"、"帝王之具"。法律之用在于奖善惩恶，使令行禁止，因此又是以暴力为根本特征的。先秦思想家关于法律之用的重要性议论颇多，但对于法律的性质与功用一类根本问题却不曾有些微争议。[1] 当然这并不意味着对于法律政令不可以提出批评，虽然批评者可能为此付出代价。毕竟，中国人不以"法治"为最高目标。法律固然以暴力为特征，但是因此更应服从道德的目标。事实上，古人对于法律道德性的强调发展到如此程度，以至法律与道德经常打成一片，无由区分。[2] 这种礼乐刑政的统一体包罗万象，其本身也从不缺少形而上的依据，只是这种"形

---

1 参阅梁治平《寻求自然秩序中的和谐》第二章，上海：上海人民出版社，1991年。
2 参同上书，第九、十一章。

而上学"不是西方人习见的思辨之学,甚至也不同于有着超验基础的自然法学说,它具有朴素、直观的性格,这种情形反映在法律上面,便是一套颇具特色的刑罚理论和制度,以及一部持续不断的政治批评史。[1]

中国传统的法律之学——律学——出现在官僚帝国形成之后和相对成熟的法典问世之时。早期的律家多为研习法律,熟知治讼技艺的政府官吏,这种人日后渐为儒生取而代之。东汉之世,法律章句(即今日之法律注解)之学大兴,儒学宗师亦参与其事,律学于是盛极一时。经此之后,律学的发展虽然趋于平淡,但依然没有断绝。现存的《唐律疏义》和比如清代历朝对于《大清律》的注解皆可以视为律学的成就。

律学的方法大体可分为"微言大义"与"章句训诂"二种,基本与今、古文学之分界相对应。前一种方法比较容易为政治批评所利用,后一种方法则更宜作训诂考证的工具。当然,这种区分的意义是相对的。东汉以后,随着礼刑结合的新法典出现,这两种方法的界限日渐模糊,不复对立如彼。清末,今、古文学之争又起,然而为时甚短,且基本不涉及律学。有清一代,据支配地位的治学方法乃是继承了汉学传统的考据学,其面貌最近于后人所谓实证方法。然而考据学并非哲学,律学亦非法学。"微言大义"转为政治-伦理批评,"章句训诂"则流于繁琐细碎,这些是律学与西方法律学不同的地方。20世纪初之法律改革家接受的就是这样一种

---

[1] 参同上书,第十二章。

遗产。[1]

清朝的变法系因列强压迫而起，清末的法律改革更是为了实现具体可见的政治目标——取消领事裁判权。结果，引进新法的创制法典工作自然成为变法的核心。[2] 光绪二十八年为法律改革之始，三十年开设修订法律馆，三十二年别设法律学堂，一面介绍并引进东、西洋法律典章，一面培养施行新法所需之人才。[3] 三年之间，修订法律馆先后译出德、意、法、美、日、比、荷等国各种法律、法论数十种，观其篇目，可知当时的人关注的只是"实证法"，即使法论也大都出自注

---

[1] 参阅梁治平《寻求自然秩序中的和谐》第十一章。
[2] 自鸦片战争爆发，内忧外患，纷至沓来，于是有洋务运动，有戊戌变法。至其终不能成功，乃又有第二次变法。先是光绪二十七年，两江总督刘坤一、两湖总督张之洞两次合奏变法事宜，其中于法制改革一项列举颇详。然后有光绪二十八年四月初六日上谕，谓"观在通商交涉事益繁多，著派沈家本、伍廷芳将一切现行律例，按照交涉情形，参酌各国法律，悉心考订，妥为拟议，分期中外通行，有裨治理"。(《寄簃文存》卷一) 考其背景，实是因为光绪二十六年以后，英、日、美、葡诸国在与中国续订的商约里面，应允俟中国律例与东西各国同归一律，即放弃其在华领事裁判权。清廷的这次变法，因此一开始就有一种ည急功近利的政治色彩。
[3] 沈氏《法学通论讲义序》云："余恭膺简命，偕新会伍秩庸侍郎修订法律，并参用欧美科条，开馆编纂。伍侍郎曰：'法律成而无讲求法律之人，施行必多阻阂，非专设学堂培养人才不可。'余与馆中同人金赓其议，于是奏请拨款设立法律学堂……而教习无其人，则讲学仍托空言也。乃赴东瀛，访求知名人士，群推冈田博士朝太郎为巨擘，重聘来华。松冈科长义正，司裁判者十五年，经验家也，亦应聘而至。于光绪三十二年九月开学，学员凡数百人……" (《寄簃文存》卷六) 一般说来，法律学的发展于法律教育一项依赖最深。这种情形在"法学"本身即为"舶来品"的中国尤为显明。中国近代法律教育始于清末兴办的法律学堂，正是在这类地方，中国人开始全面了解西方法律思想，系统学习现代法律知识和掌握法律的原理。当时在一些法律学堂里使用的讲义、笔记等，虽然都是翻译、编著，或编译的作品，却也足以与一般学术思潮的输入相呼应，而起到绍介的功效，为后来法律学的发展铺平道路了。

释家之手。[1] 经此准备之后，一个完全以欧西法律为模范的近代中国法律体系便逐渐形成了。自光绪三十四年至宣统三年，四年间完成的主要法律有：

(1)《钦定宪法大纲》（光绪三十四年）

(2)《重大信条十九条》（宣统三年）

(3)《大清现行刑律》（宣统二年）

(4)《大清新刑律》（宣统二年）

(5)《大清民律草案》（草成未颁）

(6)《大清商律草案》（草成未颁）

(7)《刑事民事诉讼法草案》（未曾施行）

(8)《民事诉讼律草案》（宣统二年草成）

(9)《刑事诉讼律草案》（宣统二年草成）

上举九种法律中，除（1）、（3）两种因具过渡性旋即为新法取代，以及（7）当时就遭否决之外，俱为全新的法例，其中即使因为清廷覆亡而未曾实施者也对于后来的法制建设产生了不可忽视的影响。[2]

---

[1] 据沈氏光绪三十三年五月十八日奏称，修订法律馆自光绪三十年四月初一日开馆至当日，已"先后译成法兰西刑法、德意志刑法、俄罗斯刑法、和兰刑法、意大利刑法、法兰西印刷律、德国民事诉讼法、日本刑法、日本改正刑法、日本海军刑法、日本陆军刑法、日本刑法论、普鲁士司法制度、日本裁判构成法、日本监狱访问录、日本新刑法草实、法典论、日本刑法义解、日本监狱法、监狱学、狱事谭、日本刑事诉讼法、日本裁判所编制立法论，共二十六种，又已详译未完者，德意志民法、德意志旧民事诉讼法、比利时刑法论、比利时监狱则、比利时刑法、美国刑法、美国刑事诉讼法、瑞士刑法、芬兰刑法、刑法之私法观，共十种"。《清末筹备立宪档案史料》下册，北京：中华书局，1979年。

[2] 关于清末修律的情形，可以参阅杨鸿烈《中国法律发达史》第二十六章，西北政法学院影印本；张国富：《中华民国法制简史》，第一章第四节，北京：北京大学出版社，1986年。

清末的法律改革既然大刀阔斧，与之相伴随的，自然会有法律思想的激烈震荡。法律的伦理文化批评原是古老的传统，现在更围绕各项新法草案激烈地展开。当时有改革派或法理派与保守派或礼教派的对峙，立法上有家族主义与国家主义之争。[1] 它们表明了文化与价值的不可调和。这场对峙与争论虽然因为清廷的迅即瓦解而告消隐，却不曾完全消除，不绝于今的关于西洋法与固有文化或曰法律与国情的论争表明了某种传统的延续，这种延续究竟是更古老的社会-文化批评模式的再现还是历史实证主义在中国的某种发展，尚有待于我们研究。

与清朝修订法律馆组织译介东、西洋法律书同时，西方法律思想也以其他方式流入中国。从1904年至1909年，孟德斯鸠的名著《法意》的中译本分册出齐，译者严复并加按语三百三十条，其中于法之概念与功用、中西法律异同、立宪与专制、民主与自由、权力分立、法律改革等项议题皆有论述。[2] 严氏关于法、法律与政制、法律改革诸问题的思考，无疑构成中国早期法学思想中重要的一部分。严复思想的现代研究者本杰明·史华兹（Benjamin I. Schwartz）曾经指出其法律思想中某种矛盾特征：一方面相信立法者有影响人类社会进程的力量，因而推崇法律改革；一方面又从超然的"社会科学家"立场出发，强调社会发展的必然意义。由前一方面，

---

[1] 关于当日争论的要点，《清末筹备立宪档案史料》（下册）第四部分《法律和司法》记载颇详，可以参考。又关于这场论争的文化和价值意义，可参阅梁治平《寻求自然秩序中的和谐》第十三章。

[2] 参阅《法意》，见《严译名著丛刊》，北京：商务印书馆，1931年。

严氏把孟德斯鸠首先看成是一位讲授西方法律基本原理的老师，因而突出了法律中的价值要素；由后一方面，他又对孟德斯鸠和斯宾塞等使用的实证方法倍加赞赏，明确将归纳法和比较法视为严密的政治科学的基础。[1] 这里我们注意到，严复思想的前一部分基本属于社会文化批评，其所关注的问题是当日现实，而不是"普遍性"问题。另一方面，严氏不是法学家，当时也没有成形的法律体系，他的具有实证主义倾向的哲学立场更不可能系统地贯彻于法律思考之中。[2] 与严复同时的另一个值得注意的人物是梁启超。梁氏就立法与法律改革等问题也发表过许多议论，他甚至写过一篇叙述中国"法理学"历史沿革的专文。[3] 但他同样不是法学家，而且也同样只专注于社会的变革，他的突出贡献先是在政治改良，然后是在思想学术，而不在法学。中国法学萌芽之时能被视为法学家代表人物的既非严复，也不是梁启超，而是清末修订法律大臣沈家本。

沈家本步入仕途时年仅弱冠，历官四十余年间多主管司法事务。沈氏在光绪二十八年受命考察各国法律，修订中国律例，数年之间，主持译介欧美及日本诸国法律三十余种，

---

[1] 参阅［美］本杰明·史华兹《寻求富强：严复与西方》第七章，叶凤美译，南京：江苏人民出版社，1990年。
[2] 严复非哲学家，亦不曾系统明白阐述其哲学观点，然而其基本立场主要受西方近代科学与哲学影响却是事实。参阅［美］本杰明·史华兹《寻求富强：严复与西方》第三章。鉴于严复在中国近代思想史上的特殊重要性。他实在是特别值得注意的。囿于篇幅，这里只谈他思想中与法律有关的部分。
[3] 梁启超著有《中国法理学发达史论》。此外关于立法权、立宪、各国宪法等皆有论述。1911年上海广智书局出版《饮冰室法制论集》（第一辑），收文十篇，多与立宪、议会、官制改革等有关。

清末订立之新法也多在其主持下完成。[1] 这样艰巨的工作，非有极精之法律造诣不可以胜任，而沈氏正是具有这种才干的不可多得的专家。沈氏一生著述繁富，其中《历代刑法考》七十八卷，搜罗中国历代文献中所有与刑制相关的资料，详加考论，进行了系统的整理和研究。[2] 不仅如此，沈氏身处法律大变革的转折点上，不但精通传统的律学，而且对于新学有所认识，又不但能够变更旧法，而且能够创制新法，真正是一个融汇古今、沟通中西的特殊人物，我们不妨说他是中国近代史上的第一个法学家。不过，这里有一点应该特别指出：沈家本基本仍是一个旧式人物，他所受的教育是传统的，他用以治学的方法也是传统的，我们在《历代刑法考》中所见的，只是训练有素的朴学家，而不是波伦亚学派的注释家，更不用说"学说汇纂派"的法学家了。就知识准备而言，他对于西学所知仍是皮毛；就学术品格而言，他更关心的还是实际可用之学。[3] 在这两个方面，他都远不如严复和梁启超，这固然使他很少受孟德斯鸠、斯密、达尔文、斯宾塞等人的影响，但是他的律学的修养和务实的品格使他自然地偏重于实证的立场。确切些说，沈家本是一个介于律学与法学之间的人物，他已经完成的部分大多代表着旧时的传统，而他刚刚创立的事业却开启了中国法学史的新纪元。沈氏联结了两

---

1 《清史稿》卷四四三有关于沈家本生平的简略记载，可以参考。又关于沈家本在清末的主要活动和他的法律见解可以参阅梁治平《沈家本与中国近代法制》，《文史知识》1990年第12期。
2 参阅《历代刑法考》，北京：中华书局，1985年。
3 沈家本对于西方法律思想的了解比较集中地表现在《寄簃文存》当中。中华书局点校出版的《历代刑法考》中收有此书。

种传统，他把法学的新枝嫁接在律学的老树上面，这是不是预示了日后中国法学发展的基本路向呢？沈家本自然不是我们提到过的那种实证主义法学家，但是在某种特别的意义上，我们是不是可以这样说，中国历史上的第一位法学家即是实证主义的法学家？

在中国法学史上，清末是一个发端的时期，这一时期并未造就成批的法学家，也没有产生中国的法学体系，但是它的重要性又是不能够忽略的。西方近代的科学、哲学和包括法学在内的各种社会科学思潮在这时涌入中国，在概念、原则和体系诸方面均与旧法迥异的西方法律制度开始在中国建立，由传统的律学向近代法学的过渡也出现在这一时期。这是中国近代国家形成过程中最重要的一个时期。国家主义开始清除和取代旧的家族主义统治，严复、梁启超、沈家本以及当时其他许多有影响的中国知识分子都在努力地推动这一进程。而在另一方面，守旧一方利用旧有的政治－伦理批评传统，竭力反对当时的"激进"改革。他们的努力终归于失败，但是他们提出的问题仍然具有某种价值，以至于数十年后人们又会以不同方式重新提出类似的问题。所有这些都在后来中国法律学的发展上留下了烙印。

三

1912年1月1日，中华民国南京临时政府宣告成立，支配中国达两千余年之帝制随着清廷覆亡而告终。然而，隐伏在政治革命后面的不仅有社会生活巨大的惰性和文化传习的延续性，而且有法律的承继。清末法律改革所开启的时代并没有因为政治革命的完成而终结，相反，清末法律改革未竟的事业竟是由民国时代来完成的。这真是现代中国史上最奇异的现象之一。晚清政府的法律超越了它的时代，结果，民国时人在继受前清法律的同时，也一并接受了传统突然崩裂所造成的历史与现实、法律与生活的种种脱节。又由于这一个时代的短促和动荡，创立现代法律体系的立法活动始终占据着中心位置，人们至多不过是意识到问题的存在与严重，却还不曾获得有效的手段和足够的时间去解决问题。这些，对于这一时期成长起来的法律学不能不产生深刻的影响。

中华民国三十八年的历史，又可以 1927 年南京国民政府的成立为界划分为前后两个阶段，在前一阶段里面，法律修订在前清立法的基础上继续进行，从而为后一阶段里"六法"的最终完成打下基础。中国现代的法学即在此背景之下进入了发展的时期。以下分述这一时期的历史。

最先，武昌起义后成立之各省军政府，率皆援用清末法律。[1] 后南京临时政府成立，除前清制定而不曾宣布之民律草案之外，同意援用清末之法院编制法、刑事民事诉讼律、商律、违警律及新刑律等。[2] 与此同时，南京临时政府还颁布有大量法令。这种一面继续援用前清法律，一面大量颁行单行

---

[1] 各省援用旧法情形不尽相同。详见张国富《中华民国法制简史》，北京：北京大学出版社，1986 年，第 86 页。
[2] 详见张国富《中华民国法制简史》，第 87 页。

法规的做法也是北洋政府十六年统治中法律发展的基本模式。[1] 在此期间另一可以注意的情形是对于前清订立之各项法典的继续修订。

民国成立之初，编纂法律的组织为法律编查会，民国七年改设修订法律馆，董康、王宠惠氏为总裁，其主要任务在会同司法部调查各地风俗习惯以备修订各种法典草案的参考。该馆自民国三年即聘法国及日本顾问和馆中旧有职员从事修订，先后订定的法典草案有《第一次刑法修正案》、《第二次刑法修正案》、《票据法草案》（前后共有五种，其中第五次草案于民国14年改定）、《破产法草案》、《公司法草案》以及民律之总则、债、物权、亲属、继承各编草案。[2] 这一时期的法律修订，因为有清末各项法典草案作基础，同时又"调查各省民商事习惯，并参照各国最新立法例"[3]，是以较清末立法为成熟，而对于嗣后国民政府的立法贡献尤大[4]。

1927年国民政府成立伊始即设法制局，为起草法律之机构。翌年，国民政府改组，成立立法院，以胡汉民为院长。

---

[1] 详见杨鸿烈《中国法律发达史》第二十七章，张国富《中华民国法制简史》第三章第二节。

[2] 除此之外，还有关于刑、民、商及诉讼方面数量众多的单行法规，详见杨鸿烈《中国法律发达史》第二十七章，张国富《中华民国法制简史》第三章第二节。

[3] 谢振民：《中华民国立法史》。转引自张国富《中华民国法制简史》第三章第二节，第161页。时人对于前清民、刑律的批评多由民间良好之习俗与世界最新之法例两方面提出，这也是修订法律馆所依循的一种标准。详见江庸《五十年来中国之法制》，载《最近之五十年》，上海书店影印。

[4] 参阅江庸上引文中对于前清民律草案的批评。又，修订法律馆订立之《第二次刑法修正案》被认为是"民国一部最科学完备最进步"的刑法典。详见杨鸿烈《中国法律发达史》第二十七章，第1043—1053页。这一部法典未即时颁行，却是1928年公布的国民政府第一部刑法典的蓝本。此外，北洋政府时期立法中关于民商合一的考虑最终也为国民政府的立法所采纳。

民国之法制建设遂进入一新阶段。只数年之间，民、刑、诉讼及法院组织诸法典渐次编成颁布，至民国三十五年《中华民国宪法》颁行，以所谓"六法"为基本框架的法律体系便最后完成了。[1]

在简单叙述民国时期立法沿革之后，我们再看这一时期法律学的发展。

在整个 1920 年代里面，法学的发展基本处在不自觉的状态。中国的法学起步既晚，要获得自觉尚需时日，更何况其间政局变幻，社会动荡，法律的智慧或为立法所牵制，或者转入政治批评一途，发展之不易显而易见。尽管如此，这一阶段的重要性依然不可忽视。下面几种情形尤其值得注意。

首先是法律教育的扩大。自清末兴办法律学堂以来，法律教育之规模逐渐扩大，发展至 1920 年代，便形成了由公立与私立大学、教会学校和专科学校共同结成的法律教育系统。可注意的是，部分由于传统教育里偏向于"仕"的倾向最重，新式教育中法律一科也就比较受人青睐，留洋的学生里面习法律者亦颇多，[2] 这种情形与民国期间立法活动的逐渐高涨正相呼应。两方面互相配合，既促进了法学的发展，同时也将

---

[1] "六法"之说有几种，这里姑取其一，即《刑法典》（1928、1935）、《民法典》（1930）、《刑事诉讼法典》（1928、1935）、《民事诉讼法典》（1931、1935）、《法院组织法》（1935）、《中华民国宪法》（1946）。关于此六种法典制定过程的简单绍介，可以参阅张国富《中华民国法制简史》第五章第三、七节。

[2] 参阅郭秉文《五十年来中国之高等教育》，载《最近之五十年》。1932 年"国联"教育考察团的报告也注意到同样的问题。在校攻读正式学位的学生有 59％以上学习法律、政治或文科，6％学习教育学。学习自然科学的不到 10％，学工程的 17.5％，只有 3％学习农业。历史学家评论说，"报告实际上没有认识到披着现代外衣重新出现的古代传统"。《剑桥中华人民共和国史》，北京：中国社会科学出版社，1990 年，第 200 页。

各自特点注入法律研究之中，程度不同地影响着法学发展的方向。

其次是法律研究领域的拓展。在1920年代，法律图籍不但数量明显增加，其形式与内容也更加多样和丰富。这一时期既有大量的教材、讲义和普及性法律读本流行，也有以前比较冷僻的科目如"罗马法"的各种教材、著译问世。与此同时，关于中国古代法律史料的整理、现行法律的讲解与分析愈来愈多地引起学者们的关注，这些方面的发展一面预示了1930年代和1940年代法律教育与研究的基本路向，一面为自觉的法律学奠定了基础。当然，我们也不可忽略这一时期出版事业的日渐发达和法律专门刊物的增多，没有这些，此后二十年法学相对迅速的发展也是不可想象的。

与上面两点同样重要甚至更具决定意味的也有两点，一是自变法以来持续不断的关于"主义"的论争，另一是最早由严复等人介绍引进的西方学术思潮的演进。

20世纪是在各种"主义"的冲突激荡之中开启的。清政府未倒之前，有排满的民族主义与反帝的共和主义；清政权既倒，又有强调经济发展与社会保障的民生主义、受到苏俄影响的社会主义和更加激进的无政府主义。这些"主义"与一般只涉方法、途径的哲学（如实用主义）和社会主张（如改良主义）不同，它们是支配和渗透全社会的意识形态，因此不但左右了立法，对于法律学的发展亦有极深刻的影响。

关于1920年代学术思潮的演进，我们只需提到1923年爆发的科学与玄学的著名论战。这场论战以主张科学一派的胜利而告终，结果，唯科学主义在中国思想界获得持久而牢固的统治，从而对整个中国的前途都产生深远的影响。[1] 这里还要特别指出，当时唯科学主义的阵营里面，既有主张唯物论的一派，也有主张经验论的一派，它们虽然分享着某种基本的立场与方法，具体主张却不尽相同，[2] 这种情形也反映在法学上面（详见下）。

最后我们可以再回到法典。本来，法学的发展至于自觉，不必以完备的实证法体系为前提，如12世纪之注释法学与近代德国之历史法学，但是中国的情形不同，在这里，传统的法律与法律之学在价值与技术两方面均遭毁灭，创立全新法律体系的任务又因为要收回治外法权的缘故而刻不容缓，培养法律人才和开展法律研究都只能围绕创制法典的工作在仓促间展开。这样，法典的创立便在两方面影响着法律研究。一方面，立法的精神必渗透于法律学；另一方面，实证法体系之建立自然为法律的教育与研究开辟一种新的天地。在1920年代末和1930年代初，这方面的准备已然就绪，这就为30年代和40年代将近二十年里面中国法学的成长铺平了道路。

1930年代中国法学的自觉首先表现为"三民主义法学"的出现。严格说来，"三民主义法学"似非我们通常意义上的法学，它是一种"主义"的法学，而非只主张特定方法与观点的法学。在这种"法学"里面，意识形态压倒了方法论，

---

[1] 参阅郭颖颐《中国现代思想中的唯科学主义》，南京：江苏人民出版社，1989年。
[2] 同上。

方针、政策取代了哲学思考。也因为如此,"三民主义法学"首先表现于立法领域,而这正是当年奥斯丁坚决主张划在法理学之外的部分。尽管这样,我们还是把它提出来讨论,这不仅是因为"三民主义法学"到底包含了一套对于法律及其与社会生活关系的考虑,并因此影响于中国的法学,而且也是因为,"主义"的法学在中国有着深厚的渊源和长久的影响,真正是具有中国特色的。

三民主义创自孙中山先生,为国民党基本政纲,而最先将其引申至于法律,作系统、明确阐述者则为胡汉民。胡氏于1928年就任国民政府立法院院长,曾就三民主义之为立法方针的问题详加阐释,如谓"社会之安全为立法之第一方针;经济事业的保养发展为第二方针;社会各种现实利益之调节、平衡为第三方针"[1]。这里,胡氏显然更注重三民主义中的民生主义。从理论上说,共和之后,民族与民权两项目标都在一定程度上实现,民生则成一最大问题。胡氏在后来一系列关于民法总则及各编的演讲中更一再发挥民生主义的立法思想,实为所谓"民生法学"的倡导者。[2] 胡氏又标举"民生法学"的精义,谓其以社会利益为重,采取各国法理之长,而同时保持我国固有的良好习惯,具体说来,是"以法律之所应用——社会——为主,因时因地去考察全社会的需要,以

---

[1] 胡汉民:《三民主义之立法精义与立法方针》,转引自张国富《中华民国法制简史》,北京:北京大学出版社,1986年,第245页。

[2] 参阅胡汉民《新民法的精神》《民法债编的精神》《民法物权的精神》《民法亲属继承两编中家族制度规定之意义》,载《法学文选》,上海:会文堂新记书局,1935年。

全社会共同的福利或全民族共同的福利为法律的目标。法律应能够保障社会群体的利益,至于个人的所有权种种,实在应该是为社会生活与民族生存而有的。……法律一面是为的社会,同时即维持其人在社会上必要的关系与地位"[1]。"民生法学"由是而兴。[2]

表明法学之自觉的另外两种派别差不多正好与前述唯科学主义中的两支相对应。现在先述其中以"新分析派"为旗帜的一派,这一派的代表人物为吴经熊。

吴氏于1930年代初,在他用英文写成出版的《法学论丛》（*Juridical Essays and Studies*）中提出法律的"三度论",以时间、空间和事实争点为法律研究的经纬,因而引起法学界的关注。[3] 吴氏不满于17、18世纪的"自然法派"和19世纪的"历史法学派"与"分析派的法学",以为它们都是一元独断的法学,[4] 但是他的基本立场却又是从"分析派的法学"中来的。吴氏法学思想的研究者写道:"严格的法学,须脱离伦理观念的价值论,站在客观的地位,考察一切法律现象。历来法学家努力于范围的确定的,实以奥斯丁为第一人。……他的真意,是造成一个纯粹的科学,只问法律的实情,不问它的美恶,更不问它应当如何。吴经熊教授的观点,正

---

[1] 胡汉民:《民法物权的精神》。
[2] 参阅刘承汉《现行法与民生主义》,载《法学文选》;查良槛:《民生法学导论》,载《中国法学论著选集》,台北:台北汉林出版社,1976年。
[3] 参阅端木恺《中国新分析法学简述》;孙渠:《续中国新分析法学简述》,载《法学文选》;吴经熊:《法律的三度论》,载《中国法学论著选集》。
[4] 参阅吴经熊《关于现今法学的几个观察》,载《法学文选》。

与奥斯丁相合,所以替他所主张的法学,命名为新分析派了。"[1] 然而,新分析派毕竟不是分析派法学的中国版。吴氏认为奥斯丁的法律概念过于狭窄,在这方面,他的立场倒是更接近于美国的社会法学派。他推许庞德、霍姆斯及卡多佐诸人的法律观和法律研究方法论,而试图调和诸说,创一种最合于科学的法学。因为篇幅所限,我们不可能细致地讨论吴氏法律"三度论"及相关的种种问题,但是有一点我们仍然要特别地指出,那就是在吴氏法律思想的渊源里面,原来不尽是西方的要素。论者特以"中国"二字标于"新分析法学"的名称之前,不独以其创者为中国人,更是因为相信中国之新分析法学自当有新义。[2] 事实上,吴氏的"新分析法学"与上文讨论的"民生法学"的关系正是我们应当注意的问题。吴氏本人乃是国民政府《五五宪草》的起草人,也是"民生法学"的拥护者。"民生法学"最重社会利益,强调社会各种现实利益的调节与平衡,正合于世界最新之法理,也是吴氏推崇的社会法学的理论;三民主义的立法取科学的立场(胡汉民语),这与吴氏科学的法学亦不无关联处。[3] 我们还可以更进一步,由二者以社会利益为本位的共同立场,探察其思想中更久远的渊源。总之,吴经熊的法律哲学与"民

---

[1] 参阅端木恺《中国新分析法学简述》。

[2] 同上书。另一位研究者孙渠直接以古代儒、法的政治学说为吴氏思想渊源,其失在于空泛。参阅孙渠《续中国新分析法学简述》。

[3] 有趣的是,论者在阐发"民生法学"原理时特别提到孔德的实证哲学以为其理论上的渊源,参阅刘承汉《现行法与民生主义》。此外还可以附带地指出,由当时的出版物可知,中国的法学自然地倾向于社会法学的立场,尤其是其中法律的社会化的部分。这一点真是耐人寻味。

生法学"有着某种复杂的联系，即使我们不能够说前者是后者的精微化，至少我们可以肯定，后者对于前者有着潜移默化的作用。

与"新分析法学"同时而稍晚，另一支法律哲学的派别也悄然而起，因为这一支脉的法学与唯物论哲学的联系比"新分析法学"与经验论哲学的联系更要来得明确和密切，所以我们不妨名之为唯物主义法律学。这一派的代表人物可以举出蔡枢衡与李达二人。

1942年，重庆正中书局出版了蔡枢衡所著《中国法律之批判》。是书开篇就指出，过去三十年里面，"中国法和中国法的历史脱了节；和中国社会的现实也不适合"，这即是摆在中国之法哲学与法史学面前的两大问题。蔡氏翻出清末法制变革时沈家本及其反对派的旧案，其对于当时现行法制与中国法学现状的不满昭然若揭。当是时，抗战胜利在望，蔡氏立足未来，提出了国家独立、民族自决之后应有的世界观和法律观。具体说来，即是将前此"沈派"（西化论）和"反沈派"（国情论）两方面的主张批判地吸收，"一面承认目的（按：指法律）对于社会发展和维持社会的作用，同时肯定其相对性；一面肯定社会对于法律的决定性，同时容许目的的成分之存在"。[1] 这种立足于上层建筑和经济基础理论的论述，以及书中大量出现的唯物哲学术语如唯物与唯心、一元与二元、必然与偶然、形式与内容、现象与本质等等，都表明了

1　蔡枢衡：《中国法律之批判》，北京：正中书局，1947年。

作者唯物主义的哲学立场。[1] 同一种立场更加鲜明地表现在李达写于1948年的《法理学大纲》里面。

李氏本人为哲学家，因此将法理学视为哲学的一个分支。关于李氏运用于法律的哲学，下面还要不止一次地谈到，这里不妨暂把它放在一边，先看他书中最精彩的部分。李氏以阐明法律发展法则，并据以改造法律，视适应于社会生活、促进社会发展为法理学的任务，具体到中国的法理学，则必以中国的法律、法学及其与中国社会的关系为问题。这样，李氏也进到对现阶段法律与法学的批判一层。他先引了吴经熊氏的一段话，说明中国现行的法律体系，比如民法，百分之九十五皆有来历，"不是照账誊录，便是改头换面"，其内容与近代最进步国家的法律比较也是"毫无逊色"[2]，然后提出了与蔡枢衡同样的问题：法律（上层建筑）如此进步，社会现实如此落后，这样不相称的情形怎么能够合理？李氏紧接着谈到中国的法学界，我们就把他的批评录一段在下面：

---

[1] 蔡氏另有《中国法理自觉的发展》（1947年版）一书，可视为前书的续写，二者基本立场相同，但后者篇幅要大出许多。

[2] 李达所引吴经熊氏原文如下："试就新民法从第一条到第一二二五条仔细研究一遍，再和德意志民法及瑞士民法和债编逐条对照一下，倒有百分之九十五是有来历的，不是照账誊录，便是改头换面！这样讲来，立法院的工作好像全无价值的了，好像把民族的个性全然埋没了！殊不知内中还有一段很长的历史待我分解一下罢。第一我们先要明白，世界法制，浩如烟海，即就其荦荦大者，已有大陆和英美两派，大陆系复分法、意、德、瑞四个支派。我们于许多派别当中，当然要费一番选择功夫，方始达到具体结果。选择得当就是创作，一切创作也无非是选择。因此，我们民法虽然大部分以德、瑞民法作借镜，要不能不问底细地就认作盲从。况且订立民法和个人著作是截然两事，著作也许是独出心裁，不落恒蹊为名贵；而立法本可不必问渊源之所自，只要问是否适合我们民族性。俗言说的好，无巧不成书，刚好泰西最新法律思想和立法趋势，和中国原有的民族心理适相吻合，简直是天衣无缝！"见《新民法和民族主义》，载《法律哲学研究》。

中国法学的研究，肇始于满清末年的日本留学生，与日人冈田朝太郎、松冈正义所主讲的北京法律学堂。随着舶来品的法律之输入，那注释法学、概念法学也同时输入了。……法律既然是外国的，法律的注释，当然也是外国的，从此注释法学、概念法学之在中国，就由萌芽期而渐进于成熟期，中国的法学家已经能够写出很好的所谓"选择得当就是创作"的概念法学了。如今最好的刑法学或民法学，内容丰富，学说新颖，依照法典内容的次序，逐编逐章逐节逐条，详加注释，无不精当。有的引用各国法条，探求其与本条相似的条文，加以论述；有的更进而列举外国学者的主张，分别新旧，评述优劣，大都主张采取新说。精当赅博，注释工作，宜臻上乘。至于说到这一套法律，是否与中国社会现实相适应，法学家却认为那是立法者所应答复的问题。他们分内的事，是就法论法，现有什么法条，就对那法条加以注释。若再问一问：为什么解释法律时，一定要采取新学说或新主义？他们必定是说："泰西最新法律思想和立法趋势，和中国原有的民族心理适相吻合。"若再问一问"民法一二二五条中，现在通常适用的究有几多条？适用时有无困难？"他们是不能答复的。司法当局本来就没有过统计报告。这种情形大概是目前法学界的现状了。[1]

李氏的这一段批评是很有针对性的。我们看民国期间印

---

[1] 李达：《法理学大纲》，北京：法律出版社，1983年，第11页。

行的各类法律图书，在总数四千三百余种里面，数量上占压倒多数的便是所谓注释法学的著作；其次是中外各种法典、法规和法令汇编，司法报告和手册等；再次是各种普及性读物；最后才是以学理见长的法学论著，这其中除去译著与译述，真是所剩无几了。[1] 为什么出现这样的情形，恐怕原因不止一两种。李氏在批评中提出的原因是真实而且重要的，但不是唯一的一种，比如，我们可以指出法律教育上的脱节，[2] 指出古代律学传统可能有的某种影响，也可以指出现行法体制确立之后注释法学发展的合理的一面，不过更重要的是应该记住，20世纪初输入中国并且很快在中国思想界取得支配地位的，是19世纪在西方达于鼎盛的科学实证主义思潮，而中国法律学的出发点正是法律的实证主义。当时所有历史的和现实的要素也都配合着这一种趋势，而造成中国的注释法学。这里，我们还有必要做一点区分，"民生法学"并非机械地照搬西方，"新分析法学"不可以简单地等同于注释法学、概念法学，后者表现在大量的教科书和概念注释、原则推演的论著里面，但是严格说来，这些并不是自觉的法学本身，而毋宁说是其结果。至于唯物主义的法学，它最精彩的地方是批判而非建设。它回顾历史，翻出旧案，再一次把法律与社会的不适应问题放在法学面前，要求法学家们解决。然而，它自己对这问题又是如何解决的呢？"中国新分析派法学"力

---

[1] 参阅北京图书馆编《民国时期总书目》（法律），北京：书目文献出版社，1990年。
[2] "国联"教育专家考察团于1932年就中国教育改革提交的报告尖锐指出了当时教育中照搬西方制度而与中国社会严重脱节的现象。参阅《剑桥中华人民共和国史》，第198—199页。

求造成真正科学的法学，唯物论法学则宣称自己就是最科学的法学。李达对待这以前各种法学派别的态度较吴氏更加严厉，他的《法理学大纲》基本上是一部批判性的著作。这种批判固然指出了部分存在的问题，但同时表明了另一种概念化的危险，这种概念化最终变成教条，支配了又一代法律研究。

对于1940年代兴起的唯物论法学的介绍至此可告一段落。我们看到，继承了1920年代唯物论唯科学主义传统的这一派法学，根本上也是科学实证主义思潮的一个产物。而它之所以特别值得我们注意，不但是因为它在当时代表了一种自觉的法学，更是因为它成功地预示了中国即将到来之法律研究的某些最重要的特征。当然，后来的法学因为处在一种变异了的背景之下而发生了深刻的畸变，这一变化就是下面将要讨论的主题。

四

清末法律改革的动机是欲收回"治外法权"，这种要求实际支配了中国将近半个世纪的立法。1943年，国民政府与英、美订立新约，旧有之领事裁判权尽告废除，至1949年中华人民共和国成立、完整之国家主权终于确立。然而，这同一种历史进程里面包含了两种互相矛盾的因素：一方面，由清末至1940年代末，中国社会在内外两种压力之下，变革其制度，完善其法律，现代国家渐次形成；另一方面，正是在完成现代国家最关键的历史时刻，发生了政权继替的革命。结果是，国家主权确立之日，历经二十年建设而初具规模的法律体系亦告废除。新兴的政权断然拒绝接受旧时代的遗产。[1] 一些新的因素进入到历史中来，随着时间的推移，它们的重要性愈加显明。因此，我们在开始考察1949年以后法学发展之先，有必要追溯另一些传统。

首先要提到的是马克思主义法律观。1949年的革命意味着一种"主义"的胜利。从此，法律的研究便发生了根本性的转变。根据马克思主义学说，法是阶级斗争的产物，统治阶级意志的表现，这种维护统治者利益，且以强制力为其特征的社会规范，因为有组织的暴力而得实施。马克思主义经由苏俄传入中国，因此又带有列宁及其政党的印记，那就是表明了苏联革命经验的政党学说和无产阶级专政理论。据此，法律服从于党的领导，司法机关只是政权的工具。[2] 对于中国的革命者来说，这些原则并不是教条，而是合乎己身经验的

---

[1] 1949年4月的《中共中央关于废除国民党六法全书与确定解放区的司法原则的指示》（1949.2）中有下面这些字句："在无产阶级领导的工农联盟为一体的人民民主专政的政权下，国民党的六法全书应该废除"，"在人民的法律还不完备的情况下，司法机关的办事原则应该是：有纲领、法律、命令、条例、决议规定者，从纲领、法律、命令、条例、决议之规定；无纲领、法律、命令、条例、决议规定者，从新民主主义的政策"。

[2] 列宁说："法庭是政权的工具。自由派有时忘记了这一点。对马克思主义者来说，忘记这一点就是犯罪。"（《列宁全集》第25卷，北京：人民出版社，1956年，第164页）苏联著名法学家维辛斯基也说："法院是统治阶级手中的工具，它保障这个阶级的统治并保护其利益。"关于苏联法律学说的一般情形，可以参阅［法］勒内·达维德《当代主要法律体系》第二部分有关章节。

行之有效的理论指导。[1] 这些理论、原则必然也反映在其他方面，而深刻影响于法学。

决定最近四十年来法学发展的另一个关键因素是所谓学术与政治的关系，在这方面，基本的模式早在 1940 年代的延安就已经确定了。1942 年 5 月，毛泽东《在延安文艺座谈会上的讲话》发表，从而确立了文艺为政治服务的宗旨，并且为以"延安整风"为名的思想改造运动定下基调。这篇著名的讲话并未提到法律研究，但其意义绝不局限于文艺领域。[2]

论者通常以 1949 年、1957 年、1966 年和 1977 年作为当代中国法律史的分期时日，[3] 其理由至为明了。最近四十年的法律与法律之学，完全随政治潮流沉浮，前后变化可以说一目了然。大体说来，在第一阶段的八年里面，中国社会主义法学的基本格局已经形成，1957 年以后相当长一段时间法律研究停滞乃至被取消，而 1977 年以来的"恢复"和"发展"，每每不能脱出于这一格局之外，因为这一个缘故，我们理应对于第一阶段中法学的演变给予较多的注意。

---

[1] 《中共中央关于废除国民党六法全书与确定解放区的司法原则的指示》指出："法律是统治阶级公开或以武装强制执行的所谓国家意识形态。法律和国家一样，只是保护一定统治阶级利益的工具。

[2] 参阅《剑桥中华人民共和国史》第五章。

[3] 《我国法制建设三十年》的作者划分当代法律史为五个阶段：（1）创建时期（1949—1953）；（2）发展时期（1954—1956）；（3）遭受干扰而停滞时期（1957—1965）；（4）大破坏时期（1966—1976）；（5）恢复和进一步发展时期（1977— ），见《法学研究》1979 年第 4 期。另一篇文章的作者提出了四阶段分期法，即（1）初步发展时期（1949—1957）；（2）遭受挫折和在曲折中发展的时期（1957—1966）；（3）遭受严重破坏时期（1966—1976）；（4）迅速恢复和蓬勃发展时期（1977— ）。见张友渔等《中国法学四十年》，《法学研究》1989 年第 2 期。原则上说，这两种分期实际上没有区别。

1949年的革命废除了旧的法制，1952年的司法改革则旨在整顿组织，加强领导，改造旧法思想，确立新格局。同时进行的院系调整建立了新的法律教育体制。[1] 1953年，全国性的学术研究团体"中国政治法律学会"成立，权威性的法学刊物《政法研究》亦于第二年创刊。教育与研究两方面的发展，大体确立了中国社会主义法学的新格局。

1951年，全国内设政治系科的高等院校共有三十六所[2]；1952年院系调整后又新设了政法学院四所[3]。新确立的教育格局，大体分干部轮训和正规法律教育两种，二者在生源、学制和课程设置诸方面都不尽同。[4] 总的说来，前一种方式为速成的，课程内容更多偏重于政策；[5] 正规的法律教育学制四年，通常向全国招生。根据当时中央高等教育部颁发的统一教学计划，一个法律系学生四年中应当修完二十九门课程，

---

1 1952年的所谓院系调整是建立一种新型教育体制的大规模尝试，这种尝试同时也是按照苏联模式重建中国教育体制的努力。此后，包括法律教育在内的全部高等教育深刻地受其影响，直至今日。关于1950年代的这段历史，可以参阅《剑桥中华人民共和国史》第四章。至一般的分析可以参阅收在《中外比较教育史》一书中讨论苏、中教育史的两篇文章，此书由上海人民出版社1999年出版。
2 见张友渔等《中国法学四十年》，《法学研究》1989年第2期。
3 这四所政法学院是：北京政法学院（1952）、华东政法学院（1952）、西北政法学院（1953）和中南政法学院（1953），关于其建制的详情可以参阅《政法研究》1954年第2—3期和1955年第1期中的介绍。
4 二者也有许多交叉融合的地方。比如中央政法干部学校也曾代为培养各校师资，一些大学法律系和政法学院在开始招收本科生之前和之后亦曾负有培训干部之责。更重要的是，这些学校的教育宗旨根本上是一致的，并且同样地接受党的严密控制。
5 我们可以中央政法干部学校（1951）为例。该校直接受政务院政法委员会营辖，校长为彭真，副校长为张曾若、谢觉哉、史良和陶希晋。该校课程设置分三部分：（1）基本理论，包括辩证唯物主义和历史唯物主义（实践论、矛盾论、阶级与阶级斗争）、中共党史、国家与法的理论等；（2）基本政策，当时为共同纲领、总路线等；（3）业务，包括苏联刑法原理、民法原理和司法经验，中华人民共和国主要法令，党的方针、任务，司法经验等。该校下有东北、西北诸分校，自成体系。参见《政法研究》1954年第2期。

课程内容大致为三：(1)马克思列宁主义理论；(2)苏联社会主义政治科学；(3)中国国家与法权的科学与实践。[1] 至1956年，七年间共有法律本科毕业生一万二千七百零五人，研究生三百二十五人。[2] 这些人实际构成了"中国社会主义法学"的基本建设力量。

1953年成立的"中国政治法律学会"和翌年创刊的《政法研究》代表了另一方面的发展，它们以更直接的方式向世人表明了"中国社会主义法学"的含义。该会成立宣言（1953.4.22）标举其宗旨如下：

> 1. 团结全国政治法律工作者学习与研究马克思列宁主义关于国家与法律的科学理论，批判资产阶级反人民、反科学的政治法律观点，阐扬中华人民共和国人民民主制度与革命法制的精神，进行全体国民应遵守国家法律的宣传教育工作，以推进国家建设；
>
> 2. 介绍苏联法学理论及政治法律工作的先进经验；
>
> 3. 致力保卫世界人民民主自由及民族独立的原则，联合国际民主法律工作者，促进世界和平民主运动。[3]

---

[1] 这二十九门课程中包括马克思列宁主义基础、政治经济学、中国革命史、辩证唯物主义与历史唯物主义、国家与法权理论、国家与法权通史、中国与苏联国家的法权历史、苏联国家法、中华人民共和国国家法、民法、刑法、民事诉讼法、刑事诉讼法、行政法、劳动法、土地法与集体农庄法、国际公法、俄文等。参见《政法研究》1954年第2期。

[2] 张友渔等《中国法学四十年》，《法学研究》1989年第2期。

[3] 《政法研究》1954年创刊号。

该会成立翌年出版的《政法研究》把上述各点具体化了。在该刊1954年的创刊号上，党内主管政法工作的领导人之一董必武撰写了《发刊词》，另一个党内元老谢觉哉撰写了题为《在总路线光辉照耀下的政法工作》的文章。值得注意的是同期《政法研究》还发表了苏联法学界头号人物维辛斯基1953年2月在苏联科学院法学研究所所作的演说，维氏的演说是这样开始的：

> 苏联共产党第十九次代表大会的各项决议，具有极大的历史意义。这些决议给我们指明了推动我们祖国使之向共产主义胜利顶峰前进的道路。这些决议是我国人民为实现具有全世界历史性意义的最伟大任务而奋斗的纲领。苏联法学家必须全神贯注认真负责地深刻研究第十九次党代表大会的各项历史性决议。这样做之所以必要，是为了更正确地认清周围环境，更坚定地沿着共产党指给我们的道路前进，并且永远也不离开这条道路而迷入任何歧途。[1]

知识分子接受党的领导和学术服务于政治的原则早已经确立，这里只是用已经验证过的先进经验予以重申罢了。

《政法研究》自创刊至1966年停刊，前后十二年，始终保持着同一种格局，其特点是意识形态化和实用主义。国际形势变化和国内历次政治风潮随时表现在各期内容上面：新

---

[1] 《政法研究》1954年创刊号。

宪法制定、批判胡风、农业合作化问题、"百家争鸣"和"反右"、"大跃进"、反对帝国主义和修正主义,直至海瑞批判和"文化大革命"。用来指导法律研究和占据各期头版的是党和国家领导人的文章、讲话,中央会议公报和决议,《红旗》杂志、《人民日报》社论等,这些东西取代了法律的理论研究,剩下的只是技术性极强的问题,如刑事诉讼中的证据或婚姻法上若干技术性问题。有趣的是,同一时期里国际法学者异常活跃,这当然不是因为国际法这一学科在学理上有何特异处,而是因为在当时的国际政治环境中,国际法学者肩负了某种特殊的使命。[1]

按1950年代确立的格局,法律只是政治的一部分,法学从属于政治学。结果,人们便看到这样一种奇怪的现象:在涉及学术与政治关系的问题时,无论当时主管意识形态的官员还是后来的研究者,都只关注历史学、哲学、经济学、教育学甚至语言学和自然科学各部门而绝少提到法律学,似乎法学不是在所谓学术范围以内。[2] 这个事实其实并不表明法学有可能置身事外,免受政治风潮起伏的影响,恰恰相反,正因为法学的性质如此,地位如此,它愈发地不能够持守中道。1956年下半年的《政法研究》刊载了要求贯彻"百家争鸣"

---

[1] 我们可以举几篇文章的标题为例:梅汝璈《斥联合国的荒谬决议案》(1955.1)、周鲠生《斥关于台湾局势的谬论》 (1955.1)、梅汝璈《剥去侵略者的法律外衣》(1955.2)、陈体强《根本不存在所谓"台湾法律地位问题"》 (1955.3)、王铁崖《从国际法上论集体自卫》(1955.4)、朱荔荪《使用原子武器是最严重的违反国际法的罪行》(1955.4)。

[2] 这种情形非常普遍,比如《剑桥中华人民共和国史》中有关主题的叙述(包括其中引用的历文文献)就是如此。参阅该书第五章。

方针的文章和讨论发言,[1] 将近一年以后,它又开始连篇累牍地发表"反击右派分子"的批判文章。[2] 经此之后,法律的继承性问题、"无罪推定"、"法律面前一律平等"、"独立审判"等问题成为讨论的禁区;法律院系的课程被取消、合并,只剩下"现行法律政策"一项。1960年代的法律教育,大多是党的领导、现行政策、阶级斗争理论和群众路线等内容。[3] 同时期的《政法研究》上更多的则是声明、谈话、社论和小人物的体会文章,即使技术性最强的法律问题也很少见到了。[4]

在中国法学史上,1966年到1976年的十年纯然是一个空白。法律秩序既已不存,法律的教育与研究也就停止了。1977年高等学校考试制度的恢复标志着一个新时期的到来。[5] 1978

---

[1] 参阅《政法研究》1956年第4期和第5期。

[2] 从1957年第4期开始,《政法研究》陆续发布北京、上海等地法学界"反右"活动的消息。第5期收批判文章十一篇,第6期收文七篇。

[3] 参阅张友渔等《中国法学四十年》,《法学研究》1989年第2期。继1957年"反右"之后,1959年又进行了反右倾机会主义的运动。结果,司法部和法制局被取消,许多法律院系师生下放参加生产劳动,业务课合并、取消而代之以政治理论学习。1963年对法律院系重新进行了调整,最后只剩下四所政法学院和北京大学、人民大学、吉林大学、湖北大学四所高校的法律系。

[4] 1958年至1961年各期《政法研究》完全是政治论坛,全无法律研究。1962年以后的情形略有缓和,复有小人物、小问题出现,然皆以批判、体会为主。1961年始,杂志由双月刊改为季刊,稍后即设"学习毛主席著作"专栏。1965年第1期改设"活学活用毛主席著作"专栏。1966年第1期登载海瑞批判文章,第2期头条发布了两条消息:《中共中央决定改组北京市委》《北京新市委决定改组北京大学党委》,接下来是《人民日报》社论《毛泽东思想的新胜利》《解放军报》二篇,然后是姚文元、戚本禹等署名文章。至此,"文化大革命"拉开序幕,《政法研究》也就无以为继了。

[5] 法律院校自1977年始部分地恢复招生,至1988年,全国共有法律系三十六个,法律院校三十九所。十年之间,法律系本科毕业生三万余人,研究生三千余人,法律中专毕业生则在十万以上。参阅张友渔等《中国法学四十年》。关于1949年尤其是1977年以来法律教育的情况,特别可以参考法律出版社从1987年开始出版的《中国法律年鉴》(1987、1988、1989)的有关部分。

年 12 月召开的中国共产党第十一届三中全会决定要"把党的工作重心转移到社会主义现代化上来",法制建设因此也就势在必行。[1] 同时进行的关于真理标准问题的讨论引出了思想解放和对于历史的重新评判。[2] 教育的正规化、改革政策的确立和法制重建,皆对法律研究产生积极影响,于是有所谓新时期的法学。

论者以为 1977 年以后,中国法学进入了迅速恢复和进一步发展或曰蓬勃发展的时期,[3] 这种看法似乎有些道理。不管怎样,最近十五年中的法律研究,无论在深度还是广度方面,均已大大超出了 1950 年代的水平。首先,法律相对于政治的独立得到一定程度的承认,[4] 法学逐渐与政治学相分离,成为独立的学科[5]。其次,"思想解放"的同时,法律研究上的禁区意识日益淡薄。人们从讨论"法律面前人人平等"的旧问题入手,过渡到对"人治与法治"、"法的阶级性"、权与法、

---

[1] 1978 年以后通过和实施的主要法律有法院组织法、检察院组织法、刑法、刑事诉讼法、中外合资经营企业法(以上 1979)、律师暂行条例、婚姻法、个人所得税怯(以上 1980)、经济合同法(1981)、宪法、民事诉讼法、商标法、全国人民代表大会组织法(以上 1982)、专利法(1984)、涉外经济合同法、继承法(1985)、民法通则、外资企业法、企业破产法(试行)(1986)、技术合同法、大气污染防治法(1987)、宪法修正案、水法(1988)等。
[2] 1981 年发表的《关于建国以来党的若干历史问题的决议》在中国共产党历史上有着重要意义,思想解放运动虽然有着官方的背景,其意义却是深远的。
[3] 参阅《我国法制建设三十年》和张友渔等《中国法学四十年》,分别见《法学研究》1979 年第 4 期及 1989 年第 2 期。
[4] 有人把法学落后的原因归结为强调法的政治性,进而将政治性等同于阶级斗争性,又等同于敌我斗争的公式,参阅陈守一《新中国法学三十年一回顾》,《法学研究》1980 年第 1 期。
[5] 开设"国家与法"的理论课程和在研究中合二为一的做法源自苏联,也是中国法学三十年中固守的传统,这种情况至 1980 年代始有根本改变。

法律与政策的关系、法律的稳定性和连续性等问题的讨论。[1] 复次，经济发展、社会变迁、法条日增、教育发达，不但使得法律的研究者数量大增，也使得法律研究的领域逐渐拓展，进入研究视野的问题日益丰富，[2] 最后，在传统的学科如法的基础理论、法史学、民法、刑法、婚姻法、诉讼法和国际法之外，比较法、法律社会学和法律文化研究也开始进入法律的教育和研究之中。凡此，均远远超出过去三十年间法律的规模与构想，而能够表明新时期法学的进步。然而在另一方面，相对于1950年代既已确立的格局，新时期法学又有未能够超越的地方，这是须要着重指出的。

法学界最有权威的杂志《法学研究》在1977年试刊时表示欢迎下面几种类型的文章：

> 1. 完整地、准确地阐述和宣传马克思主义、列宁主义、毛泽东思想关于国家和法的理论，特别是毛主席关于政权建设和法制建设思想的著述；
> 2. 深入批判林彪、"四人帮"，批判现代修正主义，批判资产阶级，批判一切剥削阶级的法学思想的文章。[3]

---

[1] 法学界的权威刊物《法学研究》于1979和1980年先后开设了"法治与人法"、"法的阶级性"讨论专栏，关于法的本质的讨论一直延续至今。

[2] 专门的法律刊物现在已增至五十种以上，其中比较具有学术性的不下于十种。从这些刊物所讨论的问题来看，无论在学科的多样性还是问题的丰富性方面，1950年代的法律研究都无法比拟。

[3] 稿约共六项，后四项多涉部门法和法律的具体问题。《法学研究》于1979年4月正式创刊，创刊号之《征稿启事》几乎是照录了上述六条。

1950年代的传统在这里得到了恢复和延续，不同的只是没有了苏联的影响，而多出了新的政治决策内容。十年后的今天再看此二条，人们或者可以改变措辞，增添新语，但是原则依旧。这并不奇怪。1970年代末以来制定法律政策、执掌法律教育和研究权柄的人，正是1950年代占据了同样位置而在"文化大革命"期间失势的那些人，同样，今天在各种法律教育和研究机构中握有权力者，也大都是1950年代培养出来而在1950年代后期政治运动中颇为活跃的一代人。这些人对于"文化大革命"中的惨痛经历记忆犹新，对于过分强调阶级斗争和敌我矛盾的做法不以为然，但是他们最终都忠实于1950年代的传统。法律依然是统治者的意志，依然是人民民主专政的工具，是以国家武力为后盾的社会规范的总和。[1] 法律工作归根到底是一种政治工作，法学乃是最具政策性和政治性的一门学科。在这个领域里面坚持党的领导和意识形态的统治，因此也是最为必要的事情。[2] 1979年创刊的《法学研究》和1982年成立的"中国法学会"，根本上只是

---

[1] 根据1984年出版的《中国大百科全书》法学卷（中国大百科全书出版社版），"法"的定义是这样的：法是"国家按照统治阶级的利益和意志制定或认可、并由国家强制力保证其实施的行为规范的总和，……法属于上层建筑范畴，决定于经济基础，并为经济基础服务。法的目的在于维护有利于统治阶级的社会关系和社会秩序，是统治阶级实现其统治的一项重要工具"。这也是苏联革命以后确立的关于法的定义。中国1949年以来所有法律辞书、教科书都在重复着同样的定义。

[2] 中国的马克思主义法学家坚称，法学同法一样是具有阶级性的。他们把马克思、恩格斯、列宁和斯大林看成马克思主义法学的创始人和发展者，而把毛泽东、周恩来、刘少奇以及中国共产党和国家的其他一些领导人看成是马克思主义法学在中国的继承者。所谓具有中国特色的社会主义法学，第一个特点便是毛泽东关于两类社会矛盾的学说，其次便是人民民主专政的理论。参见张友渔、潘念之为《中国大百科全书》法学卷撰写的长文《法学》。此文刊于该书卷首。

1950年代的《政法研究》和"中国政治法律学会"的翻版和延续。[1] 它们自觉地把自己看成和说成是党的参谋机构,承担着特殊的政治使命。[2] 这种自觉性成功地维护了1950年代中既已确立的格局,它们不但决定着法律系的课程安排和法律杂志的栏目设置,而且对于中国当代法律研究产生着决定性的影响。两位年轻的作者针对新时期法学发展的现状提出下面三种批评:

1. "法学的幼稚:六神无主"。其表现于外,是对于政治的过分关注、依从和参与,因此在学术上无有定见和远见;其表现于内,是只有贫乏之哲学原理,而无丰满之理论体系,这种情形同时也表现为对于基本概念和范畴的缺乏研究,法学研究随意而无确定性。

2. "法学的贫困:严重匮乏"。其表现于研究领域,是只重法律的实用性与技术性,致力于现行法律之阐述、说明等,轻忽基础理论和形而上学问题;其表现于思维方式,是以阶级斗争论和直观反映论的线性模式应付一切;而表现在方法论上则是把庸俗、片面和简单化了的所谓马克思主义方法论应用于所有场合,文章空洞无物,陈腐不堪。

3. "法学的危机:软弱无力"。危机就在于,当代法学已

---

[1] 二者关系与以前不同。50年代的《政法研究》为"中国政治法律学会"创办之刊物,当代的《法学研究》则是由中国社会科学院所属法学研究所主办。作为"中国政治法律学会"后继者的"中国法学会"另有理论刊物《中国法学》。

[2] "法学研究所"所属"中国社会科学院"为中央直属机关,性质原本如此。"中国法学会"为"人民团体",实际也是党领导下的机构,同样不乏执行党的方针、完成党的任务一类政治意识。新近编印的《中国法学会10周年纪念册》即是很好的例证。

经与社会现实严重脱节。[1]

五

在对近百年来中国的法律研究作了简单的回顾之后，我们可以回到本文开始时提出的法律实证主义的问题上去。我们看到，在海禁既开，西方学术思潮席卷而来之际，恰好是19世纪的实证主义思潮最得人心，此种情势演至20世纪二三十年代，便是唯科学主义意识形态的确立。中国之法学既生于清代而成于国民政府时期，自不能不受其影响。更何况，中国古代的思想资源和学术资源也都与实证主义的立场、方法最相契合，而在中国法学初生、发展的最关键时刻，编制法典、创设新法制又是一项压倒一切的时代要求。中国法学的自觉，最后在标榜科学和执着地求真的努力中实现，1940年代末成书的《法理学大纲》把这种努力推到极致。是书引入了一种前无古人的"科学"的法学，而几乎将历史一笔勾销。令人惊异的是，半个世纪以后的今天，人们还固守着同一种决绝的立场。[2] 这仍然是一种实证主义的立场吗？想要就此问题对于四十年里面的法学作一个恰当的评判殊非易事。

首先，马克思主义法学是一种实证主义的法学吗？或者

---

[1] 杜飞进、孔小红：《转折与追求——新时期法学论析》，《中国法学》1989年第1—3期。
[2] 我们可以引一段权威性的表述："马克思主义法学以辩证唯物主义和历史唯物主义为理论基础，深刻地分析了社会各方面的现象，揭穿了剥削阶级的偏见，科学地阐述了法的本质及其发展规律、使法学成为一门真正的科学。"参见张友渔、潘念之为《中国大百科全书》法学卷撰写的长文《法学》。

退一步问，马克思主义的法律观根本上是实证主义的吗？一位比较法学家回答说："卡尔·马克思与列宁两人都在一个属于罗马日耳曼法系的国家受过法律教育；他们的学说同法律实证主义这一流派有直接的联系，这个流派……主张把法看成是作为正义的最高代言人的立法者的意志表现。"[1] 然而一般将马克思主义法律学说单纯归于实证主义的做法似乎又有简单化之嫌。同一位作者又说，仅就马克思主义者只承认国家颁布并执行的行为的规则具有法律性质这一点来说，他们确实可以被说成是实证主义者，但是马克思主义者不愿只考虑法的外部的形式的方面，他们强调立法者的活动为某些物质和精神因素所限定，强调立法活动受制于某些外部的或先于立法的因素，这样，他们就偏离实证主义而接近于自然法的观念了。[2] 产生于19世纪的马克思主义，一方面受了科学实证主义的鼓舞，致力于发现文明社会中的"万有引力"；另一方面又不能够摆脱德意志哲学精神中的玄学传统，所以有此思想上的双重特征。1930年代流行于中国社会的哲学和法学思潮，一面继承19世纪的生物学（达尔文、赫胥黎）和社会学（斯宾塞）思想传统，一面以比较晚出的哲学（杜威的经验主义）和法学（庞德的社会学法学）思想相折衷，宣称掌握了最新的哲学和最先进的法理。然而在1940年代下半叶，宗主马克思主义的一派后来居上，这一派翻新了一百年前的旧学说（奥斯丁的分析实证主义法学），而敢于标榜自己是唯

---

[1] ［法］勒内·达维德：《当代主要法律体系》，第67页。
[2] 同上书，第201页。

一和真正的"科学"。到了后来,这唯一的"科学"取得了独尊的统治地位。

就思想而言,20世纪中国人比较易于接受的,也许正是像马克思主义那样一种具有双重特性的学说。因为一方面,只有科学实证主义是最有说服力量的权威,而在另一方面,又只有能够提供某种神奇药方的包罗万象的解决办法才可以满足国人的要求。在这种情形下面,经验主义是不够的,需要的是意识形态,而且是"科学的"意识形态。

当然,学说的意义不全在于其思想特征,而是部分地取决于其本身的内容。马克思主义法律学说,强调法的阶级性、强制性,视法与统治者意志为一物,这种立场不但与渊源久远的中国传统的法律观易于调和,而且与中国共产党人的革命经验符合若契。只是,此种实证主义的法学观一旦为政治所用,而成为唯一的学说,所谓"法学"也就可能不复存在,这时受到损害的,甚至也包括实证主义的方法本身。

论者多以1950年代前半叶为中国社会主义法学创建和初步发展时期,而给予高度评价,把1957年以后的发展看成是对先前之"健全"秩序的破坏。这种看法在特定意义上也可以成立,但是,把后续的历史视为前一阶段合乎逻辑的发展也未尝不可。因为,早前通过思想和制度改造建立起来的政法体制,强调法律和法学的阶级属性和政治属性。法律为政治服务,因政治改变而改变,最终消弭于政治,也有不得不然之理。批评者说当代的法律研究只有贫乏的哲学原理,而对法律的基本概念、范畴没有研究。他们同时又指责说,法学研究一味讲法律的实用性与技术性，只重视现行法律的解说而轻忽基础理论和形而上诸问题。这种看似自相矛盾的批评并非无据。一方面，当下的法学研究诠释政策、法律，习惯于从概念到概念；另一方面，一些人只关注法律上的细枝末节，以避免涉及敏感的理论问题。问题是，概念式的法学研究缺少理论基础和思想深度，技术化的实证研究没有"学说汇纂派"的诠释技术。这即是当代中国的"概念法学"，这即是当代中国的"实证主义法学"。

纵观近百年来中国法律学的发展，人们会注意到思辨传统的极度欠缺，但是关于最近四十年的法律研究，人们关注的问题更多的是法学本身（不管它是实证主义的还是非实证主义的）是否能够存在和维系。这时所谈的法律实证主义，较少学理的意义，而更多历史的意义：它构成了当代中国法学发展的一种历史性前提和背景，而当它最后带着某种我们可以名之为实证主义的印记延伸至当代社会中时，那已是一种深刻畸变了的法律实证主义。所谓新时期法学，不过是经此深刻畸变了的法律实证主义的最新发展，如果说这一段历史中含有什么超越的意义，那就在于，1977年以后成长起来的一代人中间，逐渐产生了自觉的批判意识和力图在根本上创造新格局的努力。现在要对这样一种非主流的尝试作全面的评判为时尚早，但要说这种努力可能代表了中国法学未来的希望却是大体不差的。

法律的文化解释[*]

> 我们总是在希望和恐惧中被最接近我们的东西所影响，并且在这样一种影响中去接触过去的见证。因此，反对轻率地把过去看成我们自己的意义期待，乃是一项经常的任务。
>
> ——加达默尔

引　言

曾经有过各种关于法律的解释，本文要提出的是所谓文化的解释。

由这个标题，人们可能首先联想到人类学和解释学。的确，以下的讨论借重于人类学和解释学之处甚多。这不单是因为，由于前者，文化研究方始成为科学，通过后者，解释的技艺才具有普遍价值，而且也是因为，任何现代意义上的

---

[*] 原载《中国社会科学季刊》（香港）1993年第4卷。

文化解释理论，都只能够建立在当代社会科学和人文科学已经取得的成就上面。不过，预先说明下面一点也是必要的：本文的主题基本上不能由人类学研究来完成，而且，它也完全不是所谓哲学解释学的一部分。它要研究的对象，通常被归入历史学，具体地说，它所关注的主要是历史学的一个特殊领域——法律史。

把法律的文化解释主要限定在所谓法律史的领域，这首先是因为，它所处理的材料与法律史家通常面对的大致相同。然而，由于立场、方法乃至视界并不相同，法律的文化解释所要揭示的却是一个传统法律史家通常忽略了的世界。就此而言，法律的文化解释并不简单就是传统意义上的法律史研究，毋宁说，它是对旧材料的重新安排和重新解释，为此，它不但引入了新的立场、观点和方法，而且提出了新的主题。我们不妨说，法律的文化解释在引入一种新的分析方法的同时，也确立了一个新的对象。这里，方法只是研究者"主观地"加以运用的一套策略，对象却是研究者已经发现并且意欲给出解释的一个"客观地"存在的世界，它们性质不同，但又关系密切，以至可以借用一个词来表达，那就是法律文化。[1]

也许，最后会有认真负责的读者对我发出这样的质疑：一篇标榜法律或至少是法律史研究的论文，为什么大部分篇幅被用来讨论历史、哲学、文化、语言和其他一些法律以外

---

[1] 在国内，"法律文化"的概念只是最近若干年里才流行起来，不幸的是，几乎从一开始它就被滥用和庸俗化了。因此，我尽量避免再使用这个词。本文中两次出现的这一概念都是在我惯常赋予它的比较特别的意义上使用的。

的主题？对此，我将回答说，从本文阐明的立场出发，你所说的历史、哲学、文化、语言，还有其他那些主题，都不是"法律以外"的东西。本文的目的就是要破除固有的法律概念，打破法律学与其他诸多学科之间传统的界限，进而提出新的研究范式。作为这样一种方法论上的尝试，它实际是将自己置于哲学、人类学、社会学、法律学和历史学诸学科的挑战之前，而这不仅意味着它为自己争得一个合法位置的努力必定是艰难的，而且意味着这样一种尝试，无论成功与否，都将具有普遍的意义。

最后须要说明的是，撰写本文的直接动机，原来只是试图就我自己过去几年中间所做的研究作某种方法论上的总结。这种考虑的一个结果是，无论我现在的想法和做法距离初衷有多远，每当须要就理论上的说明举出实例，我总是自然而然地回到我比较熟悉的中国历史材料上去。我希望这种"以中国为例"的做法不致削弱理论的说服力，同时我也希望，我能把这些例证运用得恰到好处，而不使熟悉我以往研究和论证方式的读者在重新接触到它们时感到厌烦。

作为一种世界观的结构主义

结构主义并不是一种哲学，至少，它不是那种传统意义上的哲学。[1] 但是，结构主义确实包含了某种世界观，以致有

---

1 参阅［瑞士］皮亚杰《结构主义》，倪连生等译，北京：商务印书馆，1984年，第97页；［比利时］J. M. 布洛克曼：《结构主义》，李幼蒸译，北京：商务印书馆，1981年，第6页。

人把它看成一种关于世界的思想方式。这种思想方式的特征是在人与现实世界的关系的基础上重新认识事物的本质。据此，世界并不像以往人们认为的那样，由许多特征清晰可辨和独立存在的客体组成，相反，这样一个外在于人和与人对峙的客观世界并不存在。因为，感觉的方式，连同其中所固有的偏见，对于感觉到的东西有着无可置疑的作用，以至于纯粹客观的感觉从一开始就没有可能。正像有人指出的那样，观察者必定从他的观察中创造出某种东西。如此，则观察者与被观察对象之间的关系就显得至关重要。这种关系成了唯一能够被观察到的东西。可以说，事物的真正本质不在于事物本身，而在于我们在各种事物之间构造，然后又在它们中间感觉到的那种关系。简言之，世界乃是由各种关系而非事物本身构成的。[1]

还在二百年以前，意大利人维柯（Vico）就已经认识到这样一个卓绝的道理：人认识到是真实的（verve）东西与人为造成的（factunl）东西实际上并无区别。因为，人所感知到的世界不过是他强加于世界的他自己的思想形式，而存在之所以有意义（或"真实的"），只是因为它在那种形式中找到了自己的位置。进一步说，人创造了他所感知到的整个世界，并在此过程中创造了他自己。[2] 因此，维柯竭力要从人类心灵的变化中求取社会的各项原则，在诗的真实性里面发现真实的世界。在某种意义上说，现代社会科学和人文科学中诸前

---

[1] 参见［英］特伦斯·霍克斯《结构主义和符号学》，瞿铁鹏译，上海：上海译文出版社，1987年，第8页。
[2] 同上书，第3—4页。

沿学科如语言学和阐释学也做了同样的事情。

瑞士语言学家费尔迪南·德·索绪尔（Ferdinand de Saussure）最先创立了结构主义语言学。他通过区分语言和言语，指出语言的符号性和任意性，强调共时性的重要性等，提出一种新的语言观，依此，语言被视为一个封闭的结构，具有独立自足和自我界定的性质。这种语言观给人的启示是，作为人类与外部世界交通往来的独特手段，语言不但构成了独特的人类的结构，而且构成了人类现实世界的结构。[1] 当然，从索绪尔不能够直接达到这一点。因为在索绪尔那里，语言学并不是人类学的一个部分。相反，所有涉及种族、历史、文化和社会制度的东西都被他视为语言的外部因素，归在"外部语言学"的名下，而他关于语言的定义，正是要把一切跟语言的组织和系统无关的东西，亦即他用"外部语言学"这个术语所指的东西排除出去。[2]

同样信守结构语言学原则，同时又把语言结构与人类现实世界的结构联系起来考虑的，首先要推美国人类学家爱德华·萨丕尔（Edward Sapir）。

在美国，语言学是在研究北美大陆各种印第安语言的基础上发展起来的，这就是为什么它从一开始就是人类学的一个部分。由于经常和直接与印第安文化——一种与欧洲文化相距甚远的文化——接触，美国语言学家天然地更关注语言和语言所属文化背景之间的关系。他们发现，这种关系不但

---

[1] 同上书，第20页。
[2] 参见［瑞士］索绪尔《普通语言学教程》，高名凯译，北京：商务印书馆，1985年，第43页。

具有反映的特征，而且具有构成的特征。当把对语言结构的研究扩展到其他社会行为领域的时候，他们甚至得出这样的结论：文化"形态"或说一个社团总的生活方式，实际上由那种文化的语言所决定。[1] 萨丕尔说：

> 事实上，"现实世界"在很大程度上是建立在团体的语言习惯之上的。绝没有两种语言在表现同一个社会现实时是被视为完全相同的。·不·同·的·社·会·所·生·活·于·其·中·的·世·界·是·不·同·的·世·界·，·不·只·是·贴·上·不·同·的·标·签·的·同·一·个·世·界……[2]（本书中着重号均为引者所加）

在这一节里，我们由结构主义的世界观，很快就进入到语言学的领域，这固然是因为，语言学研究乃是结构主义思想最早的渊源之一，而且，正是借助于语言现象，结构主义的世界观能够得到极好的说明，但是更重要的还在于这样一个事实，即作为独一无二的文化现象，语言直接构成人类的存在方式。人类生活在自己的语言之中，人类的世界从语言开始。

在接下来的讨论里面，我们还会不止一次地面对语言及其各种问题，并为语言具有的幽深微妙的性质所困扰。不过，在进一步讨论这些问题之前，我们须要专门辟出一节来讨论一个与语言有着密切关联且同样具有普遍意义的问题，那就

1　参见［英］特伦斯·霍克斯《结构主义和符号学》，第22—23页。
2　同上书，第23页。

是我们通常所说的"文化"。

文化与符号

几乎所有讨论文化问题的论著都要引述英国人类学家爱德华·泰勒（Edward Tylor）在1871年写下的关于文化的定义。我们不妨就从这里开始。

> 文化或者文明，就其广泛的民族学意义而言，乃是这样一个复杂整体，它包括知识、信仰、艺术、道德、法律、风俗以及所有其他作为社会一员的人习得的能力和习惯。[1]

这个今天仍然流行的文化定义明确将文化视为人类后天习得之物，而把它同所有先天遗传的东西区别开来。此外，它强调了文化的整体性和复杂性。这些思想今天已经普遍为人们所接受。当然，这个早期文化定义的缺点也很明显，它毕竟过于笼统，难以充作深入研究的导引。现在的人类学家可能强调文化某些方面的特征，比如，行为模式、价值观念，或者文化的象征性和符号性等。新的文化定义往往因此更具体、更明晰，也更具有操作性。这里，我不准备停下来详细讨论文化理论的各种发展，而是直接进入到我所感兴趣的部

---

[1] Morton H. Fried ed., *Readings in Antropology*, vol. II, New York: Thomas Y. Crowell Company, 1968.

分。也就是说,我将首先注意那些重视和强调"生活方式主观独特性"的文化理论。下面提出并且予以说明的克利福德·格尔兹(Clifford Geertz)的文化观就是属于这一类理论。

格尔兹为文化下的定义主要强调通过象征符号表现出来的意义模式。他说:

> (文化)是指由历史传递的,体现在象征符号中的意义模式(patterns of meaning),它是由各种象征性形式表达的概念系统,人们借助这些系统来交流、维持并发展有关生活的知识以及对待生活的态度。[1]

> 我主张的文化概念……本质上是符号性的(semiotic)。和马克斯·韦伯一样,我认为人是一种悬挂在由他自己织成的意义之网中的动物,而我所谓的文化就是这些意义之网。[2]

把文化看成一个"概念系统",一个表达意义的符号体系,无不让我们想到语言学家关于语言的定义。这并不奇怪,"一个民族的风俗习惯常会在它的语言中有所反映,另一方面,在很大程度上,构成民族的也正是语言"[3]。事实上,人类学家往往像语言学家一样关心语言问题,只不过,后者感

---

[1] 转引自林同奇《格尔茨的"深度描绘"与文化观》,《中国社会科学》1989年第2期。
[2] 同上书。
[3] [瑞士]索绪尔:《普通语言学教程》,第43页。

兴趣的是语言的"内部世界",而前者更关注语言的"外部世界"。尽管如此,由于语言与文化密切不可分割的关系,它们在很大程度上共同具有某些特征。其中,符号性也许称得上是最突出的一项了。

语言是一种符号系统。索绪尔明确地将这一点视为语言的基本特征。表达观念的符号系统是多种多样的,语言之外尚有象征仪式、礼节仪式、盲文等等,而语言却是其中最复杂、最广泛和最富特点的表达系统,堪为典范。这首先是因为,语言之为符号乃是完全任意的。[1] 此外,语言不同于言语,它不是个人意志和智能的行为,相反,它像是分发给每个人使用的同一本词典。"语言是每个人都具有的东西,同时对任何人又都是共同的,而且是在储存人的意志之外的"[2]。这一特征实际也是源出其符号性质,"因为符号在本质上是社会的"[3]。最后,"语言是一个系统,它的任何部分都可以而且应该从它们共时的连带关系方面去加以考虑"[4]。

索绪尔为语言-符号规定的三项特征,即任意性、社会性和系统性,一定程度上也可以用来描述文化的特性。[5] 大多数人类学家都会同意说,文化虽然总是通过每个个人的行为表现出来,但它绝不只是个人的所有物,而首先是一种社会存在。同样,无论是否接受文化模式的看法,他们多少是以

---

1 同上书,第36—37页、102—105页。
2 同上书,第41页。
3 同上书,第39页。
4 同上书,第127页。
5 格尔兹的文化概念恰好也包含了这三个方面的内容。详见林同奇《格尔茨的"深度描绘"与文化观》第三节。

系统观点来看待和把握文化现象的。也就是说,他们倾向于把文化理解为一个靠各种内在关联组织起来的相对自足的复杂整体。当然,说文化是"任意的"似乎于理不合,因为在所有变化的事物里面,文化也许是最难改变的一种。但正是在语言现象中,"不变性"乃是"任意性"的一个结果。[1] 作为一种符号系统,文化的"不变性"显然也部分地出自其"任意性"。其实,"任意性"在这里并不意味着没有常性和无从捉摸,它不过表明了这样一个事实:

符号,连同它所传达的意义,完全是出于人类而非事物本身:它们既不是绝对的,也不是物体、行动或过程本身所固有的。换句话说,符号系统是历史的产物,而不是科学上可以验证的关于真实世界的描述。文化并非植根于绝对之中,它是人类行动和思想的产物,说到底,文化乃是人造之物。[2]

意识到文化－符号的任意性是必要的,它帮助我们认识到世界的属人性。以文化为其独特标记的人类,无往而不是生活在自己造就的符号体系或说意义世界之中。没有了这些,世界将不成其为世界,它只是一片混沌。

历史的符号观

"从本质上看,历史学的对象是人。"伟大的历史学家马克·布洛赫(Marc Bloch)在这句前人的教诲里面发现了真

---

[1] 参阅[瑞士]索绪尔《普通语言学教程》,第109—111页。
[2] 参阅[美]罗伯特·F. 墨菲《文化与社会人类学引论》,王卓君等译,北京:商务印书馆,1991年,第35页。

理。他写道：

> 地形特征、工具和机器、似乎是最正式的文献、似乎是与其缔造者完全脱离的制度，而在所有这些东西背后的是人类。历史学所要掌握的正是人类，做不到这一点，充其量只是博学的把戏而已。优秀的史学家犹如神话中的巨人，他善于捕捉人类的踪迹，人，才是他追寻的目标。[1]

然而，人究竟是什么呢？

通常，这样一个古老而常新的问题是由哲学家在书房里提出和构想的，直到最近百余年，因为人类学家、社会学家、心理学家和其他许多人各以其卓有成效的工作大大拓展和深化了关于人的研究，哲学家们在这个领域里的垄断才被彻底地打破。当然，这并不意味着哲学家的意见从此不再值得重视，恰恰相反，关于人是什么，以及关于历史和文化一般问题的深入思考，最终不可能在哲学之外独立地得出。而这部分是因为，哲学的思考与时俱进。我们时代的哲学家不但承继了特别属于他们自己的传统，而且吸收融汇了同时代人的新知，从而创新了哲学。

任何一个关于人的定义，都试图找出仅仅属于人的独特性质。在这个问题上曾有过各式各样的结论，比如理性，比

---

[1] ［法］马克·布洛赫：《历史学家的技艺》，张和声等译，上海：上海社会科学院出版社，1992年，第23页。

如道德性，等等。今天，在经过长期艰苦卓绝的经验研究之后，主要由人类学家完成了一个飞跃，他们直截了当地把人性归结为文化。人创造了文化，文化也造就了人。没有文化，人与动物无异。

说人是文化的动物，差不多就等于说人是符号的动物。因为所有的文化形式都是符号形式，通过了解符号的特性，通过探究人创造和运用符号的能力，将有可能揭示人性的奥秘。哲学家就从这里开始他们的思考。

恩斯特·卡西尔（Ernst Cassirer）注意到，在有机体的反应（reaction）与人的应对（response）之间有着不容抹杀的区别。在前者，对外界刺激的回答直接而迅速，而在后者，回答被思想缓慢复杂的过程所打断和延缓。这里，根本原因在于，人不可能直接地面对实在，他生活在一个符号世界里面，为语言形式、艺术想象、神话符号和宗教仪式包围着，倘无这些人为媒介物的助力，他竟不可能看见或者认识任何东西。就是在这种意义上，卡西尔把人定义为符号的动物。[1]

自然，就前面已经述及的思想、理论而言，卡西尔的文化哲学思考是我们多少已经熟悉了的，而这里所以要特别提到他，更多是因为他把这种思考引入历史，因而给了我们一个重新探求历史智慧的机会。

以往，人们喜欢在逻辑中寻找历史与科学的区别，而在卡西尔看来，这种尝试注定要失败。因为它完全忽视了历史

---

[1] 参阅［德］恩斯特·卡西尔《人论》，甘阳译，上海：上海译文出版社，1985年，第33—34页。在接下来的一章里，卡西尔详细叙述了符号的三重特性，即抽象性及普适性、任意性和关系意识。详见该书第35—53页。

学的基本特征，那就是，历史学家面对的不是一个物理世界而是符号世界。就此而言，历史学的对象与物理学的对象截然不同。历史学家手中的残片或是手稿固然是物质世界的一部分，因此可以借助于科学手段予以探查，但是，这样得出的知识尚不足以称为历史知识。归根结底，"历史学并不以揭示物理世界的以往状态为目的，而是要揭示人类生活和人类文化的以往阶段"[1]。正像布洛赫反复申明的那样，历史学研究的是人或人类。卡西尔用"人类的生命力"、"人类的和文化的生活"来指称历史学的主题，于是，历史遗迹就变成了传递以往活生生信息的符号，而读解这些符号便是历史学家的特殊任务。卡西尔写道：

> 在某种意义上说，历史学家与其说是一个科学家不如说是一个语言学家。不过他不仅仅研究人类的口语和书写语，而且力图探究各种一切各不相同的符号惯用语的意义。他不仅在各种书本、年鉴或传记中寻找他的文章内容，而且必须读解象形文字或楔形文字，考察一块帆布的颜色、大理石或青铜的雕像、大教堂或庙宇、硬币或珠宝。但是，他并不是只以一个想要收集和保存旧时代财富的古董商的心情来看待所有这些东西的。历史学家所寻找的毋宁是一个旧时代的精神的物化。他在法律和法令、宪章和法案、社会制度和政治机构、宗教习俗和仪式中寻找着共同精神。对真正的历史学家来说，

---

[1] 同上书，第224页。

这样的材料不是僵化的事实而是活的形式。历史就是力图把所有这样零乱的东西、把过去的杂乱无章的支梢末节熔合在一起，综合起来浇铸成新的样态。[1]

历史知识的独特性质因此也表现在历史学家的活动上面。

毫无疑问，历史学始于事实也终于事实。然而，历史学的事实是什么呢？它与比如物理事实的区别到底在哪里呢？按照卡西尔的意见，历史学的事实是符号的，不是物理的，而这意味着，它只存在于历史学家的工作当中，也就是说，它只有在被历史学家"回忆"起来时才是真正存在的。这里，"回忆"被理解为一种构造活动，一种新的理智综合，而不是单纯的复制活动。卡西尔说，历史学家并不是活动在物理的宇宙中，而是活动于符号的宇宙中，为了理解和解释各种符号，必须建立与探究原因的方法不同的其他各种方法。"意义的范畴不应当被归结为存在的范畴。如果我们要寻找一个可以把历史知识包含在内的总题目的话，那我们可以把它称之为语义学的一个分支而非物理学的一个分支。语义学的规则，而非自然的法则，才是历史思想的一般原则。历史学是被包含在阐释学的领域而非自然科学的领域之中的。"[2] 如果真是这样，历史研究应该服从一些什么样的规律，历史学家又如何通过回忆、解释和重建而获知真理，以及我们究竟应当在什么样的意义上去把握这些真理呢？从这里，我们被导向更

1　同上书，第225页。
2　同上书，第247—248页，同时可以参阅本书第221—222、234—235诸页。

具有普遍意义的问题。

"历史诠释学"

解释的技艺原是一门古老的艺术。所有古代文明中的解经人各以其独特方式发展了自己的解释学。然而，只是在19世纪的欧洲，传统的解释技艺被改造成一门普遍的学问，一门教人避免错误和获致正确理解的学问。进而，解释学由一套认识方法改变、上升而成为哲学。这时，它关心的问题不再是创制一套指导科学研究的方法论程序，而是直接去追问"一个先于主体性的一切理解行为的问题，也是一个先于理解科学的方法论及其规范和规则的问题"：理解如何可能？[1]

启蒙时代的思想家曾经设想过一种能够自由和无偏见思考的理性主体，从这一点出发，他们把权威和传统视为阻碍人类正确思考和理解的偏见（诠释学上称为"前见"、"前理解"等），必欲彻底扫除而后快。然而，事实是，"消除一切前见这一启蒙运动的总要求本身被证明是一种前见"[2]。因为理性在本质上是历史性的存在，早在人通过自我反思理解他自己之前，他就以某种明显的方式在其生活于其中的家庭、社会和国家里面理解了他自己。现代诠释学乃是建立在这样一个前提上面："个人的前见比起个人的判断来说，更是个人

---

[1] ［德］汉斯-格奥尔格·加达默尔：《真理与方法》（上卷），洪汉鼎译，上海：上海译文出版社，1992年，第6页。加达默尔自然不能够代表全部诠释学传统，但是出于某些实际考虑，这里谈到的"诠释学"将只限于《真理与方法》。
[2] 同上书，第354页。

存在的历史实在。"[1] 传统也好，权威也好，总之，前见被视为理解的条件，并因此被赋予某种积极的意义。从这里我们便接触到历史诠释学的若干重要原则。

首先是时间距离对于理解的重要性。按照所谓历史主义的假定，时间距离是那种必须予以克服的东西。也就是说，为了确保历史的客观性，研究者须置身于过去时代的精神中，以彼之概念和观念而非自己的概念和观念去思考。但是，从诠释学的立场上看，情形正好相反：只有从时间距离出发，才有可能达到所谓客观的认识。这里，时间距离不是应予超越和消除的否定因素，而是应当予以积极运用的肯定因素。这在根本上是因为，指导理解的真前见与引致误解的假前见只有通过时间距离才能被区分开来。诠释学的意识将包括历史意识：意识到自己的那些指导理解的前见。这是真正的历史思维，因为它同时意识到它自己的历史性。而历史主义假定的幼稚就在于，它缺乏这种反思，它忘记了自己的历史性。[2]

由时间距离引出的一个问题是所谓"效果历史"原则。当人们跨越时间距离去理解某种历史现象的时候，他们必定已经为"效果历史"所影响。这些影响首先表现在这样一些方面：哪些问题值得探究，哪些东西可以成为研究对象，等等。显然，这里也存在那种预先给定的东西，"它是一切主观见解和主观态度的基础，从而它也就规定和限定了在流传物

---

[1] 同上书，第 355 页。
[2] 同上书，第 379—385 页。

的历史他在（Andersheit）中去理解流传物的一切可能性"[1]。在一切主观性中揭示出这种规定着它们的东西，正是哲学诠释学的任务，于是，效果历史意识的问题被提出来了。

加达默尔说："效果历史意识首先是对诠释学处境的意识。"[2] 稍后，他把"处境"概念规定为一种限制视觉可能性的立足点，本质上可以与视域概念相等同。在历史理解的范围内，人们也常常谈到视域，因为获得历史视域原本是历史理解的一项要求。这方面流行的见解是，研究者必须使自己置身于他所探究的那个时代的历史视域之中，否则，他就会误解流传物的意义。这里，潜在的前提是，存在着彼此不同的封闭的视域。在加达默尔看来，这是难以想象的。因为，视域原是我们活动于其中并且与我们一起活动的东西。理解一种传统当然需要某种历史视域，但那并不是与我们自己的世界全然无关的另一个世界，因此，获得某种历史视域并不意味着我们要丢弃自己。我们要做的是把自己带入其中，而这既不是一个个性移入另一个个性，也不是使另一个人受制于我们自己的标准。正确地说，它是那种向着更高普遍性的提升。由此形成一个新的更大的视域，它超出现在的视界而包容了我们自我意识的历史深度。这将是唯一的视域。"理解其实总是这样一些被误认为是独自存在的视域的融合过程。"[3]

的确，诠释学不曾为历史研究提供一套现成的方法论规则和程序，作为一种哲学，它指示给我们人类有限的历史性

---

[1] 同上书，第387—388页。
[2] 同上书，第387页。
[3] 同上书，第393页。同时参阅第385—394页。

存在方式，并试图在其中发现人类与世界的根本关系。然而正是通过这种方式，它就为真正的历史科学奠定了基础。在《真理与方法》的结尾处，加达默尔这样写道："我们的整个研究表明，由运用科学方法所提供的确实性并不足以保证真理。这一点特别适用于精神科学。"[1] 因为，在精神科学里面，认识者的自我存在同时也在发挥作用。其结果，"真正的历史对象根本就不是对象，而是自己和他者的统一体，或一种关系，在这种关系中同时存在着历史的实在以及历史理解的实在"[2]。正是基于这一认识，加达默尔对所谓历史客观主义进行了毫不留情的批判。后者实际只是自然科学在精神科学中的翻版，它所坚持的方法固然有助于消除历史研究的随意性，但同时也使得历史研究者对支配其理解的各种前见视而不见。结论是，历史主义因为受着隐蔽前见的支配而不理会流传物里述说的东西，它所得出的认识就只能是歪曲变形的。

现代诠释学对精神科学的贡献也表现在它的那些富于表达力的概念上面。前见（前理解、前把握、前有等等）、时间距离、历史效果意识、处境、视域和视域融合、应用……这些概念能够帮助我们探知人类存在的历史性和有限性，从而

---

[1] 转引自洪汉鼎为《真理与方法》中译本所作序。
[2] 同上书，第384—385页。还可以参照另外两段话："甚至在'客观的'历史研究这一极端情况里，历史任务的真正实现仍总是重新规定被研究东西的意义。但是这种意义既存在于这种研究的结尾，也同样存在于这种研究的开端：即存在于研究课题的选择中，研究兴趣的唤起中，新问题的获得中。"（第362页）"在精神科学里，致力研究传统的兴趣被当代及其兴趣以一种特别的方式激发起来。研究的主题和对象实际是由探究的动机所构成的，因此，历史研究被带到了生命自身所处的历史运动里，并且不能把它正在研究的对象从目的论上加以理解。这样一种'对象'本身显然根本不存在。"（第365页）

有助于我们了解理解的真谛。在比如视域的概念里面,我们发现一种具有双重性的诠释学处境,即视域是有限的,同时也是必要的。就前一方面来说,视域由前见构成,它限制了认识者观看的范围;而就后一方面看,失去视域等于失去作出判断的能力。解决这一矛盾的关键在于,视域是活动的,视域的区分也是相对的。因此,只要不断检验我们的前见,现在视域就可以在不断形成的过程中被把握。理解即是视域的融合过程,而这就是说,真正的历史意识,意味着不断的反思。也是在这样的意义上,加达默尔决绝地说:"如果我们想让历史描述和历史研究完全避开效果历史反思的判断权限,那么这就等于取消了历史描述和历史研究。"[1]

当然,作为哲学诠释学一部分的历史诠释学,无论它对于历史研究来说如何重要,毕竟不能够取代历史研究本身。这就好比我们说哲学不能够代替历史学一样。从哲学的立场出发,历史诠释学旨在揭示精神科学中人类理解的本质,并且发掘作为理解条件的前见的积极意义。而这些对于一种具体的历史研究是远远不够的。当我们直接置身于历史研究之中,首先看到的恐怕是大量的误解、曲解,以及各种隐藏的前见和未经省察的视域,它们是具体的、个别的,须要靠历史学家的技巧来辨识和消除。这时,我们倾向于从一般下降到特殊。这是历史学家之路,它与哲学家由特殊和具体上升到普遍和一般的路径正好相反。所以,我们现在须要确立一个新的出发点,这个新的出发点必须一方面与历史诠释学的

---

[1] 同上书,第9页。

基本立场取得一致，另一方面又总是建立在具体的历史形态上面，因而能将我们直接引向历史。那么，是否存在一种具体的前见，它具有这样一种普遍性，以至表现为人类存在形式而与我们须臾不可分离？如果有的话，我们最先遇到的肯定是语言。

语言的再认识

语言问题的重新提出应当从语言学家止步的地方开始。

语言学家主要是向内去观察和说明语言现象，但是他们无一例外都承认语言与思维、历史和文化的密切关系。萨丕尔说："语言，作为一种结构来看，它的内面是思维的模式。"[1] 不过，他同时又表示不相信文化和语言在形式结构上有何种关系。他对文化的定义是"一个社会所做的和所想的是什么"[2]，语言讲的却是人怎样思想。换句话说，一个是内容，是经验的摘录；一个是形式，是表达一切经验的具体方式。很难设想这二者之间会有什么特殊的因果关系。萨丕尔认为，除非我们能够证明，文化于其具体内容之外，另有一种内在形式或曰纯粹形式格局，那么还是把语言沿流与文化变化视为不相干的过程为好。[3]

---

1 ［美］爱德华·萨丕尔：《语言论》，陆卓元译，北京：商务印书馆，1985年，第19页。语言实际只是在符号表现之最高、最概括层次上才成为思维的外表，就此而言，语言和思维不是严格同义的。但在另一处，萨丕尔又说，语言与思维不可分解地交织在一起，从某种意义上说，它们是同一回事。详见该书第13、195页。
2 同上书，第195页。
3 同上书，第195—196页。

迄今为止，似乎还不曾有人声称发现了文化的纯粹形式格局，更没有人提出一套把语言和文化统一于一种形式中的语言——文化类型学。然而这些就足以证明语言形式与文化无关，怎样思考与思考什么无关，以及思想的方法与思想的内容无关吗？贸然推翻语言学家的结论是危险的，不假思索地接受现成的看法也可能是轻率的。我们不妨提这样一个问题，即出自欧洲学术传统的语言学家究竟能在多大程度上意识到并且摆脱其"前见"的影响呢？尽管普通语言学并不将自己限制在印欧语系的范围之内，它的研究对象主要还是表音体系的各种语言，这毕竟是一个事实，而诸如语言、思维与文化的关系这样一类问题，却最可能在因为语言和文化上存在深刻差异而构成鲜明对照的事例中突显出来。索绪尔说，表意体系的典范事例就是汉字。[1] 那就让我们选一个汉语的例子吧。

法国汉学家谢和耐（Jacques Gernet）曾经仔细考察了16世纪和17世纪耶稣会士在中国的传教活动，特别是因此而引出的欧洲和中国两种文明围绕基督教教义产生的意味深长的"对话"。他发现，耶稣会士想让中国人理解和接受基督真谛的努力最终归于失败，而其原因并不简单是一种价值拒斥另一种价值，而是与价值有着密切关联的这一种逻辑拒斥另一

---

[1] ［瑞士］索绪尔：《普通语言学教程》，第50—51页。萨丕尔在谈到语言结构类型时说，从拉丁语到俄语乃至英语，景象总是大体相同的，但是一到了汉语，"头上的天都变了"。（《语言论》，第108页）

种逻辑。[1] 著名传教士利玛窦（Matteo Ricci）最先意识到这一点，以致他认为首先应该让中国人学习欧洲人的推理方法。无论如何，逻辑与教理是不可分割的。如果我们想要真正了解文化的差异，就必须进入到思想的深处。正是本着这样一种想法，谢和耐在《中国和基督教》一书的末尾，以"语言和思想"为标题作了最后的总结。他在其中这样写道：

> 由语言在其词法、主语和动词补语中以及在主动态和被动态中所表现出来的文明可能更为适宜于发展行为的施动者和对象的对立，形成一种更为明确的人格和文明力量的思想，区别活跃的思想与顽物。我们于此至少还可以指出中国一方的一种在语言和思想之间的奇怪相似性。在汉语中，主语仅仅是有关发表一种论点的主动者。通过词法可以清楚地看到，没有任何必然的关系把主语、谓语和补语联系起来。在任何一篇汉文文献中，都有一种无人称的基本语气。正如中国人所想象的那样，自然的行为是非人格的和公正的。天是"无心"地发生作用的。
>
> 因此，语言的结构和辞法似乎把中国和西方的思想导向了不同的方向，作为形成一个独立的广阔背景的文化和宗教传统发展之基础。[2]

---

1 参阅［法］谢和耐《中国和基督教》"导论"，耿升译，上海：上海古籍出版社，1991年。
2 同上书，第355—356页。

显然，谢和耐也像尼采（Nietzsche）一样相信，文法能够主宰哲学。如果真是这样，想的方法就不能被认为与想的内容全无关系，像比如萨丕尔所形容的，一个是固定的模子，另一个可以是水、石膏、金子或其他任何倒入其中的东西。[1] 事实很可能是，能够倒入某种特定模子里的东西是有限的。因此，尽管最后未必能够找出一套与语言形式完全一致和对应的文化形式，但是我们也许可以承认，语言和思维的形式特征与文化的关系至少比我们通常认为的要更复杂、更重要，因此也更值得重视。文化固然指一个社会所想与所做的一切，但是一个更合理更完整的文化概念应该也包括这个社会构想和实践其理想的方式在内。

在其形式结构之外，语言与文化的关系是显豁的。语言，或者更确切地说词汇，在很大程度上忠实地反映了一个民族的全部历史和文化，这种看法已经为人们所普遍接受。历史学家们由此出发去探究诸如文化的传播和变迁一类问题，也已经司空见惯。不过，对于人类学家和社会学家们来说，最重要的恐怕还不是语言的反映功能，而是它的构造功能。从根本上讲，语言不是一种普通的社会现象，而是那种最具有渗透力和控制力的社会现象，以至在比如传统的传递、文化的延续和社会整合诸方面，语言的重要性几乎总是第一位的。L. R. 帕默尔（L. R. Palmer）说：

> 组织作为一个超越个人之上的实体，作为一个各种

---

[1] 参阅 [美] 爱德华·萨丕尔《语言论》，第 196 页。

> 力量和各种关系形成的系统，在向人们提出并强制他们接受某些行为和思想方式这方面具有压倒一切的力量。……但是以最精细微妙的方式向人们施加力量并且最不容人们抗拒的一种社会现象是语言。这套与特定的思维内容相关联的符号系统有武断的性质，你要用它，就得不折不扣地遵守它的条件。……获得某一种语言就意味着接受某一套概念和价值。在成长中的儿童缓慢而痛苦地适应社会成规的同时，他的祖先积累了数千年而逐渐形成的所有思想、理想和成见也都铭刻在他的脑子里了。[1]

实际上，我们在语言里面看到的不仅仅是一个社会的道德和理想，而且几乎是这个社会的全部实在。通过对人类经验予以分类，语言就组织同时也限定了人们对于实在本身的理解。如果我们承认，人们的世界彼此不同，那在很大程度上是因为他们的语言彼此不同。

从理解的角度看，人类世界经验的语言性直接使我们置身于加达默尔的所谓诠释学处境：我们的语言即是我们的前见，它构成我们现下的视域；为了达到理解，语言一方面是必不可少的，另一方面又是必须超越的对象。那么，这究竟意味着什么呢？在"历史诠释学"的里面，视域融合实现了对于个别的超越，而将我们引向更高的普遍性，但在语言中

---

[1] [英] L. R. 帕默尔：《语言学概论》，李荣等译，北京：商务印书馆，1984年，第147—148页。

间，这一切是怎样完成的呢？既然语言之于人类同时兼有解放与桎梏两种功能，那么它就不仅是理解的唯一途径，同时也是理解的最大障碍。我们是否可以设想某种不属于任何已知历史文化的语言，一套"中性"语言，通过它来实现普遍的超越和理解，或者，我们必须承认语言的不可超越性，承认它对我们是一个更大的难题，一个真正无法摆脱的困境？为了对语言问题有更实际的了解，我们下面就转入具体情境，讨论一些人类学家和历史学家直接遇到的问题。

语言问题的实际考察

在美国的法律人类学家中间，曾经有过一场关于"概念"和"语言"的论争。争论的一方是保罗·J.波赫南（Paul J. Bohannan），另一方则以马克斯·格拉克曼（Max Gluckman）为代表。

波赫南将概念分为两类，一类他称之为"俗民的"（folk），另一类是所谓"分析的"（analytical）。一个民族固有的概念体系属于前者，它是这个民族的自然言说，也是两个能够直接与之沟通和交流的人类学家所掌握的东西。后者则不属于任何一种"俗民体系"（folk system），它是社会科学家的分析工具，是"社会学家和社会人类学家多少凭借科学方法创造出来"的概念体系。[1] 波赫南认为，西方法律学固然发

---

[1] Paul J. Bohannan, *Justice and Judgment among the Tiv*. 5. 转引自 L. Pospisil, *The Ethnology of Law*, Boston: Addison-Wesley Publishing Company, Inc. 1972, p. 3。

达,但它仍然是一种"俗民体系",如果无视这一点,而把它当作"分析体系"(analytical system)来运用,势必导致对于研究对象的曲解,而陷于种族中心主义。在指出这一点时,波赫南想到的首先是格拉克曼。他在一篇文章里整段地引录格拉克曼的著作,批评后者不是把他研究的印第安部落的观念译成英语,而是反过来,把西方的法律概念译成这个部落的语言。在波赫南看来,这种"逆向翻译"(backward translation)的做法正是人类学研究的大忌。[1]

面对上述批评,格拉克曼在两个方面作了辩解。首先,他认为自己和波赫南一样,把尽可能详尽和细致入微地描述所谓"俗民体系"视为人类学家的第一要务。此外,他们也都同意,必须设计一些术语,以便对各个"俗民体系"中概念和程序上的异同点进行比较。不过,由此引出了另一个问题,即大家要比较的究竟是什么。格拉克曼认为,波赫南只是要比较"俗民概念"(folk conceptions)本身,而他却像大多数社会人类学家一样,旨在尽可能清楚地说明特定民族使用的概念,然后依据其经济和社会背景去解释何以这些概念是这样,以及,它们如何有别于其他民族使用的概念。[2] 按照这种说法,波赫南只是忠实地描述概念,格拉克曼却是更进一步,分析包括概念由来的整个社会。两位人类学家之间的分歧,首先与他们意欲比较的对象有关。

---

[1] 详见 P. J. Bohannan,"Ethnography and Comparision in Legal Anthropology", in Laura Nader ed., *Law in Culture and Society*, Chicago: Aldine Publishing Company, 1969, pp. 410–411。

[2] 详见 Max Gluckman," Concepts in the Comparative Study of Tribal Law", in ibid., p. 353–367。

对象选择上的差异同时表明了两位人类学家更深一层的冲突，这里，冲突涉及对概念和范畴一类语言现象的基本评估。简单地说，波赫南对于概念以及文化据以建立和依据范畴将现实予以归类的方式最感兴趣，他甚至说："适宜的研究主题——事实上唯一可能的研究主题——就是……概念。"[1] 因为在他看来："语言并不仅仅是文化的一个部分，而且还是全部文化的反映。更重要的还在于，它可能还表明了整个文化的组织。"[2] 格拉克曼则不同，他把法律的概念和原则仅仅视为法律制度的一个部分，它们只是法律制度内可操作的工具，而非全部组织的反映。因此，他所关注的就不是概念和范畴，而是法律制度（其中包括法律观念）与其他社会制度之间的关系。上述关于分析语言选择上的分歧实际渊源于此。[3] 格拉克曼认为，既然用英语写作，使用英语词汇和术语便属当然；不仅如此，作为分析的工具，业经西方法律学提炼的概念和范畴显然比部落法律语言更加适宜。[4] 然而，这种将西方社会人类学语言与西方法理学语言混为一谈的做法正是波赫南竭力反对的。为了尽可能地避免曲解和误解，后者甚至设想一种全新的、不属于任何民族的语言，一种可以名为"公式翻译"的语言或是某种"计算机语言"。[5]

---

[1] Paul J. Bohannan, Social Anthropology, pp. 46, 42. 转引自 Sally Falk Moore, "Comparative Studies", in Laura Nader ed., *Law in Culture and Society*, p. 344。

[2] 同上。

[3] 参阅 Max Gluckman, "Concepts in the Comparative Study of Tribal Law", in ibid。

[4] 同上书，第 356、357 页。

[5] 参阅 Paul J. Bohannan, "Ethnography and Comparision in legal Anthropology", in ibid, p. 415。

详细分析上述各种论点并非本节的主旨，我们要做的毋宁是以之为背景来讨论那些真正值得注意的问题。

首先，区分两种语言，指出西方法律学概念体系的"地方性"（借用格尔兹的说法。详下）是绝对必要的。关于这一点，我们只要指出语言——从思想的方式一直到思想的内容——的有限性和历史性就足够了。只是，我们因此也否定了某种"理想"语言的可能性。当然，设想一种"计算机语言"是可能的，但是在经过这种"语言"翻译和过滤之后，那些原来饱含历史文化意蕴的范畴和概念还能剩下些什么呢？实际上，我们应该寻找的不是某种绝对普遍的语言公式，而是超越个别、达到相对普遍的途径。

其次，如果一种全新的不属于任何民族的语言已经被我们判定为无效，那么，波赫南所说的那种作为社会科学家分析工具的语言又意味着什么呢？它真的能够独立于任何一种"民族的"概念体系之外吗？的确，法律学的概念与人类学的术语颇多不同，仅就这一点而言，我们也可以承认，法学家与人类学家使用的语言不同。但是就语言的真正界限来说，它们只有程度上的差异。当然，我并不打算否认这种差别的意义，比如，在比较研究中论及某种原始法律时，刻意选择某些"中性"词如交易、协议、债、移转、利益等[1]，应该能够在一定范围内减少误解。只是这并不表明，使用这种语言就可以保证我们达到完全"客观"的认识。问题在于，如果某种社会现象本身就不是中性的，那么用一套"中性"的言

---

[1] 参阅 Sally Falk Moore, "Comparative Studies", in ibid。

辞还可以恰如其分地描摹出它的真实面貌吗？况且，我们可以在承认语言本性的前提之下设想一种纯然"中性"的语言吗？实际上，即使在人类学家中间，关于"中性"的语词的判定也是各不相同的。我们在下面还会看到，某些被认为是"中性"因而具有普遍性的概念，比如权利，实际上就很可能最缺乏"中性"。尤其是当人们因为相信语言的"中性"而停止反思的时候，他们的语言就将变成最隐蔽的前见。

最后，让我们来考虑所谓"翻译"问题。一般地说，理解并不一定就是"翻译"。比如，我们可以学会一种语言，用那种语言思想和交谈。但是在历史学家和人类学家，理解活动恰好必须以"翻译"形式表现出来。显然，这里总是同时存在着两种不同的语言，而对于真正的理解来说，这是一个机会、一种可能，同时也是一个陷阱、一种危险。波赫南指出了一种危险，那就是把自己的偏见投射到研究对象之中，他称之为"逆向翻译"。然而要真正破除"逆向翻译"，却又不是简单地"反其道而行之"可以奏效。有助于理解的翻译不但要求熟悉和尊重研究对象的语言，更要求时时反省自己使用的语言，包括所谓分析语言。理解就是在两种语言的不断交谈和互相提问之中慢慢显露，在我们对自己语言的不断检验中间逐渐达到的。

毫无疑问，语言问题在人类学研究中总是以突出和鲜明的方式表现出来，这就是为什么，我们关于语言的实际考察是从一场人类学上的论争开始的。在其他一些领域，语言问题似乎没有引起这样多的关注和争论，但是实际上，它的重要性和普遍意义并不稍减。下面我就要用一个切近的例子说明这一点。

在研究中国历史和文化的人中间,以现代汉语为其研究语言的人显然身在某种复杂微妙的境地。从广义上说,他所面临的不是两种语言(像西方人类学家通常遇到的那样),而是三种语言,特别是,这三种语言的界限通常并不清楚,而这意味着,研究者的前见以及由此构成的视域经常是难以辨识和意识到的。

现代汉语是这样一种语言,一方面,它脱胎于古代汉语;另一方面,它又在很大程度上为西方语言(文化)所渗透。不用说,今日流行的汉语词汇(尤其是学术语言)绝大部分是由古汉语中的材料结构而成,只是其现代含义往往去古甚远,以至形同(包括音同)而义异的情形极其普遍。这里,"同"固然是古今之同,"异"却不仅是古今之异,同时也是中西之异。只因"异"在"同"中,众人习焉不察,古、今、中、西的历史文化界限遂极易混淆。比如,即使完全不曾接受所谓"西学"训练的学者,也一样运用诸如国家、法律、宗教、道德、哲学一类概念和范畴,且视为当然。在此背景之下,更有大规模的"逆向翻译":法制史家以罗马法上的术语和分类梳理中国古代法[1];史学家用西方历史分期法去确定中国历史的发展阶段[2];语言学家则以全部西洋文法来分解汉

---

[1] 比如戴炎辉:《中国法制史》,台北:三民书局,1979年。
[2] 史学界流行的历史分期,无论古代、中世纪、近代的三段式,还是原始、奴隶、封建、资本主义、社会主义的五阶段说,皆源于西方史学。其例甚多,不赘举。

语材料[1]。凡此种种，不论其本身可能包含有怎样的积极意义，终究是对于研究对象的歪曲和肢解。问题的症结在于，研究者没有意识到自己视域的有限性，误将个别性当作了普遍性。这里，我不打算一一追溯造成这种结果的诸多历史的和社会的原因，我只想说，现代汉语那种介乎古、今、中、西之间的特殊性质无疑促成了这一结果，而且，也是因为它的这一性质，语言问题带给我们的困窘明显地增加了。

在此情形之下，我们可能有什么样的选择呢？回到古代语言中去，或者，干脆改用最适宜表达现代概念的西方语言？不！即使这是可能的，肯定不是应该的。因为那样做的最好结果，无非是变成古人或是西方人。然而，身为后者，我们依然面对语言问题，作为前者，我们则失去了借助于另一种语言认识"自己"的机会。这里，我们不妨重申这样一个真理：语言是陷阱，同时也是机会。只有在不同语言的交谈和提问中间，我们才可能超越自己，接近于理解。如果说，语言的不同造成人类相互理解的困难，那么，了解到语言的规则却使人类彼此间的沟通真正成为可能。正是在这样的意义上，我们也许可以乐观地下一个判断：现代汉语的微妙性质一方面增加了误解的可能，另一方面也带来了更多的理解的机会。比如，通过对"国家"、"法"、"权利"一类概念的语言-文化分析，我们很可能发现一条深入历史文化、洞悉其

---

[1] 这方面事例亦极多。申小龙对此揭露甚多，抨击甚力，可以参阅《中国句型文化》（长春：东北师范大学出版社，1991年）。

中奥秘的路径。[1] 这是因为，这种建立在现代用语批判基础上的分析，同时包含了对三种不同语言-文化视界的检视，它使得我们不但能够借现时代的光照烛明历史的幽暗，辨识文化的面貌，而且能够通过与流传物"攀谈"，真正了解自己立场的局促。这是一场语言的碰撞，它源自我们对于语言的意识，而终将导向富有意义的理解。

在结束关于语言问题的实际考察之前，我们还应当回答另一个问题，一个在波赫南和格拉克曼之间引发争论的根本问题：如何评估语言与文化的关系？其实，以上就语言所作的全部讨论都与此有关，我所采取的立场也已在上述讨论中申明，因此，这里的问题毋宁是：适宜的乃至事实上唯一可能的研究主题就是概念吗？毫无疑问，研究像古代中国这样发达的文明，固有的概念体系将是我们最好的导引。首先，在我们要去探求的这个陌生世界里面，文献资料始终是流传物中最重要的一部分；其次，作为语言与文化的联结物，概念和范畴体系处在文化的核心位置，我们不妨视之为文化的密码，破解这套密码，我们就可能了解到文化的秘密；最后，所谓语言的碰撞，理解中的"翻译"，首先表现在概念和范畴的重新审视和定位上面，而这是我们获致理解最重要的途径了。尽管如此，概念仍然只是我们研究的导引，而非研究的

---

[1] 关于这种分析方法的初步应用可以参阅拙著《寻求自然秩序中的和谐》，第一、二和七诸章，上海：上海人民出版社，1991年。这里可以顺便指出，对所谓语言-文化分析来说，传统的音韵学、文字学和训诂学一方面是必要的，另一方面又是很不够的。新近兴起的文化语言学研究固已显示出令人振奋的前景，但它基本上只是语言学的一个分支，其研究成果也还很少被吸收到历史研究中去。总之，历史研究中的语言-文化分析方法尚有待于发展。

全部或唯一对象。我们的对象乃是符号，是为人创造并且创造了人的意义载体。这是一个极其复杂的世界，即使概念体系里面浓缩了文化的全部意蕴，单就概念来研究概念，我们仍然不能够探知文化的底蕴。所以，我们要做的应当是先在概念的导引下进入历史，然后又在古代符号世界的全部丰富性里面去了解概念的真正含义。这是一个解释学上的循环，靠了这种循环，我们就有可能达到理解。

文化模式的概念

如果我们承认，在历史中形成并且由传统串连起来的文化不是一团乱线，而是有章可循，各具面貌，那么，文化模式的概念就可能是有效的。当然，实际情况要复杂得多。为了能够富有成效地运用这一概念，我们须要预先给它一个尽可能明确的界说。

比较严格意义上的文化模式概念，首先是同露丝·本尼迪克特（Ruth Benedict）写于1930年代的一部同名著作联系在一起的。在这部以三个印第安部落为研究对象的著作里，本尼迪克特运用了一种新的说明文化的方法。她把文化视为统一的整体，一种受某种模式支配并且通过社会整合作用构成的统一体。就这一点来说，文化犹如个人，或多或少具有固定的思想和行为模式，它是个人生活于其中并且须要与之保持一致的东西。

本尼迪克特的尝试获得了很大成功，但是这并未使她免遭当时和后来人们对她的批评。主要的批评是，把一种整体文化绝对地归结为某种特殊类型，这种做法过于简单，并将导致对材料的曲解。不过，即使是批评者也都承认，一个不那么囊括一切的类型观念对于说明生活风格的内在一致性是有效的。毕竟，文化并非各种不同风俗的容器，它是一套彼此关联的符号系统，人们拥有这套符号以便获得某种一致的和有意义的生活方式。总而言之，那种渗透到整个文化之中的符号和行为的主旨是真实存在的。[1] 我们不妨把这一点看成是文化模式概念的第一项特征。

　　文化模式概念的另一项特征与文化相对主义有关。把价值相对立场引入文化研究，原来就是一项应当归于现代文化人类学的重要功绩。本尼迪克特更是坚持这一立场。她认为，个人自由虽然有限，文化自由却无限制，因此，文化模式的变化形式几乎是无限的。不过，具体到一个部族、一种文化，其选择总是极其有限的，正是这些有限的选择构成所谓文化模式。不同的文化模式之间差异极大，甚至截然对立，但都不乏自身合理的因素。如果我们想要了解一种文化，了解生活在这种文化中个人的思想和行为，那就必须从这里入手。这时，我们不禁要问，构成文化类型的那些文化选择本质上是什么？我们又根据什么来辨识所谓占据支配地位的模式呢？

　　弗兰兹·博厄斯（Franz Boas）在为他的学生撰写的序言里简明扼要地指出了《文化模式》一书的方法论特征。他说，本尼迪克特对于个人与文化间关系的理解乃是建立在一种对

---

[1] 参阅　[美] 罗伯特·F. 墨菲《文化与社会人类学引论》，第52—53页。

文化本质的深刻洞见和对统摄个体及群体行为的态度（attitude）的了解上面。因此之故，她把文化的本质叫作文化的构形（configuration），并以渗透了据于支配地位的观念（idea）的文化为例来说明这一点。博厄斯总结道：

> 就其旨在揭示基本态度而非诸文化细目之间功能关系这一点来说，这种方法不同于说明社会现象的所谓功能方法。一般构形在其存续期间制约着变化的方向，后者则始终受制于彼，倘非如此，构形便不具有历史性。与文化内容的各种变化相比较，文化构形通常具有明显的恒久性。[1]

这种主要由观念、态度入手，注重文化构形支配地位的研究方法，表明了一种有别于功能主义的文化观，这一点构成了文化模式概念的第三项特征。现在的问题是，被如此界定的文化模式概念是否可以被引入历史研究，如果可以，它又具有多大程度的可适用性。

事实上，早在本尼迪克特将这一概念用于人类学研究之前，已经有人在历史领域中做过类似的尝试。在1919年出版的一部历史哲学著作里面，奥斯瓦尔德·斯宾格勒（Oswald Spengler）引人注目地把文化和文明概念运用于历史研究，并且提出了"文化形态学"的新范式。依此，不存在统一的全

---

[1] Franz Boas, "Introduction", in Ruth Benedict, *Patterns of Culture*, New York: The New American Library, 1956.

人类的历史,只有各个文化的历史;不同类型的文化各有其精神、象征、观念和命运,它们因此具有同等的重要性;研究文化不能只注意细节,而必须考察其形态,只有这样才能够了解文化各个部分之间的内在联系。[1] 后来,就是这种历史观启发了本尼迪克特,帮助她用完形分析方法从整体上去说明文化。值得注意的是,比斯宾格勒稍晚而较本尼迪克特更早,一个中国人也做了几乎同样的事情。这个人就是梁漱溟。

在1922年出版的《东西文化及其哲学》一书里面,梁漱溟把文化定义为"民族生活的样法",而所谓"生活"乃是"没尽的意欲(will)"及其不断的满足与不满足。民族间"生活样法"的差异被归因于不同的"意欲",于是,了解文化源头上的"意欲"遂成为文化研究的关键。[2]

显然,"意欲"是一个民族的主观偏好,它实际是那种与本尼迪克特所谓"文化选择"相近的东西。因为在梁漱溟那里,生活是共同的,不同的只是"生活的样法","进一步说就是生活中解决问题方法之不同"。[3] 仔细辨析生活的样法、意欲或生活中解决问题的方法,梁漱溟便得出了三种有代表性的不同形态的文化,那就是"西洋、中国和印度的文化"。[4] 这里,观念和态度决定了生活的感受和欲求,赋予生活以意义,由此分别出不同的世界。一个完整的文化模式概念已经

---

[1] 参阅 [德] 奥斯瓦尔德·斯宾格勒《西方的没落》,齐世荣等译,北京:商务印书馆,1991年,第18—19、33—34、39页。
[2] 详见梁漱溟《东西文化及其哲学》,北京:商务印书馆,1987年,第24页。
[3] 同上书,第53页。
[4] 同上书,第52—55页。

呼之欲出。对此，人类学家会说什么呢？

本尼迪克特对斯宾格勒的主要批评在于，由于西方诸文明本身具有的高度复杂性，想要以几个关键字眼来概括它的尝试便注定不能够成功。因此，不论斯宾格勒的立场和假设如何真实和具有价值，他的分析必定不能令人满意。[1] 显然，同样的批评完全适用于梁漱溟。不过，正好比后来的人类学家在批评本尼迪克特的同时有所保留一样，后者对历史哲学家的批评也不是绝对的。本尼迪克特承认，文化模式的概念和方法并非只能用于原始文明研究，即使是最复杂的社会也一样可以运用完形分析法，只不过，这里的材料过于复杂微妙，因此难以处理罢了。[2] 因此，我们的问题不是放弃还是保留这一概念，而是如何有效地运用这一概念。

首先，当我们使用诸如文化的性格、法律的精神一类说法的时候，我们心中肯定存有类似系统、结构这样的概念。事实表明，系统一类概念对于任何卓有成效的文化分析都是必要的。但是，系统并不就是整齐划一、完美无缺的同义语。格尔兹曾经严厉批评了文化研究中寻求完美模式的唯理主义倾向。照他的说法，"文化分析并不是对文化的基本统相（basic configurations）展开英勇的'整体性'（holistic）进攻，或找出一种概括一切的'诸模式之模式'，从中推导出规模较小的统相，而是从中理出一些有含义的符号、符号群以及由符号群组成的更大符号群——这些传递知觉、感情、理解的

---

[1] 参阅 [美] 露丝·本尼迪克特《文化模式》，王炜等译，北京：生活·读书·新知三联书店，1988年，第56—57页。
[2] 同上书。

媒介物——并对隐含在这些符号形成过程中的基本人类经验的常规现象作出说明"[1]。其实，格尔兹并不否认文化中的秩序，但他宁愿把这种秩序比作"章鱼式"的系统，其中，"一部分是整合的，一部分是相忤的，一部分是彼此独立的"[2]。

显而易见，人类学家的这种审慎，在历史研究者更是必须要具备的。因为，历史学家面对的通常不是一个村镇或者部落，而是在广袤时空中展开的文明，那里的人民无以计数，那里的社会高度分化，那里的思想极其复杂。对于这样一些庞大而遥远的世界，我们一向所知甚少，又怎么可能用寥寥数语去刻画它们的特征？尽管如此，我们确知存在着不同的世界，它们的面貌各不相同。历史研究的任务之一就是要辨识和描绘出它们的面貌。为此，至少在原则上有些因素和策略是必须考虑的，比如：

1. 时间性。时间意味着变化，即使最稳定的文明也经历着时间中的巨大变迁。因此，用任何一个时代的风貌去概括全部历史都是不明智的。然而，变中往往有不变，恒定的价值很可能是在无数变化、论争的后面延续下来，它们构成历史的主题，成为绵延久远的传统，因此，也可以被视为整个文化的倾向或特性。这里，时间不是变化无定的因素，相反，它印证了传统。当然，并不是每一种文化的每一个方面都蕴含了这样的主题，但是寻找和印证这样的主题肯定是值得努力去做的一件事情。我们在时间中看到的，不但是历史的丰

---

[1] 转引自林同奇《格尔茨的"深度描绘"与文化观》，《中国社会科学》1989年第2期。
[2] 同上文。

富性，也是文化的固定性。[1]

2. 区域性。千里不同风，百里不同俗。空间的广大肯定是造成文化差异的一个重要因素。不过，异同均是相对的概念，这里的情形与我们在时间中遇到的大致相同。用某一个区域文化的特征去概括地说明更大地域的文化现象固然不可，但是地域间的差异并不是我们发现具有更大普遍性价值的绝对障碍。历史上统一的帝国，划一的管理，渗透了同一种精神的政制和法律，通行的语言和文字，以及颇具示范作用和号召力的文化风尚，这些都是造就共同传统的有力因素。只是，在试图作出更大概括的时候，我们必须慎之又慎，认真考虑区域文化的差异及其相互关系。不用说，以时空为纵横坐标来探察和检验我们关于文化特征的假设，一方面会大大增加论证的困难，另一方面也有助于使最后的结论更具有说服力。

3. 循环解释。事实上，我们通常并不是一般地谈论文化及其特征，而更多是讨论它的某些方面：文学、艺术、宗教、哲学、法律、建筑、医学、语言等等。毫无疑问，离开这些具体有形的领域即无所谓文化，但在另一方面，除非我们对于作为整体的文化有所了解，文化的这些部分也都无从认识。这是因为，在每一文化内部，不同的部分和方面不但彼此关

---

[1] 在中国，义利之辨延续了二千年而不止，其中的真正主题却是"大公无私"。当然这首先是士大夫文化的一项特征，但是作为大传统，它必定以多种形式对民间小传统产生影响。事实上，由此而产生的结果是重要的和多方面的。如果不把这一点视为僵死不变的文化特性，而理解为一个不断生成和运动的文化所具有的内在倾向，我们就有理由把它看成是构成中国文化性格的一个重要因素。关于这个问题的说明和论证可以参阅拙著《寻求自然秩序中的和谐》"导言"和第七章。

联和互相渗透，而且共享和体现着文化的一般精神。所谓文化就是这样一个层层叠架而又互相包容的复杂和庞大的系统，其真实意义只能在不断地从整体到部分，再从部分到整体的循环往复中得到说明。

4. 符号互证。文化的天地即是符号的世界，文化研究因此直接地指向符号。符号依其形态而有不同的类别，比如有地下的与地上的，言辞的与行为的，文字的与物件的，等等。符号的互证就是要在不同类别的符号中求普遍的意义。在这方面，可以说符号互证的范围与求证意义的普遍性程度成正比。当然这并不意味着任何可以称为文化特征的东西都必须取得同样广泛的支持。不同类别符号的相对重要性取决于所验证的问题的性质。比如，考察"权利"观念的状况，就应当主要集中注意于思想、制度和行为三个领域，而把整个宇宙秩序的"和谐"设定为一个文化的追求物，就不仅要考察上述三个领域，而且要关注语言、哲学、审美、艺术、建筑等更多方面的发展。[1] 我们固然不会去寻求能在所有种类符号中得到一致印证的"模式"，但在可能的范围内，我们应该为每一项结论和概括求取尽可能广泛的证据。

5. 层次分析。古代文明与原始文化的一个重要差别就表现在社会分化的程度方面，文化模式概念所以不容轻易用于历史研究也是如此。由于社会分化的缘故，同一社会内部存在着不同身份、地位的群体以及有时是互相冲突的价值体系，

---

[1] 关于这里举出的两个事例，拙著已有初步的分析。详见《寻求自然秩序中的和谐》第七、八章。

这种情形虽然在不同文明里面表现不一，却是普遍的。面对这样一种复杂图景，我们意识到审慎的必要，同时也不会放弃综合文化特征的尝试。因为，人们通常所说的大传统和小传统、精英文化与民间文化等，并不是一套僵死不变的对立范畴，它们的关系在时间中发生变化，而且，即使是在一种固定的情境里，我们也很难只用冲突、对立一类词句去形容这种关系。也许，其中有某些方面呈对立之势，另一些方面却互相支持，还有些方面可能并无关联。想要具体讨论和说明这些关系，进而判定其意义，那就要提出问题。只有在明确合宜的问题面前，不同层次文化的相对关系才可能突现出来。所谓文化的特征或者倾向，应当在这些复杂的关系里面得到说明。[1]

自然，以上所述并非一套确保"文化模式"有效的规则或技巧，但是它们至少能够帮助我们尽可能避免得出轻率的结论。

可以由文化模式概念中抽取的另一重要原则是所谓文化解释。我用这个词在这里是指那种强调占统治地位的观念、心态和思想模式因而区别于功能主义的历史解释。本尼迪克特的《文化模式》即是运用这种解释的一个范本。只是，我并不想把这种模式简单地移用于历史研究。由于上面已经说

---

[1] 还用上面提到过的例子。"大公无私"是中国文化中间经久不衰的理想，这种理想首先以大传统的形式强烈地表现出来。而在小传统方面，一些"俗语"、"鄙谚"、"俚语"则表明了相反的立场。这里，我们不需要立下断言，笼统地说哪一种立场能够代表中国文化，而应当通过提出问题来把握它们的相互关系，确定它们各自的意义和重要性，最终求得对于文化的了解。这也正是我在讨论"权利"观念时试图遵循的程序。详见梁治平《寻求自然秩序中的和谐》第七章。

明的原因，这里不容我们用一句话、一个公式或几个关键性的字眼作出最终的概括，然而这并不是迫使我们放弃文化解释的充分理由。如果我们承认人类的存在和延续系于文化，承认人在创造文化的同时亦为文化所创造，我们就不可能满足于单纯功能主义的解释，更不能想象一群脱去文化包裹的纯粹理性人的行为。那种具有渗透和支配作用的观念、心态或者普遍价值是真实存在的，尽管它们并不是能够解释一切的和唯一的原因，而且其本身也须要加以说明，却肯定是任何有价值的历史解释必须要认真考虑的东西。特别是由于文化与语言的联系，由于其"任意性"，它实际上是制约社会变迁的一项重要因素，是历史研究中须要格外注意的"长时段"。关于文化解释在历史研究中的应用及其价值与限度，我在下面还要予以适当说明，这里只是要强调，人总是生活在他们自己建构的意义世界之中，因此，文化解释也总是必要的和有益的。

文化模式概念包含的最后一重含义是把文化当作类型来把握。实际上，它一向看重的观念、心态和价值体系也是在类型学的意义上被理解的。这种立场与传统的进化论解释有着根本的不同。依此，文化的差异乃是基于不同的选择，而选择又总是有限的，因此，文化的合理性首先应当由其自身加以认识。并没有一种普遍的模式可以用来说明所有的文化特征，更不可能用一种放之四海皆准的法则或真理去度量和要求形态各异的文化。梁漱溟先生曾经用浅显生动的比喻来说明中国和西洋两种文化形态上的差异。他说：

假使西方文化不同我们接触，中国是完全闭关与外间不通风的，就是再走三百年，五百年，一千年也断不会有这些轮船，火车，飞行艇，科学方法和"德谟克拉西"精神产生出来。这句话就是说：中国人不是同西方人走一条路线。因为走得慢，比人家慢了几十里路。若是同一路线而少走些路，那么，慢慢的走终究有一天赶的上；若是各自走到别的路线上去，别一方向上去，那么，无论走好久，也不会走到那西方人所达到的地点上去的！[1]

我们在中国古代法和罗马法的对比中看到的也是这样一种差别，而且，我们也像梁漱溟一样，首先把中国和西洋两种法律视为不同的类型。它们代表了法律发展中的两种"路向态度"，而不简单是社会发展的不同阶段。

总结上文，我们可以得出这样的结论：只要运用得当，文化模式的概念对于历史研究就不但是可能的，而且是必要的。只是这里还有可能存在着一个问题，即如果我们将文化按照类型加以分类，并且取消了划一的评价尺度，我们最后将依据什么来进行比较？这个问题固然与比较的方法和策略有关，但它首先涉及的却是一个具有根本性的问题：不同类型文化的比较如何可能。

---

[1] 梁漱溟：《东西文化及其哲学》，第65页。

比较及其方法

最近百余年来，比较方法得到广泛运用，以致出现了许多冠以"比较"之名的学科，如比较宗教学、比较史学、比较法学等等，然而这并不意味着，比较的方法只是在这些领域才是有益的和必不可少的。实际上，比较乃是思维本身的一项特征，是人类认识和理解世界的基本手段。正如斯旺森（Guy E. Swanson）所说："没有比较的思维是不可思议的，如果不进行对比，一切科学思想和所有科学研究，也都是不可思议的。明显的和含蓄的比较充满了社会科学家的著作，并且从一开始就是这样：角色之间的对比，组织之间以及社团、机构、会社和文化之间的对比，任何人都不应该为此感到惊讶。"[1] 因此，我们的问题并非是否应当运用比较的方法，而是如何运用之，以及怎样解决历史研究过程中由比较方法引发的各种问题。

显然，"类型"本身就是一个比较性的概念。所以，当我们谈论文化类型及其不可"通约"性时，我们似乎立即陷入某种自相矛盾之中：我们只能够比较地思考和谈论文化类型，但是所谓类型的差异却意味着某种不可比性。实际上，这两个方面都是真实的，但其意义并不相同。从类型学的立场出发，自然要反对任何以一种模式强加于历史上不同民族、文化或文明的做法。仅就这一点而言，不同类型的文化是不可

---

[1] 转引自［美］尼尔·J. 斯梅尔塞《社会科学的比较方法》，王宏周等译，北京：社会科学文献出版社，1992年，第2页。

比的。然而，我们又确实能够通过比较来划分文化的类型，这时，可以作为依据的不是任何一种进化法则或图式，而是人类世界的一般性，是人类生活的共同性，以及在此一般性和共同性背景之下发生和发展起来的各个特殊形态。说得更明确些，人类面临许多基本的和共同的问题，但是在不同时期不同地方，人们理解这些问题的立场、对待这些问题的态度和解决这些问题的方式并不相同。这就是所谓文化选择，围绕这一过程，产生了不同的意义世界，历史中的人永远并且只能生活在他们各自的意义世界之中。

所谓人类面对的基本的和共同的问题，首先是指那些直接构成人类生存条件的东西：个体与群体的关系，人与自然的关系，性别之间和世代之间的关系，秩序、组织和权威，生老病死的问题，冲突、战争与和平，等等。其次，在稍小的范围里面，基本的和共同的问题还可能具体表现为文字符号、公共权力、人对于物的支配、市场、阶级、城乡关系等所谓文明现象。这些问题一方面成为不同层次上文化普同性的促成因素，另一方面也是不同文化形态发生于其中的背景和条件。文化解释并非不注意古代文明诸多表面的相似和相近之处，但它显然更关注不同人群看待和处理诸种共同问题的态度和方式，尤其是那些隐蔽在共同表象之后的有意味的差异。因为持这种立场的缘故，比较的方法在这里就成为一种认识特征和揭示意义的有效手段。[1]

---

[1] 我已在其他地方屡次申明了这一立场，并且以之为说明中国古代法律传统的指导原则。详见梁治平《寻求自然秩序中的和谐》第九章等处。

在社会科学家那里，比较方法有着多种用途，比如，通过比较去发现社会运动规律就一直是许多社会科学家为自己确立的庄严使命。而对于一种强调文化选择和发掘意义世界的历史解释理论来说，这样的目标是不恰当的。本迪克斯（Reinhard Bendix）说，比较研究的目的是要"通过对照的方法突现某一结构形态。因此，欧洲封建主义可以通过比如同日本封建主义的比较而得到更加鲜明的界定；西方文明中教会的重要性亦可以通过与未曾发展出可资比较的教士传统的文明之间的对比被更清楚地认识"[1]。从这样的立场出发，选择比较的单位就主要是依据"差异最大化"原则。因为由同一系列两端构成的对照，最能够揭示彼此的面貌特征。格尔兹在一部讨论现代伊斯兰国家宗教发展的书里曾经就此作了很好的示范和说明。他在题为《两个国家，两种文化》的一章里解释说，他之所以在众多案例中单选出印度尼西亚和摩洛哥作为比较的单位，是因为它们具有某种彼此对立的性质。他这样写道：

> 它们最显明的相似在于……它们同属一种宗教，然而这一点又是，至少从文化上说，它们最显著的不同。它们立于古典伊斯兰文明狭长地带的东西两端，这个起源于阿拉伯的文明沿着旧世界的中线延伸而把它们联接

---

[1] Reinhard Bendix, *Nation-Building and Citizenship*, pp. 16-17。转引自 Theda Skocpol, "Emerging Agendas and Recurrent Strategies in Historical Sociology", in Theda Skocpol ed., *Vision and Method in Historical Sociology*, Cambridge: Cambridge University Press, 1991, p. 370。

起来。处在这样位置上的这两个国家,曾以颇不相同的方式且在颇不相同的程度上参与了这个文明的历史,其结果也大相径庭。它们都向着麦加躬身致敬,但是,这穆斯林世界的两极,它们朝着不同方向礼拜。[1]

当我们以西方文明为参照物去说明中国文化诸项特征的时候,我们采用的也是这一种策略。当然,并非所有类似的比较研究都是可以称道的。真正富有成效的比较研究不仅要有意识地选择合宜的策略,而且必须自觉地遵守比较的规则。规则是一般性问题,它不但包括分类,也包括标准的择取和运用。

我们可以从不同的角度、为不同的目的就研究对象进行分类,而这并不意味着分类可以是随意的。作为一般原则,分类必须贯彻标准的同一性,比较单位的确定应该保持在同一水平。此外,分析单位必须适合于研究者提出的特定理论问题,应与被研究的现象有确切的因果关联,还应该反映与其有关资料的可利用程度,等等。[2] 举例说,在国别的水平上,我们可以国家法(比如英国法与美国法,甚至英国法与法国法等)为比较的单位,但是使用法系的概念,我们就必须跨越国家单位,而谈论所谓"民法传统"或"普通法传统"。如果再进一步,从整体上去把握一个文化或是文明,比

---

[1] Clifford Geertaz, *lslam Observed: Religious Development in Morocco and Indomisia*, p. 4. 转引自 Theda Skocpol,"Emerging Agendas and Recurrent Strategies in Historical Sociology", in Theda Skocpol ed., *Vision and Method in Historical Sociology*。

[2] 参阅 [美] 尼尔·J. 斯梅尔塞《社会科学的比较方法》,第 190—191 页。

较的单位就应该是比如中国法和西方法。当然，我们也看到，把"西方"当作一个分析的单位，越来越容易受到历史学家的责难。人们谈论古典文化和西方文化、古典文明与西欧文明，或者，罗马文明与日耳曼文明，而反对使用诸如"西方文明"这样笼统的概念。然而，即使承认这类批评不无道理，我依然以为有理由坚持"西方"概念的有用性，而这归根结底取决于我所采取的立场和方法的有效性。比如，当我们并不是一般地研究法律规则及其演变，而是深入其后、其内，由法律上最具持久性的范畴、分类和概念入手，探求在根本上制约着法律发展并且赋予其意义、决定其形态的包括语言、文法和世界观在内的一整套文化前提，并且用它来跟比如中国古代法的传统相比较，那时，把希腊-罗马以降的西方历史划分成不同类型的文明就是不恰当的了。这里，问题不在于过去两千年里面西方世界是否经历了巨大变化或者这些变化的意义是否重大，而在于相对于我们所提出的理论问题，真正有意义的分析单位应该是什么。如果我们确实能够在诸多变化之中发现某种一以贯之的特征或具有持续性的倾向，我们就可以在同样范围内和程度上确立有效的分析单位。[1]

总之，选择和确定比较单位或分类既不是任意的，也不是固定不变的。在遵守各项规则的前提下，可以有灵活的分类方法，而适当合宜的分类肯定是真正富有价值的比较研究的必要前提。下面，我将换一个角度，用法律研究中的一些

---

[1] 我所作的关于中国古代法律传统的研究就是建立在这样一种认识的基础之上，详见梁治平《寻求自然秩序中的和谐》。

实例从反面去说明比较及其方法中的若干问题。为了方便起见，我只在比较法领域内择取材料。

颇有影响的法国比较法学家勒内·达维德（Rene David）在《当代主要法律体系》（*Major Legal Systems in the World Today*）一书中按"法系"将当代法律分为四大类：（1）以欧陆国家为主体的"罗马日耳曼法系"；（2）以苏联及东欧诸国为代表的"社会主义各国法"；（3）以英、美为首的"普通法"；（4）包括伊斯兰法、印度法、远东和非洲各国法的"其他的社会秩序观与法律观"。在这个分类里面，区分（1）、（3）两项的标准是技术的，而所谓"社会主义各国法"的提出却主要是出于对政治因素（意识形态）的考虑。最后一类包含诸多"法系"，明显是一个"大杂烩"，它们唯一的共同点是其历史渊源上的"非西方"性质，就此而言，把它们与前三种法系区分开来的标准又是"文化的"，尽管它们自身在文化上彼此没有关联。这种标准前后不一的做法不但造成分类上的混乱，而且还隐约透露出一种西方文化中心主义的倾向。这种倾向在另一个比较法学家的用语里面表现得更加清楚，他把"三大法系"之外的所有其他法律制度归为一类，称之为"补充"法系，从而完成了和达维德几乎完全一样的分类。[1] 值得注意的是，包含在法系分类中的问题，相当典型

---

[1] 详见［法］勒内·罗迪埃《比较法导论》，徐百康译，上海：上海译文出版社，1989年，第26页。该书还列举了另外几种流行的分类，比如：西方法系、苏联法系、伊斯兰法系、印度法系和中国法系（达维德）；西方法系、苏联法系和宗教法系（卡尼萨雷斯）；罗马法系、德国法系、北欧法系、普通法法系、社会主义法系、远东法系、伊斯兰法系、印度法系（茨威格特和克茨）等。

地表明了比较法研究在理论上的幼稚。

作为一个主要是在20世纪获得发展的学科，比较法与人类学有颇多相似之处。比如，它们都是19世纪以降社会变迁和社会交往都空前扩大的副产品，它们都把触角伸向外面广大的世界，它们都努力想在不同国家、民族和文化之间起到认识、了解和沟通的作用，为此，它们也都把祛除偏见和克服片面视为己任。不幸的是，无论在哪一种意义上，比较法都没有取得人类学已经获得的那种成就和认可，甚至，比较法究竟能否成为一门独立的学科直至今天仍然是有争议的问题。这种与比较法学家的工作和抱负极不相称的局面首先是由于缺乏应有的理论建树所致。

对理论问题的轻忽并不能取消理论的必要性，它只是把比较法学家们置于常识和流行的偏见支配下罢了。这时，研究者便经常地面临落入各种"陷阱"的危险，而这类陷阱正是人类学家在高度的警觉里面借助于各种手段尽力要避免的。[1]

比较法上最常见的迷误是观察者把现成的观念和概念与普遍真理混为一谈，而这几乎没有例外地表明了一种西方文化中心主义的立场：源于西方历史和经验的理论、范畴、分类和概念被由特殊提升到一般，成为普遍适用的标准。甚至用来为这种立场辩护并且实际上掩盖了各种偏见和狭隘观念的那套实证主义理论也首先是西方的。这种理论假定，比较

---

[1] 关于比较法传统的系统的和批判性的检视，可以参阅 Günter Frankenberg, "Critical Comparisions: Rethinking Comparative Law", 29 *Harv. J. Int'l L.*, 1985, pp. 411–485。

者可以是纯粹的观察者、客观的分析者和中立的评判者。弗兰肯伯格（Günter Frankenberg）把这种认识论模式恰如其分地称为"认知控制"（cognitive control）。[1] 在下面一节里，我们将看到一个相对完整的"认知控制"的事例。

一个"认知控制"的例证

1989年出版的《中国与西方的法律观念》一书，其主旨是"对基本的法律观念开展系统的研究。并根据这些根本性的原则对中国传统法律加以阐释"[2]。那么，这些"基本的法律观念"和"根本性原则"实际是根据什么标准，从哪里得出的呢？据作者说，它们是"法哲学"特定的思考对象，是贯穿法理学历史始终的东西，确切地说即是"自然法、衡平或正义、权利以及责任等观念"[3]。任何一个对西方法哲学稍有了解的人都知道这些概念出自哪里，但是该书作者却认为，它们也是包括中国在内的"各个法系共同的基本原则"[4]。尽管如此，他到底不能够否认这些观念首先是出于西方法哲学这一事实。因此，具体的研究步骤就被这样说明：首先，"用西方法哲学的基本法观念作研究参照，对中国的法哲学进行系统研究"。然后，考察中国历史文献，以"阐明中国传统法

---

[1] Günter Frankenberg, "Critical Comparisions: Rethinking Comparative Law", 29 *Harv. J. Int'l L.*, 1985, pp. 411–485.
[2] [美] 金勇义：《中国与西方的法律观念》，陈国平等译，沈阳：辽宁人民出版社，1989年，"前言"第1页。
[3] 同上。
[4] 同上。

律思想中上述观念的性质及其内涵"。最后，该书的作者以《唐律》和《大明律》为根据来证明这些观念实际是"中国法律发展中的根本性原则"[1]。

在探究中国传统法律思想时以西方观念为参照物，这种做法本身无可非议，但是预先假定西方法哲学上的基本问题同时也是中国传统法律中的根本原则，且被奉为研究的指南，这就可能对真实的和完整的中国历史视而不见，最终只描绘出一个附在西方概念框架上的残缺不全的"中国文化"。那么，这位作者究竟能在多大程度上意识到并且成功地避开这一种危险呢？

在讨论"中国法观念"的第一章里，作者首先引述了两种当代西方法理学上的法的定义，并由此追溯到古代罗马自然法理论最杰出的代表人物西塞罗，进而引出西方法律思想史上最为持久、影响至为深刻并且是能够表明西方思想特征的一对范畴——自然法与实在法。紧接着，作者断言中国传统中"法"这个词也有两种含义，即由老子、墨子和孔子阐明的"理想的法观念（自然法）"和为法家所强调的"实在的法观念"，据说它们正好构成中国法观念发展上的两个阶段，而这与西方乃至人类法律的发展简直若合符契（详下）。就是为了追求所有表面的相合，作者毫不犹豫地牺牲了那些不合用的史料。而最让人惊讶的是作者举证的草率，这与他判断的大胆是成正比的。比如，他未加任何论证便说："'灋'这一字所显示的法的根本上的意义，可以说是对理想的法观

---

[1] 同上书，"前言"第1页；"导论"第2页。

念,即在儒家传统中作为人们行为正确的或适当的标准或范式的法的概括。"[1] 又比如,只由"人法地,地法天,天法道,道法自然"一段话,作者便肯定说老子的学派主张"自然秩序是人的范式(法)"[2]。在这种对于老子自然观的误解里面同时包含了一种对于法律起源问题的轻率态度,即笼统地以"人治的观念"来概括无论东方还是西方"法理学"发展初期具有的一般特点。[3] 事实上,恰好是在法律起源问题上,我们可能发现中国古代法的若干重要特征及其说明。比如,正好与作者所说的相反,同几乎所有其他古代文明形成鲜明对照的一点是,中国古代法并不具有神圣的渊源,更与"神的意志"无关。[4] 部分地因为这个缘故,"法"的概念在中国古代思想体系里面明显地受到抑制,而这同时也意味着,古代不同派别和不同时期的思想家们关于"法"的认识有着相当的一致,甚至成为古代(尤其是先秦时期)各种有关"法"的论争得以产生和进行的一个前提条件。相反,要发现和证明有一种与法家的"法"观念对立而贯通儒、道、墨思想的"法"观念,实在是一件十分困难和勉强的事情。当然,这些困难在作者那里几乎都不存在,对他来说,结论是现成的,

---

[1] 同上书,第9页。关于古"法"字的本义以及它所具有的历史学和人类学上的含义,我在其他地方曾有比较系统的讨论,详见梁治平《寻求自然秩序中的和谐》第二章。

[2] 同上书,第7页。老子自然观的核心是"自然而然",是"无为",而不是"范式",更不是"法"。当然这并不是说,老子的学说与中国传统法律思想无关。它们的联系是丰富的,关系是复杂的。梁治平:《寻求自然秩序中的和谐》第七、八、十二诸章从不同方面谈到这些关系,可以参阅。

[3] 同上书,第10页。

[4] 其实这一点已经为许多西方学者如李约瑟和德克·博德等指出。

它不但包含在假设里面,而且出于他想当然的前提。他在这一章的结尾处写道:

> 在文明从初期到现代的历史发展中,当社会由以家庭、家族或部落体系为基础发展到以个人主义为基础的工业现代社会,法律也在发展,从道德规范到习惯法,再到成文的法律。按照这样一种法的发展的一般过程,传统中国思想中两种法的观念揭示了某种世界性的、哲学的法律原则。[1]

中国古代法的发展就这样被纳入到一个以西方法律发展模式构拟出来的统一图景当中,在那里找到了自己的位置和意义。

在接下来的几章里面,作者开始考察他所提到的那些法理学上最基本的概念:自然法、权利、公平和责任。这里,有些概念比如自然法明显是出自西方法理学,因此,强行在中国古代思想中找到与之相对应的概念,往往带出许多牵强附会的说法和意想不到的解释。

最早将自然法概念与中国社会联系在一起的大约是启蒙时代的法、德思想家,而自西学东渐以来,以中国传统法律思想与自然法观念相比附的更是代不乏人,不但法学家、哲学家如此,科学家亦视之为当然。只是,问到中国的自然法

---

[1] 同上书,第31页。事实上,并不存在这种"法的发展的一般过程"。这只是一幅西方文明进化图景。就此而言,中国历史的意义与其说是证实性的,毋宁说是挑战性的。参阅梁治平《寻求自然秩序中的和谐》第一、二章。

究竟为何，又不免众说纷纭，人各一义。这种情形与历史学家皆同意以西方史学分期（假人类社会发展规律之名）来划分中国历史，而对比如中国"封建社会"究竟始于何时的问题永远莫衷一是（可以是从"春秋说"一直到元代断限之说）的困局正相同。现在我们就来看一看眼下这位作者的意见。

作者分两步去求证中国的自然法观念。首先，他从自然法概念的固有（西方）特征出发，搜罗和检视了中国传统哲学中所有看上去可能与之有关的概念。如天、道、自然、命、天命、天志、性命、理等。这一次，他不再坚持道家自然法说，而认为"要在中国传统中找到与自然法更为接近的概念就必须转向儒家的思想传统"[1]。这时，他至少对老子的自然观有了比较中肯的认识。然而，在他执意要"发现"中国自然法观念的地方，事情又被弄得古怪和费解了。

在诸多的古代概念里面，作者以为最能够表现自然法观念的主要有"天命"、"天志"和"性命"。然而"天志"只是墨子哲学上的一个术语，于中国法律思想传统的影响甚微，而"天命"观念，就其与政治秩序发生关联这一意义而言，只是周代数百年间比较流行，因此，最有希望的概念就只是"性命"了。实际上，作者正是把朱子的"天理"与斯多葛派的自然法相比附的。[2] 只是这样一来，中国的自然法理论被作者自己推迟了一千多年，因为孔、墨、孟、荀诸人的命与非命讨论原本与政治、法律秩序无关。与此相关的一个难题是，

---

[1] 同上书，第37页。
[2] 同上书，第52页以下。

中国古代并不曾发展出与西方正义理论正相对应的那种政治哲学和法律哲学。朱子的理学就完全不是法律哲学，而主要是一套心性哲学。甚至作者自己也承认，"儒家传统中的'性命'概念更多的是一种伦理原则，而不是法哲学中的自然法"[1]。无奈作者已经设定在先，这使他在策略上一味地求同，而有意将歧异忽略过去。比如，他已经看到"天命"中的"命"与自然法中的"法"并不相同，但是不愿深究下去，因为"天命"已经被理解为一种自然法了。[2] 这时，明显的矛盾也被坦然地接受下来。一方面，作者坚称儒家的"天"、"理"如自然法一样是超验的，"天命"和"性命"都表达了"上帝赐予的一般规范"的观念；另一方面，作者又承认，依中国古代哲学固有逻辑，"天道"演变为"人道"，天之命令成为人之命令，甚至，"在中国古代，自然法就意味着人之法律"。[3]

在讨论了"自然法原理"之后，作者转而考察"自然法的实施方面"。这里的情况似乎更复杂，依作者的说法，在中国古代社会，有作为一般规范的自然法即仁义，有作为社会规范的自然法即礼仪，还有作为价值标准的自然法即忠孝。[4] 结果，我们在作者的描述里面看到了一个与社会现实完全合一的"自然法"，这倒印证了作者上面的那种说法，中国古代的自然法即是人法。然而，这时还谈论作为所有法系共同遵

1　同上书，第75页。
2　同上书，第47页。
3　同上书，第54页。
4　同上书，第63—72页。

奉的"基本观念"和"根本原则"的自然法能有什么意义呢？的确，礼具有形而上（天）的根据，但这就能够表明礼的"自然法"性质吗？从现代人立场出发，我们固然可以承认礼亦是法，但这是实在法而非自然法。实际在古人那里，礼乐刑政皆出于天，礼乐刑政亦皆出于圣人！这里只有实在法，而从理想的和形而上的意义上说，它们也都是"自然法"，只是这个"自然"不是西方思想传统中那种理性的、逻辑的和服从神意的秩序，而是静默的、自在的、运行不已的和通过"自然"景象的变化呈现出来的宇宙。这是与自然法观念生长于其中的世界很不相同的另一个世界，而当作者"不自然"地强行把它们捏合在一起的时候，他不但造出许多牵强的解释，而且忽略了这另一个世界中的大部分东西。[1]

与"自然法"概念一样吸引人的是"权利"观念，而要论证"权利"观念的普遍性，其难度绝不下于证明中国人也保有"自然法"观念。

像在第一章里一样，作者首先引述了《旧约》中的诫命和康德伦理学，然后为法律与权利和义务的关系定下基调：

> 无论道德还是法律，都以保护人的这些基本权利作为自己的明确目的。因此，作为人与人之间法律关系的权利和义务就应当被认为是相辅相成的，它们互为依存，缺一不可。道德义务和法律义务是以对权利的承认为前

---

[1] 关于"自然法"问题的比较详尽的讨论，请参阅梁治平《寻求自然秩序中的和谐》第十二章。

提的,而任何一种权利,如果其他人不能够为承认此种权利而履行一定之义务,那么这种权利也无法得到保障。法律既创设了权利也设定了义务。[1]

这里所包含的法律观明显是出自西方模式,即它把法律首先理解为一种确认和保护个人权利的制度,这也正是弗兰肯伯格认为颇能表明"认知控制"思想模式的那种比较法上流行的法的概念。[2] 从这一点出发,中国古代法律中的权利观念已经被预先给定了,下面的问题只是如何给出一些实例来作具体的说明。

在全部中国古代语汇里面,并没有与现代(亦即西方)"权利"概念正相对应的字词,这一点至为明显。正因为如此,作者的立论方式便只能是间接的。具体地说,他主要不是从正面去说明权利概念的作用和形态,而是从反面去推论权利观念的存在。结果,作为中国伦理学上最重要范畴之一的"义"竟被认为是一个权利概念,而所有所谓人身权和财产权都只是表现在法律的间接保护当中:法律禁止私人擅杀其奴婢,便是承认有奴婢的权利;法律原宥因救援父母而伤及他人的子女,即是表明有子女保护其父母的权利;法律惩罚交易中的诈欺行为,等于是认可无辜当事人的权利及合法权利持有人的权利,等等。[3] 既如此,一部由数百条禁律构成

---

1 [美]金勇义:《中国与西方的法律观念》,第107—108页。
2 参阅 Günter Frankenberg, "Critical Comparisons: Rethinking Comparative Law", 29 *Harv. J. Int'l L.*, 1985, pp. 411–485。
3 参阅[美]金勇义《中国与西方的法律观念》,第114—137页。

的古代法典完全可以被释读成一部权利法典。但是甚至作者本人也不愿承认这样一种荒唐的结论。他曾明确讲道,"中国传统的法律制度,除去命令和禁律之外,也包含有许多明确的和不明确的旨在确定诸如财产权和人身权的法律条文"[1]。这里,命令和禁律被认为是与承认权利的法律相抵触的东西,既然如此,作者究竟如何在"最具代表性的唐朝和明朝两部法典"中确立中国法的权利体系呢?

关键问题在于,"权利"并不只是一件"事实",权利观念更不可能自动产生出来。它首先是一种态度,一个有着丰富意蕴的符号。因此,只从功能主义的立场不可能恰如其分地认识和解释它。的确,所有的法律都具有惩罚和保护的职能,但并不是所有的法律制度都建立在权利的意识和观念上面。J. C. 史密斯(J. C. Smith)说,许多社会都对于违反誓言或保证的情事提供法律救济,然而这并不是因为誓言产生了履行合意的法律义务,而是因为违反誓约即是对他人犯有过错。他认为,法律上的权利和义务一类概念仅见于古典罗马法和与之相关的法律制度,其他古代法律和原始法都属于"过错之法"而非"权利之法"[2]。不管史密斯对于原始法和古代法的判断是否正确,他让我们看清楚法律权利一类概念的西方法律学色彩,这一点总是值得肯定的。遗憾的是,大多数观察者看不到这一点。除了受到隐蔽的前见支配之外,这还部分是因为,我们所研究的对象本身具有足够的复杂性,

---

[1] 同上书,第108页。
[2] 详见 J. C. Smith, "The Unique Nature of the Concepts of Western Law", in J. C. Smith and D. N. Weisstub. ed., *The Western Idea of Law*, London: Butterworth & Co. Ltd, 1983, pp. 16-17。

它们里面同时糅合了功能性的和作为依据的文化性的东西。这种复杂性使得历史具有扑朔迷离的性质。[1]

据作者交代，他在这本书里采用的方法是哲学的而非历史的和法学的。因为他的兴趣是在作为实在法基本原则的法律观念，而不在法律发展的历史和社会背景以及具体法律规范的比较。一般地说，这种对于研究范围的限制是正当的，但是相对于作者为自己提出的目标，作这样的限制又是明显不恰当的。要比较中国与西方的基本法律观念，虽然未必要同时作深入的经验研究，但是不能没有文化的观念，尤其不能不关心文化研究的方法论。否则，我们将为流行的偏见所支配，而满足于一些肤浅的和似是而非的结论，比如：传统中国法律的鲜明特色之一是封建主义更甚于民主原则；中国传统中的自然法概念为专制主义提供了依据，使独裁主义合法化；在中国传统法律中，权利概念表现为个人利益的保护；等等。[2] 而更重要的是，我们将因此永远失去对于历史的理解。

法的概念

广义上说，每一种关于法的定义都是一种法的解释，因此，法的概念的问题也应当从解释学的角度来认识。

我们可以根据解释者所处的位置把法的概念分为两类，

---

1 我曾在其他地方讨论了同样的问题。详见梁治平《寻求自然秩序中的和谐》第九章等处。
2 参阅［美］金勇义《中国与西方的法律观念》，第31、76、142页。

即当事者的和观察者的；也可以根据解释的方法分出另外两类，即应然的与实然的。现在就让我们来看一看这些不同类型的法的概念各具有怎样的解释学意义。

在第一种分类里面，解释者的位置首先是在时空距离中被区别开来的。这里，"当事者"的观点以历史的方式存在着，它们构成了历史的视域，而"观察者"的观点属于当下的研究者，它们构成现在的视域。根据我们前面已经阐明的原则，真正的理解始于过去与现在两种视域之间的沟通、对话和辩证运动，因此，作为研究对象的法的概念和研究者本人持有的法的概念有着同等的重要性。举例说，如果我们以中国古代法为研究的对象，则不能不特别注意古代中国人对于法的看法和意见。作为有着实际意义的判断和选择，这些看法和意见构成了古代中国人生活于其中的意义世界的一部分，并因此直接影响着中国人的生活。离开这些看法和意见即无所谓中国古代法，无视这些看法和意见，亦不可能对中国古代法律有切实的理解。然而，如果我们把自己仅仅局限在古人的意见里面，我们甚至不能够真正了解这些意见，更不用说弄清楚它们产生于其中的那个世界了。比如，古代中国人主要把法看成是"王者之政"，这样的法一方面被作为国家专擅的杀戮禁诛的手段接受下来；另一方面也被理解为王者替天行道，维持包括人间秩序的整个宇宙秩序全过程的一部分。在这种无疑是相当独特的法律观里面，法的意义和作用受到很大限制。正好比在中国古代思想世界里面，"阴"被看成是对于"阳"的补充一样，"刑"被认为是"德"的补充，因此处于从属地位。而就"礼治"可以被理解为"德治"这一点来说，"礼"是区别于"法"并且优于"法"的东西。所有这些对于我们了解中国古代法律传统都是必不可少的。但在另一方面，它们还不能说是充分的。从现代社会科学的立场上看，中国古代法律的世界实较古人所认为的更加广大。"杀戮禁诛谓之法"，这固然不错。"出礼而入于刑"的"礼"实际也是法。圣贤教导、历史故事以及含义宽泛的价值如天理、人情、忠信、仁义等，如果被引入司法活动而成为法官判案的依据，也应当视为法律。在此之外，乡约族规和民间习惯等，更构成现代社会科学家得名之为法的一个广大领域。这里，法的概念显然是出于一个更为广阔的背景。作为一种通过对于古今若干文明乃至原始文化综合比较得出的概念，它具有更高的抽象程度和更大的应用范围。而当一个这样的法的概念被用于中国古代法研究时，一个往复进行的有意味的对话过程就开始了：研究对象的独特性在比较的基础上被区分出来，研究者的理论假设则受到挑战、修正并因此而丰富起来。

值得注意的是，在所谓"当事者"的概念和"观察者"的概念之间始终存在着紧张，这种紧张首先以语言的形式呈现出来。我们可以完全使用"当事者"的"语言"，据以保持文化的全部独特性，或者，我们置"当事者"的"语言"于不顾，只依靠我们自己的分析概念。选择前者，我们将失去从一个更广阔的背景去认识和把握对象的机会，选择后者，我们又面临抹杀对象特殊性的危险。实际上，这里涉及的是一个极具普遍性的问题，它类似于人们所说的涂尔干（Emile Durkheim）的社会学实证主义和韦伯（Max Weber）的结构分析之间的那种方法论压力，即"一方面是实证主义的客观主义，它在定义概念和指标时不涉及文化环境和个人的含义；另一方面是现象学的主观主义，它要使现象与行动者集团和个人赋予它们的含义相一致"[1]。到现在为止，人们还没有找出解决这一问题的普遍有效的规则，也许，我们永远也找不到这样一种规则。不过有一点可以肯定，那就是，从理解的角度说，在这两种概念之间保持一种适度的紧张乃是完全必要的。至于这种适度的标准，只有根据我们提出的问题——特殊的理论目标和比较实际所涉及的范围、层次等——方能够具体地确定下来。

历史上的法的概念大多出自"应然"之域。无论视法律为理性、正义、神意还是王者之政，都不只是对于法律的经验描述，而首先是一种价值判断。科学意义上的"实然"研究，只是现代社会科学的产物。当然，"实然"的概念本身也可以成为研究对象，而被在距离中把握。同样，"应然"的概念实际也可以为研究者所用，以为历史解释的出发点。关于这一点这里不拟多谈，因为文化解释的立场，只能够选择"实然"的概念作为出发点。

从学科分类上看，法的概念可以是出自法学，也可以是出于社会学和人类学。通常，前者更多是对于法的本质所作

---

[1] ［美］尼尔·J. 斯梅尔塞：《社会科学的比较方法》，第199页。该书第192—202页有关于这个问题的详细讨论。

的哲学思考，后者却只是对于法律现象进行的经验描述。大体上可以说，"应然"的法的概念是法学的特殊贡献，"实然"的法的概念则主要是社会学和人类学的产物。[1] 因此，探求一种适合于文化解释的法的概念，可以就从后者开始。

马克斯·韦伯在《经济与社会》一书中这样为法下了定义：

> 如果一种秩序能够通过一群专职人员（a staff of people）运用身体上或心理上的强制以确保服从和惩治异行而从外部得到维护，这样一种秩序即可被称为……法律。[2]

这个定义的一项明显特征是它与作者个人主观上的好恶无关，也不表明任何一种关于法应当是什么的价值判断，相反，作为一种经验性描述，这是在对某一类特殊社会现象进行了相当广泛的比较和综合的基础上得出的。因为这个缘故，它能够适用于历史上许多不同时期的和形态各异的文化，其中也包括作者本人可能并不喜欢和并不赞同的规范体系。这同时也意味着，它较少有文化上的偏见，因为，一种完全或大部分是根据西方或者任何其他比较发达的文明通行的价值标准得出的法的概念，将会把人类生活中许多有意义的经验

---

[1] 参阅 Max Rheinstein, *Max Weber on Law in Economy and Society*, "Introduction", pp. lv-lxiii。

[2] 转引自 David M. Trubek, "Max Weber on Law and the Rise of Capitalism", *Wisc. L. Rev.* 720, 1972, p. 725。

排除在外。当然，这并不是说，社会学家们为法律所下的定义因此都是没有文化偏见的和尽善尽美的。事实上，有许多社会学家和人类学家在为法律下定义时所持的标准依然是狭隘的，以至比如在很长一段时间里面，他们不愿承认原始社会也有法律这种东西，幸运的是，社会学的和人类学的方法本身有助于破除这些狭隘观念。

在最近大约五十年里面，法律人类学获得了显著的进步，因为这种进步，我们不但对于原始人的法有了比较近于真实的了解，而且对于我们自己生活于其中的法律也有了更加深刻的认识。毫无疑问，一种真正富有成效的文化解释理论应当尽可能地吸收现代社会科学经过辛勤劳动取得的成就，它使我们眼界开阔，因而有可能在摆脱褊狭观念的基础上，通过广泛的和有意味的比较去求取正确的理解。不过，同样确实的是，文化解释方法对于意义领域的关注，使得它不以一般社会学方法为满足，尤其不能接受社会学上颇为流行的实证主义的和功能主义的解释方法。因此，我们必须进一步去发掘法律概念可能具有的内蕴。

按照格尔兹的说法，法律乃是一种"地方性知识"（local knowledge）。这种所谓"地方性"不只是与地域、时代、阶级以及问题的多样性有关，它还关系到"特征"，这是那种同能够怎样的本地想象（vernacular imaginings）联系在一起而关涉实际怎样的本地特征。格尔兹把这一组特征和想象称之为法律感知（legal sensibility）。[1] 在他看来，这正是任何一个要就

1　详见 Clifford Geertz, *Local Knowledge*, New York: Basic Books, Inc., 1983, p. 215。

法律的文化基础作比较研究的人首先要注意的问题。也是从这一点出发，格尔兹突出了法律的能动意义。他说，法律之为物，并不是有限的一组规范、规则、原则、价值或者它据以回应特定事件的无论什么东西，它是想象真实世界之特殊方式的一部分。如果说法律因地而异，因时而异，因民族而异，那么，法律之所见也是如此。[1] 就此而言，法律绝不只是反映社会现实的被动物，它具有创构、建设和生成的作用。

格尔兹为法律所下的定义表明了一种由功能主义立场向解释学立场的转变。法律的"意义"之维就在这种转变中突显出来。这样，我们在法学的和社会学的（很大程度上也是人类学的）法律概念之外，又有了文化的法律概念。

作为一个出自人类学家的概念，文化的法律概念未必能够原封不动地应用于历史研究，但是一种关注意义的历史解释理论，肯定是从同样的立场来把握法律现象的。这里最重要的乃是这样一个事实，即作为文化的一个部分，法律本质上是一种符号。它不但具有解决问题的功能，而且秉有传达意义的性质。当然，我并不准备说法律也像语言一样具有完全的任意性，我也不否认法律的发展极大地受制于多少是可以"通约"的社会的和物质的发展。只是，有必要不断地指出这一事实：法律是被创造出来的，而且，它是在不同的时间、地点和场合，由不同的人群根据不同的想法创造出来的。人在创造他自己的法律的时候，命定地在其中灌注了他的想象、信仰、好恶、情感和偏见。这样被创造出来的法律固然

---

[1] 同上书，第173页。

可以是某种社会需求的产物，但是它们本身却也是创造性的。着眼于前一方面，不同社会中的不同法律可能被发现履行着同样的功能，甚至分享某些共同的原则，而由后一方面我们看到，发自人心的法律同时表达了特定的文化选择和意向，它从总体上限制着法律（进而社会）的成长，规定着法律发展的方向。总之，法律之为物，既不纯是客观的，也不纯是主观的，它同时秉有主观与客观两种性质。

在中国古代社会，有关家庭、婚姻、债务、土地以及市场和交易的各种法律已经发展起来。只从功能上看，这部分法律显然可以与古代罗马和中世纪欧洲的私法相比，尽管前者的"发达"程度远逊于后者。问题是，这两种法律有着全然不同的面貌和精神。在中国，并不存在西方人名之为私法的那种东西，甚至在汉语的文化语言逻辑里面，"私法"这种说法本身就是自相矛盾的。这当然不是说中国没有用来调整所谓"户婚田土钱债"的那部分法律，而是说它们为根本不同的精神所支配。在这里，法律的设立并不是为了保障个人权利，就是一般社会关系也不是在权利－义务关系的框架里被把握和理解的。于是，我们在一些表面相近的制度后面看到了迥然有别的价值依据，它们源自意义世界的深处，乃是制度的生命。[1] 认识到这一点，我们便不至于在清代法律禁止虐待罪囚的律条里面读出"人权"含义，或者，将中国传统

---

[1] 关于这里所举的例子，详见梁治平《寻求自然秩序中的和谐》第四至九章。又关于拙著第九章中所举"时效"和"监护"两例，收入《法意与人情》（桂林：广西师范大学出版社，2020年）的两篇同名文章作了材料上的补充，有兴趣的读者可以参阅。

法律规定的审判程序与美国宪法中的"正当程序"混为一谈。[1] 我们会小心地避免一厢情愿地只在历史遗存物中寻觅我们向往的东西，却把完整的活生生的古代中国人的精神置诸脑后。我们将尽可能按照古代中国人活动于其中的意义世界去理解他们的生活。

人类学与社会学之间

人类学与社会学有着许多共同之处：它们都直接以人类社会为研究对象，而且同样地遵循经验研究的规则；它们共同分享某些经典和传统，共同尊奉某些人物。方法上的沟通，产生了比如社会人类学的传统；研究对象规模上的差异，则有诸如"微观社会学"这样的名称来补偿。当然，差别同时也存在着，其中，最为明显的是这样一种近乎戏剧性的对比：它们关注的对象恰好位于人类历史的两端。人类学滥觞于对原始文化有系统的好奇心，社会学则首先建立在对近代工业社会大规模研究的基础上。在这两个新近开拓的领域之间，横亘了一个古老的学科，那就是历史。

正如本文开始已经指出的那样，法律的文化解释即是法律史解释，就这一点而言，我们当然可以说它也是一种历史研究，它所承续的首先是历史解释的传统。

作为历史研究一部分的法律史解释曾大盛于19世纪。其

---

[1] 这里所说的是美国哥伦比亚大学法学院兰德尔·爱德华兹（Randle Edwards）教授的看法，他在私人谈话中多次表明了这一观点。

时，历史法学派独领风骚，支配了一代法律学。在当时各式各样的解释理论当中，最耐人寻味的也许是由萨维尼（Friedrich Karl von Savigny）予以完整表述的那种法律观。据此，法律乃是"内在地、默默地起作用的力量"的产物，它植根于一个民族的历史之中，源自普遍信念、习惯和"民族共同意识"。法律犹如民族的语言、建筑和风俗，首先是由民族特性、"民族精神"决定的。[1] 遗憾的是，这种强调民族性和精神性的法律史解释首先是出自浪漫主义思潮，而且带有太强的黑格尔哲学色彩，终致没有传人。[2] 尽管如此，历史法学派几近一个世纪的求索并不因此而失却其价值。事实上，当代法律史领域颇具启发意义的探索，比如多西（Gray Dorsey）的"法文化"（jurisculture）观点和伯尔曼（Harold J. Berman）试图超越法律实证主义的"法的社会理论"，都多少保留了与上一世纪历史法学精神上的联系。不过，值得注意的是，无论多西还是伯尔曼，都不曾突出这种联系，相反，他们更倾向于在现代社会科学尤其是文化人类学当中寻找支持。比如，多西从"人类皆生活于他们设定的世界之中"这一根本前提出发，力图在文化的真实性中间寻求衡量法律有效性的尺度。[3] 这种倾向在伯尔曼那里表现得更清楚，他完全是从人类学立场出发，强调了法律的非理性的一面。即法律

---

[1] [美] E. 博登海默：《法理学——法哲学及其方法》，邓正来等译，北京：华夏出版社，1987年，第82页。
[2] 参阅 [美] 罗斯科·庞德《法律史解释》第一章和第二章，曹玉堂等译，北京：华夏出版社，1989年。
[3] 详见 Gray Dorsey, "Towards World Perspectives of Philosophy of Law and Social Philosophy", in S. A. Vojcanin ed., *Law, Culture and Values*, New Jersey: Transaction publishers, 1990。

不但包含有人的理性和意志，而且包含有人的情感、直觉和信仰；法律不只是事实，它也是观念、概念和价值的尺度。[1] 这种情形在一定程度上反映出当代历史学发展的一般趋势，那就是，社会学和人类学的方法被广泛地运用于历史研究，古代文明也不再是历史学者专擅的领地。以往各学科之间的严格界线正在消失，三足鼎立的格局逐渐演成互相支持、渗透和交叉的局面。[2] 在此种情形下面，我们又当如何看待历史学，怎样评判历史研究与人类学和社会学研究的关系呢？

我想，我们仍然可以把历史研究视为人类学和社会学之间的一个领域，但是这一次，我们不要守传统的壁垒，相反，正是从这三者构成一个连续体的事实出发，我们可以确立一个共同的主题，那就是生活于历史、文化和社会中的人。只消指出这一点，沟通立场、方法甚至研究对象的门径就向我们敞开了。

人类学对于历史学最可称道的贡献之一是其文化概念和文化理论。业经人类学家说明和使用的概念如文化选择、文化类型、意义结构、文化符号以及人类学家注意发掘意义的文化解释方法，都可以而且应当引入历史研究。这种历史方法与人类学方法的结合开出了一片历史研究的新天地，而这在某种意义上意味着改变了历史研究的对象。有时，我们简

---

[1] 详见拙译伯尔曼《法律与宗教》第 1 章和第 4 章，北京：商务印书馆，2013 年；Harold J. Berman, *Law and Reuolution: The Formation of the Western Legal Tradition*. Cambridge: Harvard University Press, 1983, p. 538, 558。

[2] 参阅［英］杰弗里·巴勒克拉夫《当代史学主要趋势》第三章，杨豫译，上海：上海译文出版社，1987 年；［法］保罗·利科：《法国史学对史学理论的贡献》，王建华译，上海：上海社会科学院出版社，1992 年。

单地把这个新的对象世界称为"文化",比如,把应用文化解释方法的法律研究叫作"法律文化"。这里,"文化"概念所揭示出来的对象世界绝不是人们惯常说的所谓文化史,因为它远不是那种区别于比如政治史、经济史或法律史的一门专史,而是普遍的历史,甚至可以说,它就是历史本身。又由于它把历史上所有传达意义的思想、行动、事件和物体统统视为符号系统的一部分,它实际上没有为自己设定任何限制。这正好表明,文化解释理论具有完全开放的性质。它不受传统学科分界的限制,也不拘泥于单一的方法,更不为材料的种类所束缚。为了达到真实的理解,它将尽可能地调动各个门类的知识和方法。对于这样的"文化"研究来说,任何一种专门知识都是不够的。

源自人类学的文化概念具有经验性,这也是它带给文化解释理论的一项特征。当然,历史上的人和事不可能被现今的观察者直接经验到,而且,历史处理的材料也太复杂,很难像人类学家所研究的对象被从整体上加以把握。尽管如此,经验性的概念仍然有用。在这里,它不但表示文化解释不能只从普通历史文献入手,还必须注意碑铭、档案和其他各类有关实物,更重要的是它坚持要在人类的历史经验里面寻找对于文化的说明。文化不是圣人的玄思,不能只用个别伟大的人格来说明,因为历史上最伟大的人格也生活在传统之中,而这传统肯定是在第一缕思想的光芒闪现之前就已经确立了。自然,这并不是主张传统总是完整的和不变的,而是强调经验的集体性和先在性。这种集体的和先在的经验并不能够一次性地决定未来的思想和历史，但是作为最早的"选择"，它可能是文化性格形成过程中最重要的因素之一。鉴于传统很少能够返回到它原初的经验基础上去考虑选择的其他可能性，文明早期的经验便特别地值得重视。研究古代社会史和思想史的历史家可能只从先秦时代开始，文化解释却要深入到产生古代思想家的时代以前去探求思想的由来和背景。这样，它就跨越"历史"而直接与属于人类学的史前考古学相接。这也是为什么着眼于文化解释的中国古代法研究（"传统法律文化"）一开始就直探"三代"，由中国古代文明发生的路径和方式而不只是古代思想家的论战中寻找最初的答案。[1]

上述文化概念的经验性质，既表明了它的人类学渊源，同时也揭示出文化解释理论与社会学方法上可能有的某种关联。实际上，社会学方法对于我们研究人类社会一直有着特殊的意义。即使是在文化研究里面，社会学上常用的概念如社会行为、社会结构和社会过程等也始终具有不可替代的价值。而这部分是因为，文化与社会原本可以被看成是同一种现象的不同方面。格尔兹说：

> 文化是意义的构架，人类用它来解释自己的经验，指导自己的行动；社会结构是这些行动所采取的形式，是实际存在的社会关系网络。因此，文化和社会结构是对同一现象进行的不同的抽象。一个是从社会行动对行动者具有的意义来看待行动，一个是从社会行动对某一

---

[1] 参阅梁治平《寻求自然秩序中的和谐》第一、二章。

社会系统之运转起的作用来看待行动。[1]

从文化解释的立场上看,文化与社会、意义与功能、精神与物质,以及主观想象与客观要求之间存在着复杂的互动关系。观念与态度确实受着客观世界的诸多限制,以致有时我们可以看到,一些与社会发展脱节和与人们利益相悖的观念最终被人抛弃。然而这并不像有些人认为的那样,简单地表明某种第一性与第二性、决定与被决定,或者结构功能的关系。问题在于,思想和观念本身具有创构的力量,如果需要物质的支持,它们就会在可能的情形之下把这种物质创造出来。进一步说,为要维持其存在,它将不断再造其生存的条件,其中也包括对利益和需要的创造。在这种意义上,我们又可以说,每一个文化都有只属于它自己的特殊的问题。文化与社会有时能够若合符契,部分的原因就在于此。

当然,从来没有全然静止的社会,文化与社会之间的平衡也不可能长久地保持不变。更为经常的乃是或大或小的变化、冲突和紧张,是平衡不断被打破和持续地努力以达到新一轮平衡的无休止的过程。在此过程之中,文化与社会都在发生着相对的变化,而文化解释的任务之一就是要对这整个过程作出描述和说明。比如,在特定历史时期的特定社会里面,行为的式样是怎样的,为什么是这样,它们包含了什么

---

[1] 转引自林同奇《格尔茨的"深度描绘"与文化观》,《中国社会科学》1989年第2期,第178页。另一位人类学家把社会体系和文化之间的关系比作交响乐团和交响乐总谱之间的关系。详见[美]罗杰·M.基辛《当代文化人类学概要》,北晨编译,杭州:浙江人民出版社,1986年,第58—59页。

样的意义；变化缘何而起，结果如何，原来的意义模式有哪些改变；在繁复的变化里面，哪些东西并未消失，而以改变的形式长存于世；什么东西构成思想的限制，又是什么制约着社会的发展或为这种发展提供契机；在特定的社会里面，文化通过什么方式为它自己创造条件，最初的选择怎样强化而成为一般的倾向；等等。文化解释的理论就是这样在时间过程里面把握其对象世界，这种对于历时性方法的倚重使它区别于人类学和社会学，而保有历史解释的特征。

在历史研究中贯彻文化解释的方法既是必要的和令人兴奋的，同时也是困难重重的。这是因为历史的对象太庞大，历史的过程也太复杂。在文明的发源处，我们只看到一幅模糊的图景，在大片的空白之外，线索断断续续，只能靠推理和想象去补足，而一旦置身于较为晚近的时代，我们又面临史料泛滥造成的灭顶之灾。再者，我们想要探究的人物，只是一些忽隐忽现的影子，无法触摸；我们力图要弄懂的制度，往往在无数代人的述说中失却了原初的生命色彩。更大的困难还在于，在我们面对的这个世界里面，理智与情感、想象与现实、利益与冲动、本能与选择，完全交织在一起，既复杂又微妙。这时，想要卓有成效地运用文化分析方法去解释这个世界显然不是一件容易的事情。有一种看法认为，用价值概念去解释行为就是陷入循环论证，而且，文化分析方法预先假定文化和社会的延续无须解释，因此忽视了这种延续的重新创造过程。[1] 这种批评如果有几分道理，那部分是因为它所批评的是一种不好的或至少是不够完善的文化分析。成熟的文化解释理论不会忽略文化与社会延续和变迁两方面的事实，它也承认文化本身必须加以说明，甚至，它在这样做时也会认真考虑与之相关的社会学分析的结论，但是所有这些都是为了更好地认识人，认识人类生活于其中的意义世界。关键在于，如果人确实是一种"符号的动物"，如果符号确实具有我们已经认识到的那种性质，如果现实世界确实受到想象世界的影响，文化解释的方法就不是没有意义的。这里，我并不想说文化分析的方法是唯一可能的历史解释，更不认为它是一个神奇的符咒，只须念一下就可以解答所有问题。事实上，它只是我们观察世界的许多方法中的一种，但肯定也是其中重要的和不可取代的一种。既然我们面对的世界极尽多样、复杂和微妙，我们就不能够指望只从一个角度，只用一种方法去了解它的全貌、揭示它的奥秘。从这种意义上说，文化解释与比如社会学分析之间并不存在那种非此即彼的紧张和对立，相反，它们可以互相补足。进一步说，任何一种社会科学的理论和方法，在与之相应的范围和限度之内都是有效的分析工具。

文化解释的方法并不奢望能够解答人类历史的全部问题，但它确实为我们更好地认识和理解人类开启了一条必不可少的路径。

---

[1] 详见［美］巴林顿·摩尔《民主和专制的社会起源》，拓夫等译，北京：华夏出版社，1987年，第394—395页。

结　语

一位中国历史的研究者认为，从文化角度去解释中国历史，这是某种西方中心论思想模式的副产品。[1] 这种看法即使在它所谈论的具体问题上是正确的，还是忽略了这样一个事实，即真正有价值的文化解释理论恰好是摆脱西方中心主义的必不可少的方法。

19世纪以来，我们经历了各式各样西方中心主义的历史解释，从旧有的历史进化论模式一直到现今仍在流行的形式多样的实证主义理论。而且，这样做的并非只有西方学者，更多的倒是那些坚决表示要摈弃"西方资产阶级学术"的中国历史学家。他们用主要是来自西方的概念、范畴和分析方法来讲述中国的历史，因而把中国历史变成某一种或某几种西方社会和历史理论的注脚。这种情形我们已经司空见惯。在最近十数年里面，过去那种从传统与现代模式出发，把中国的过去视为愚昧、落后的历史较初级阶段的看法，有逐渐为一种对传统社会更中肯的评价所取代的趋势。这时，人们所见的中国历史不再是与"现代社会"截然对立的"传统社会"，而是一个孕育了新社会萌芽的温床。然而，当人们谈论比如中国古代社会的人权保障、商业精神或者法治原则的时候，他们仍然使用着西方的概念和运用着现在流行的价值标准。结果，他们不过是再一次为自己的好恶和偏见肢解了中

---

[1] 详见［美］柯文《在中国发现历史》，林同奇译，北京：中华书局，1991年，第168页。

国历史。

根本问题在于，并不存在某种合乎目的的历史，也没有按照必然性组织起来的统一化模式。历史是被人创造出来的，这即是说，历史是在文化选择的基础上发展起来的。它们不能够重复，也不可能重迭。因为，选择既是肯定，也是否定，既是取得，也是放弃。任何一个文明和社会都只能以它自己的方式去经验世界，而这意味着它同时失去了以另外一种方式经验世界的可能性。这种经验的有限性无疑是人类生存的真实状况，然而同样确定的是，正是这种有限性构成了作为整体的人类经验无限丰富和多样的源泉，使我们不至因为智虑枯竭而丧失应对未来的能力。着眼于此，我们不但探究具体的和独特的人类经验，而且关心着普遍的和共同的人类经验。后者并非呈现于任何一个文明的历史里面，而是同时存在于过去、现在和未来的所有人类实践之中，因此，除非我们能够恰如其分地认识和理解各个不同的民族、社会和他们的历史，否则就不可能分享这一笔共同财富。文化解释的主旨即是要尽可能摒去误解、曲解，深入古代人的世界去了解他们独特的经验，同时丰富我们关于人类普遍经验的认识。当人类面对未来，着手解决它所面临的各种难以预料的问题时，所有人类以往的经验都是弥足珍贵的。

作为一种旨在揭示不同人群独特经验的历史解释方法，我们提出的理论首先是建立在当代社会科学和人文学科的基础之上的，鉴于这些理论主要表现为西方学术的成果，这是否意味着我们可能落入另一种西方"话语"世界而重蹈覆辙？

从理论上说，这种危险总是存在的。也许，防范这种危险最可靠的办法就是保持经常的反省，也正是在这一点上，文化解释理论保有明显的优势。首先，它所借取的社会科学理论本身就是破除西方中心主义（从理论上说也是任何一种种族或文化中心主义）的产物。其次，它不是一套现成的结论，而是一种可以活用和不断更新的方法。最后，也是最重要的，文化解释理论迫使我们常常回到出发点上去，检视自己的立场和前提。这样，我们就可能避免盲目搬用任何现成的概念，防止按照某一种经验去述说另一种历史。而从积极的方面看，文化解释理论为我们研究历史提供了这样一种范式，那就是时常有意识地借助于陌生的经验去了解我们"熟知"的历史。在此过程之中，各种不同类型经验的独特性在比较、对照和参证的基础上显现出来。那时，我们应当掌握的不只是一套解释的理论和技巧，还有一个来源于研究对象并且与之相适应的有启发力的概念体系。我们应当用这种方式，为中国社会科学理论的发展和中国文化的重建作出贡献。

法律史的视界: 旨趣、方法与范式[*]

一

如果说历史即是人类对其以往经验的记录, 则法律史便是其中与法律相关的那一部分。[1] 这种意义上的法律史渊源久远。在中国, 以专门形式对法律史作系统记录与整理的尝试, 至迟始于东汉班固之撰《汉书》。[2] 班氏以"志"入史,"刑

---

[*] 原载《中国文化》第十九、二十期, 2002 年合刊。1996 年, 应北京大学社会学与人类学研究所之邀, 我曾以"中国法律史研究的几种方法"为题在该所组织的讨论会上发表报告, 本文即是在当日报告的基础上扩充改写而成。2002 年 8 月, 本文第一稿被提交在北京举行的"中国需要什么样的新史学"研讨会, 受到与会者的评论和讨论。谨此感谢两次讨论会的组织者和评论人, 我从他们的意见中获益良多。

[1] 以历史为人类以往经验的记录, 这种说法包含多层含义, 因为"记录"可以是文字的, 也可以是口头的, 可以是有意识的, 也可以是无意识的, 可以是无形的, 也可以是有形的。不过, 本文所要考察的基本上限于冠以"历史"或各种专门史的文字叙述。这里, 我并不试图区分"历史本身"和对历史的记录或者叙述, 因为在我看来, 并不存在纯粹客观的"历史"。也许, 在历史的"实践"和"表达"之间作出某种区分是可能的和恰当的, 因为, 无论历史的"实践"还是"表达"都有多种不同的方式, 而且这二者之间的界限也不是绝对的和静止不变的。本文所说的"历史"、"法制史"和"法律史", 包含实践和表达两个方面, 不过在多数情况下仅指叙述的和表达的历史。

[2] 若就一般有关法律的历史记载而言, 则《汉书》之前的《史记》以及更早的"六经"和"诸子"均可注意。

法"居其一。此后，正史中的"刑法志"传统绵延不绝，蔚为大观。[1]

视历史为以往经验的记录，并非否认和轻忽其中的创作因素。一代人有一代人的史观，一代人有一代人的历史。记录过去即是对以往的回顾，回顾必定出于特定视角，而视角必包含特定时空中特定人群的情感、理性和偏见，包含他们的希望和恐惧，风尚和欲望。因此，对历史的检讨，便是一种对于人类心理、思想和行为的探讨。只不过，因为本文要讨论的是20世纪以降由职业群体撰写的专门历史，这种对人类思想和行为的探索便转变成为对法律史这一专门学科之方法、旨趣和范式的讨论。

方法可以学科分，如历史的、法学的，也可以逻辑分，如演绎的、归纳的，还可以目的分，如描述的、规范的，虽林林总总，不一而足，但皆为人类创造、掌握和运用知识的路径，并因此在不同程度上决定人类获取的知识的性质与范围，以及这些知识运用于人类社会时产生的影响。历史一向是人类知识中重要的一种，与人类福祉密切相关。因此，历史无法脱离人类的好恶而存在，不能在人类的知识旨趣之外

---

[1] 由公元1世纪的《汉书》到1927年撰成的《清史稿》，两千年间有《刑法志》十四部。这些正史中的专门篇章虽不足以囊括中国古代法律史，却构成法律史上的一条主线，同样重要的是，这些篇章首尾相贯、前后相连，代表了一种完整的法律史编纂传统。早期对这些材料的整理，见邱汉平《历代刑法志》，北京：商务印书馆，1938年；晚近的整理，见高潮和马建石主编《中国历代刑法志注译》，长春：吉林人民出版社，1994年。

而超然独立。[1] 换言之，历史知识的形成不但为方法所影响，也受到人类知识旨趣的左右。实际上，旨趣也常常影响方法，它们又共同决定历史的叙述模式、知识样态及其运用。从知识沿革的角度看，在特定时间和地域范围内决定历史知识的这些因素，可以概括地用"范式"这一概念来说明。

自托马斯·库恩的大作《科学革命的结构》（1962）出版以来，"范式"概念业已被引用于科学哲学以外的广泛领域，至有概念滥用之虞，结果是在许多场合，这一概念失去了它特有的说明力。本文使用"范式"的概念，并不假定历史知识与（自然）科学知识具有同样的性质，其发展、改变循同样之途径，但保留这一概念的若干基本内涵。具体言之，我以范式概念指历史家自觉或不自觉引以为据的一套不容置疑的理论或信念，这套理论或者信念支配了历史家的工作，决定了他们提问的方式、范围乃至最后的结论。服膺于同一套理论或者信念的历史家形成某种学术共同体，范式正是一个学术共同体成员所共有的东西。[2] 根据这样的界定，则范式不仅包含方法，也可能包含意识形态因素；范式存在于特定时空、特定人群之中，有其制度化的表现形式；范式可以有层次上的差别，其内容可能部分地重叠，而不同范式可以并存。

---

[1] 哈伯玛斯在《知识与人类旨趣》一书中区分了三种"知识的旨趣"，即技术的旨趣、实践的旨趣和解放的旨趣。参见曾庆豹《哈伯玛斯》，台北：生智文化事业有限公司，1999年，第112—130页。本文虽使用"旨趣"（interest）一词，用意却与哈氏不同。我并不关心具有普遍性和必然性的"旨趣"本身，而关注知识旨趣与知识形成之间的一般联系，尤其是它们在特定时空中的具体表现。因此，本文所谈的"旨趣"可以被理解为与特定利益相关的历史观、知识观。

[2] 参阅［美］托马斯·库恩《必要的张力》，纪树立等译，福州：福建人民出版社，1981年，第291—292页。

须要说明的是，虽然"范式"概念富有启发性，但我并不认为本文将要讨论的问题都可以恰当地借这一概念来加以说明。因此，下面的分析会采取更具灵活性的方式，根据所研究对象的具体情形，强调其中的某些因素。

从共同体角度考虑范式概念，自然会注意到学术建制的重要性。大学、研究机构、学会和专业出版物不只是特定方法、范式和传统的承载物，而且也是创造和维系共同体的重要场所。学术建制富于地域性，增强了知识的地方性。近年来虽有日益明显的学术国际化趋势，仍不足以改变上述情形。基于此，本文缕述法律史传统虽着眼于方法与范式，仍将考虑时间和地域两大因素，在历史和国家、地区的架构内展开讨论。

本文以法律史传统为讨论对象，自然包括传统所谓"中国法制史"，而本文所以题为"法律史"而非"法制史"，首先是因为"法制史"（尤其是中国依然流行的"中国法制史"）不足以涵盖本文所要讨论的对象。以下的讨论将涉及不同学科、方法和传统，涉及不同的法律观和历史观，因此也涉及对中国人"法律"经验各不相同的观照与解释。检讨这一集合了不同方法与传统的学科势必须要涉猎众多人物与文献，涉及对相关人物及其作品的评价。不过，本文既非文献综述，亦非书评，因此不求面面俱到，也无意深入品评所涉人物、作品和传统。如果能在清晰勾勒出中国现代法律史发展线索的同时，揭示出其中所包含的诸多传统及其关联，本文的目的便可以说达到了。

二

中国现代法律史源于何时？谁人为其开拓者？这样的问题关涉到中国现代史学的起源，凑巧的是，在为中国现代史学奠定基础的开拓者中，有一位正可以被视为中国现代法律史的奠基人。他就是19世纪20世纪之交在中国政坛、文坛、报界、学界均极活跃的人物——梁启超。

在有关中国近现代法学和法制史发展的论说中，梁启超的名字并不常见，相反，论者提到最多的学者是另外两位，一位是清末修律大臣沈家本，另一位是历史著作家杨鸿烈。[1]就发展中国法律史传统而言，沈、杨二位确实都有特殊的贡献，但若与梁氏相比较，则沈氏所代表的毋宁说是前现代的旧传统，而杨氏则不过是梁启超之后，在沿梁氏所开创的方向推动法律史研究进一步发展的众多学者中比较有代表性的一位罢了。

沈家本自光绪二十八年受命修订法律之后，组织考察和翻译东西洋各国律例，设修订法律馆起草新法，开办新式法律学堂，整理和刊布法律旧籍，可以被认为是中国法律史上承上启下、继往开来的人物。沈氏本人精于律学，对历代法制均有深入研究，所著《历代刑法考》足以令他厕身于中国历史上杰出法律史家之列。不过，由其著述我们也可以知道，沈氏尚未超越传统的历史观和法律观，其学术贡献仍在传统

---

[1] 这种情形可说是通例，《梁启超法学文集》的编者范忠信以梁启超而非沈家本或者严复为中国法学家的第一人，这样有见地的看法实属例外。参见范忠信《认识法学家梁启超》，载《梁启超法学文集》，北京：中国政法大学出版社，2000年。

律学的框架之内。简单说，传统律学的范式包含了一种王朝更替循环的历史观、经世致用的知识观和探赜索隐的注释方法。[1] 其历史叙述模式亦源于传统史学，大抵以王朝、事项为其经纬，按目分列，汇录史料，再考之以音韵训诂之学，出按语阐明己意。[2] 了解了传统法律史的式样，我们就可以知道梁启超所撰写的法律史是如何具有革命性。

如前所述，梁启超具有多方面的才具，法律史非其本业，而不过是梁氏实践其历史观、法律观的一个副产品罢了。梁氏著有《中国史叙论》（1901）、《新史学》（1902）和《中国历史研究法》（1922）等，系统阐述了他的新史观。依梁氏之见，史者，"记述人类社会赓续活动之体相，校其总成绩，求得其因果关系，以为现代一般人活动之资鉴者也"[3]。这个关于历史的定义虽然简单，却在许多重要方面区别于传统史观，比如它把人类活动置于历史的中心，从而将对自然现象的记录排除于历史之外；它强调人类活动的社会性，在扩大历史范围的同时，也引进了进化的观念；而它注重社会发展中的因果关系，势必强调历史的客观性，以及科学方法的重要性；

---

[1] 关于传统律学，比较性的研究，参见梁治平《寻求自然秩序中的和谐》，北京：中国政法大学出版社，1997年，第307—325页；清代律学，参阅何敏《从清代私家注律看传统注释律学的实用价值》，载梁治平编《法律解释问题》，北京：法律出版社，1998年，第323—350页。

[2]《历代刑法考》的点校者标举该书两大特点：一是内容丰富，取材广博，"历代与刑法有关的资料，如刑法制度、刑官建制、律目变迁、各朝赦免、监狱设置、刑具种类、行刑方法，以至盐法、茶法、酒禁、同居、丁年等等，巨细无遗，咸登毕录"；二是文献考订精核，"书中对文献的考辨，一般都是从训诂着手，引经据典，追本溯源，旁征博引，力求阐发其本意"。见《历代刑法考》"点校说明"，北京：中华书局，1985年。

[3] 梁启超：《中国历史研究法》，北京：商务印书馆，1947年，第1页。

最后，以"现代一般人"为服务对象，就是要把传统的帝王将相史改造成民族国家时代的国民史。后者在内容、旨趣、方法、写作式样和用途等各方面，均不同于过去二千年的史学。[1]

新史观指导下的历史包括一般史和专门史，法律即是众多专史中的一种。梁氏在其《中国历史研究法补编》（1933）一书中详论各门专史及其做法，[2] 而在撰写和出版该书之前多年，他就已完成了不止一部与中国法律史有关的专史，[3] 其中，《论中国成文法编制之沿革得失》（1904）堪称现代中国法律史的开山之作。

该书先述"成文法"定义，"谓国家主权者所制定而公布之法律也"；继则标举法律发展诸阶段，即由习惯而习惯法，而成文法，而公布的单行法，而法典的进化图式。正文部分追溯古代成文法的起源与发展，上自先秦，至于明清，于历代法律之沿革损益及特征，逐一论列。最后部分论古代成文法之阙失，指出未来法典编纂必须注意解决的问题。[4]

与传统的法律史论说——无论《历代刑法志》还是《唐明律合编》或者《历代刑法考》——相比较，梁著的现代性质一目了然。首先，虽然梁氏也大量参考和引证历代正史、

---

[1] 同上书，第一至三章。关于梁启超所倡导的"新史学"的现代意义及其在中国现代史学发展中的地位，参阅王晴佳《中国二十世纪史学与西方》，《新史学》第九卷第1期，1998年。

[2] 详见梁启超《中国历史研究法补编》，北京：商务印书馆，1947年。

[3] 梁启超：《中国法理学发达史论》，载《梁启超法学文集》；《先秦政治思想史》（1922）。

[4] 参阅梁启超《论中国成文法编制之沿革得失》，载《梁启超法学文集》。

类书和政书，但是这些史料已经被剪裁、安排在一套现代社会理论和法律理论的框架之中，而获得了不同于以往的意义。梁氏从一种普遍主义的立场出发，运用当时流行的实证主义法律观和社会进化论，批判性地重写了中国法律史。这种对历史的重述既是"放眼世界"的，也是"面向未来"的。取舍之间，判断的标准已经完全不同于前人。因此，梁氏会认为，传统的法律，无论形式还是实质，"既已历二千余年，无所进步"。[1] 也是因此，在他眼里，种类不完备，体裁不完善，文体不适宜和法律之缺少变化，被认作是旧时成文法的四大缺点。

其次，梁著代表了一种新的历史叙述方式。在梁氏看来，"古代著述，大率短句单辞，不相联属"，正表明其"思想简单，未加组织"，即使后出之"通鉴"、"记事"体例，也难免"将史迹纵切横断"，[2] 无法揭示人类活动之总成绩及其因果关系。善为史者，必不满足于叙述，而要有进一步的说明和推论，"所叙事项虽千差万别，而各有其凑筍之处；书虽累百万言，而筋摇脉注，如一结构精悍之短札也。夫如是，庶可以语于今日之史矣"[3]。梁氏的中国法律史著述便是这样一种尝试。

最后，作为第一部中国人自己的中国法律史，梁著虽然不能说已经完备成熟，但无疑具有开创性和示范性的意义。参考和引用东、西洋社会科学和法学论著，借用西方法律学

---

[1] 同上文，第123页。
[2] 梁启超：《中国历史研究法》，第50—51页。
[3] 同上书，第52页。

说、理论、分类和术语构筑中国法律史架构，这些都表明了20世纪初新旧交替之际中国法律史改造的方向。梁氏对中国历史上成文法沿革的系统整理，为后来的法制史研究所吸收，成为学科发展的基础，而他处理史料和叙述历史的方式，更具有表率的意义。

自然，梁氏的创新也应当置于当时社会变革的历史背景下来理解。1904年，去严复发表鼓吹变法救亡的《论世变之亟》九年，距戊戌变法六年。同年，严复所译孟德斯鸠《法意》开始分册出版，而在此以前，赫胥黎之《天演论》、斯密之《原富》、斯宾塞之《群学肄言》、穆勒之《群己权界论》等均已经严复之手译介于国人。中国的政制与学术正面临千年未有之大变革，知识范式之变呼之欲出。在梁氏所引用的日人法学论著如织田万之《清国行政法》、浅井虎夫之《支那法制史》中，新法律史已见端倪。至于梁氏所关注和讨论的问题，如人治主义和法治主义以及法典编纂等，无不与时代需要丝丝入扣。梁著出版后不数年，清末法律改革的序幕拉开，以德、日为楷模的法律体系开始在中国生根。中国现代法律史的传统，正是在这样的大、小背景之下逐渐发展起来的。

三

1904年以后的数十年，中国社会虽然屡受变乱之苦，一个现代民族国家的政治和法律架构却已大体形成，与之相应，一套现代法律教育制度也已经建立起来。至 1940 年代，全国大学及专科学校之设立法科者不下四十之数，[1] 而在这些学校的课程表中，"中国法制史"常被列为选修课。其他与法律史相关的科目如中外法律思想史、罗马法等也在讲授、研究之列。据北京图书馆编《民国时期总书目》（1911—1949），列于"法史学"条下的图书共计六十八部，其中，"法制史"著作二十七部，多数是有关中国法律史的通论性论著。[2] 由这些著作，人们可以大体上了解这一时期法律史研究的范围、深度和特点。

杨鸿烈是人们在讨论这一时期中国法律史研究时最常提到的作家。的确，杨氏的法律史研究三部曲，即《中国法律发达史》（1930）、《中国法律思想史》（1936）和《中国法律在东亚诸国之影响》（1937），不但篇幅宏大，自成体系，而且在方法、旨趣和写作样式等方面也颇具代表性。

《中国法律发达史》记述中国古代法律沿革，自上古始而民国终，分两册二十七章，计一千二百五十二页，算得上鸿篇巨制。据杨氏自陈，他的这部大著以三项特殊的研究为主干：第一是"沿革的研究"，以研究中国法律演进的历史为目的；第二是"系统的研究"，旨在研究中国法律的原理；最后是"法理的研究"，系对于中国历代法家之思想的研究。杨氏还说，该书"有意表出中国民族产生法律的经过，和中国历

---

[1] 其中国立大学和省立大学各九所，私立大学十七所，专科学校五所。见孙晓楼《法律教育》"附录三"，北京：中国政法大学出版社，1997 年。
[2] 详见北京图书馆编《民国时期总书目》（法律），北京：书目文献出版社，1990 年。

代法律思想家的学说影响司法的状况"[1]。不过,读者很容易发现,这本书比较成功的部分是关于"沿革的研究"。而在关于中国法律原理研究的方面,资料虽多,却有分析不足之虞。至于"法理的研究",尽管杨著在各章之后列举了若干历史人物及其法律思想,但关于历史上法律思想与实践之间的有机联系却少有分析。总的来说,这部书更像是内容齐备的资料汇纂,而与传统论著的一个重要差别,是它依照一套完全现代的分类和范畴体系把历史资料重新整理了一遍。

杨著的结构相当简单。第一章"导言"交代该书方法、范围、目的、取材等事项,以下分"胚胎时期"(始自上古)、"成长时期"(始于西汉)和"欧美法系侵入时期"(清代),按朝代分章叙述。而在各章(亦即各朝)之下,相关史料再分别汇集在一个根据现代法典体例制成的多级条目之下。以唐朝为例,标准的条目体例是:概述;法典;法院编制(分中央、地方两部);刑法总则(分法例、犯罪、刑名、刑之适用、刑之执行、刑之赦免等);刑法分则(以下分述各种罪名);民法,下分人之法(行为能力、身份、婚姻、承继、养子)、物之法(所有权、债权法);法律思想。其他各章则视材料的具体情形而各有损益。

杨氏中国法律史研究的第二部重要著作是《中国法律思想史》。这部书不但在时间上较为晚出,在写法上也显得更加纯熟。杨氏把中国历史上从殷周到民国的法律思想,按照先后继替的四个时代,根据不同派别,再结合历史上争论最多

---

[1] 杨鸿烈:《中国法律发达史》,北京:商务印书馆,1930年,第10页。

的问题，系统地予以整理和叙述，将中国几千年来居于支配性地位的法律思想的变迁理出了一个线索。[1] 这项工作在当时无疑地具有开创性，可以被视为中国法律思想史研究的奠基之作。杨氏的另一项研究，即翌年发表的《中国法律在东亚诸国之影响》甚至更具独创性。作者以"中国法系"为讨论对象，详论历史上中国法律在朝鲜、日本、琉球、安南等国的影响，这项出色的研究同样是开创性的。

通观杨氏的法律史研究三部曲，可以尝试概括其特点如下：

首先，杨氏认识到，中国的法律乃是中国民族固有的产物，自有其统一性，而最能够表明这种统一性的概念便是"法系"。法系的概念源于西方比较法学，梁启超在其讨论中国成文法沿革的著作中已经开始使用这一概念，而在1930年代，法制史家已经普遍接受了这个概念。"中国法系"成为中国法制史叙述的基础。"中国法系"的中心自然是中国，其核心则是儒家学说。

其次，杨著虽然引用了大量的古代典籍，但其历史分期和知识分类却是西方式的。这种将中国材料纳入西方知识架构的做法极为典型，不但表明了中国现代法律史写作的特点，更透露出近代西学东渐以来中国固有知识传统所经历的一场深刻改变。

再次，与同一时期的其他历史著作一样，杨著表现出更多方法论上的自觉。什么样的史料可以相信，什么样的方法

1　参见杨鸿烈《中国法律思想史》，北京：商务印书馆，1937年。

最为恰当，他都预先加以考虑和交代。此外，杨氏运用的材料，在传统的经、史、子、集之外，也包括甲骨文、金文和汉简在内。这在当日，应能代表历史和考古的成就与进步。

复次，与梁著相比，杨著引述的外国法学著作，在日文之外，更包括了英、法、德诸语种，这可以让我们了解到当时的法律史研究在学术交流方面的发展。不过，由这种引述主要集中在"导言"关于方法和"中国法系"性质的说明方面这一事实，我们也可以推知当日域外相关研究的状况，以及各方交流的深度。

又其次，新式标点和新的引证、注释体例业已通行，成为新的历史叙述模式的一个部分。不过总的说来，杨著的特点似乎是资料齐备，而分析稍欠。这种写法有更多传统痕迹，比较起来，不妨说它代表了当时历史写作由传统向现代过渡中的一个阶段。

最后，以史为鉴、经世致用的传统历史观和知识观，在杨著当中也表现得十分明显。《中国法律发达史》一千二百多页，其中《清》（第二十六章）占一百七十页，《民国》（第二十七章）占二百一十五页。《中国法律思想史》也设专章讨论清末和民国的法律思想，显然也是以当代社会与思想的变迁作为观察和评判历史的立足点。而在末一本关于中国法律在东亚国家影响的书中，杨氏更表明了他对于重建"东亚法系"的期望。

在民国时期的法律史研究中，杨著无疑是颇具代表性的。不过，就更具体的研究方法和传统而言，杨著显然不是唯一的。杨鸿烈曾入清华国学院，受教于梁启超，他所承续的，不妨说是由乃师开创的新史学传统。与杨氏同时代写作，而且也著有一部《中国法制史》（1928）的程树德，于1927年出版了《九朝律考》一书。该书考证精详，素为中国法制史学者所推崇。但是这书的写法完全是传统样式，它所继承的，无疑是沈家本所代表的旧法律史传统。[1] 此外，即使是在新法律史著述中，也有另外一些可以注意的尝试。比如陈顾远所写的《中国法制史》（1934）。

陈氏首先区分"法"、"制"为二。认为"为社会生活之轨范，经国家权力之认定，并具有强制之性质者，曰法；为社会生活之形象，经国家公众之维持，并具有规律之基础者，曰制"[2]。认为中国法制史学者有两派之分，一派以制统法，或至少相信"法"与"制"各不相属，而认为"中国法制史的范围，不仅限于法律一端，举凡典章文物刑政教化，莫不为其对象"，这是广义的中国法制史。另一派则以法统制，或至少以为法制即刑罚之谓，因此认为中国法制史的范围"只以法律上之制度为限，举凡制之不入于法者，换言之，制之无关狱讼律例者，皆除于外"，这便是狭义的中国法制史。[3] 陈氏取广义的中国法制史，所以在第一编《总论》之后，分别论《政治制度》（第二编）、《狱讼制度》（第三编）和《经济制度》（第四编）。这其中，第二编政治制度中的一部分，

---

1 原书无标点，见程树德《九朝律考》，北京：商务印书馆，1927年。中华书局1964年和1988年的版本则加了新式标点。
2 陈顾远：《中国法制史》"序"，北京：商务印书馆，1935年，第1页。
3 同上书，第2—3页。

如"中国法制中的选试法",和第四编经济制度的差不多全部,如有关田制税制商制币制的法律,都是当时一般法制史著作没有涉及或者很少论及的内容。此外,陈著还以相当篇幅讨论学科之分野、应用之方法,以及史疑、史实、中国法制之变与不变、中国法制之特质等一般性问题,其中所表现出的对于历史写作的自觉固然表明了当时的风尚,但也为一般同类著作所不及。最后,在处理史料和叙述风格方面,陈著更接近于今人习见和惯用的模式,即不只是把史料分列于新的知识分类和范畴之下,而且更进一步把它们编织融入作者自己的叙述和分析之中,在这方面,陈著比之杨著代表一种更加成熟的写作方式。

可以注意的是,陈著取材范围虽较杨著和其他法制史著作为广,其视野却不出历史学之外。实际上,我们上面所讨论的各家所代表的,都还是史学的传统。他们所依据的材料,辄以正史为主;他们所运用的方法,大抵总是历史的和比较的;他们所关注的问题,基本不出所谓"大传统"的范围。杨鸿烈强调,法制史研究不能只注重于"静的"方面,也须观照其"动的"和"运用"的方面,但这不过意味着在律典之外也应重视"敕"、"令"和"条例"一类材料。陈顾远倡导广义的法制史研究,把田地、税收、金融和商业等方面的法制纳入其视野,但他所运用的材料仍然不出正史范围。要突破史学的视野,需要学科的融合,这在当时并非易事。就法律史研究而言,绝无仅有而且也是相当成功的一例,便是瞿同祖的《中国法律与中国社会》(1947)。[1]

瞿同祖1930年入燕京大学,主修社会学,因为对历史有兴趣,是以专攻社会史。[2]《中国法律与中国社会》是瞿氏试图以社会学立场和方法观察中国传统法律,将法律与社会结合起来研究的一个尝试。瞿氏将法律看成社会制度和社会规范的一种,认为法律出于特定的社会结构,反映特定的意识形态,所以他反对像分析法学派那样,将法律看成一种孤立的存在,忽略法律与社会的关系。瞿氏宣称,他这本书的主要目的,是要"研究并分析中国古代法律的基本精神及主要特征",而"中国古代法律的主要特征表现在家族主义和阶级概念上",[3] 所以,该书分两章讨论家族(包括婚姻),两章讨论阶级。鉴于历史上法律与宗教和意识形态关系密切,作者又另设两章,分别讨论"巫术与宗教"和"儒家思想与法家思想"。[4]

瞿氏把自己的书称为"法律社会史",认为它"既是一部法制史,也是一部社会史的书"。[5] 实际上,这本书原本是作者根据其中国法制史和社会史讲义改写而成的。那么它与当时已经发展起来的中国法制史研究是一种什么样的关系呢?有趣的是,尽管瞿著也大量征引正史和历朝律例,也重视和

---

[1] 该书于1944年写成,1947年由商务印书馆出版。之后,中华书局于1981年又将该书再版,有关的修订,见瞿氏为1981年版写的"序"。该书后来又收入《瞿同祖法学论著集》,北京:中国政法大学出版社,1998年。此外,该书经修订后于1961年以英文本行世,并被认为是英语文献中有关中国法律史最重要的著作之一。
[2] 参阅瞿同祖《瞿同祖法学论著集》"自序"。
[3] 瞿同祖:《中国法律与中国社会》"导论"。
[4] 对瞿著的评论,见梁治平《身份社会与伦理法律》,《读书》1986年第3期。
[5] 王健:《瞿同祖与法律社会史研究》,《中外法学》1998年第4期。

强调儒家思想、学说对于传统法律的深刻影响，其中却看不到此前中国法制史研究的痕迹。在各种可能的解释当中，有一点可以肯定，那就是学术训练与方法的不同使然。

的确，这部书切入历史的方式与我们在上面提到的那些论著相当不同。

首先，作者虽然以历史为研究对象，但只注意"重大的变化"。作者"试图寻求共同之点以解释法律之基本精神及其主要特征，并进而探讨此种精神及特征有无变化"，为此，"本书将汉代至清代二千余年间的法律作为一个整体来分析"。[1] 虽然作者并不否认历代法制的因革损益，但其重点显然不在其变，而在其不变，在其基本"精神及特征"。换言之，作者真正感兴趣的，是一个植根于特定社会中的法律制度的"基本形态"。这种观察和处理历史的方法，被认为是出自其社会学的功能主义立场。[2]

其次，瞿氏认为，研究法律固然离不开对条文的分析，"但仅仅研究条文是不够的，我们也应注意法律的实效问题"。[3] 瞿氏所谓"实效"与杨鸿烈所强调的法律的"运用"并不相同。前者所注意的不只是法律中与社会变化关系更加

---

[1] 瞿同祖：《中国法律与中国社会》"导论"。
[2] 参见林端《由绚烂归于平淡——瞿同祖教授访问记》，载《儒家伦理与法律文化》，北京：中国政法大学出版社，2002年。林文引用的瞿氏的一段话把这一层意思说得更清楚："这种将秦汉以至晚清变法这两千余年间的事实熔于一炉的态度实基于一基本信念——认为这一长时间的法律和整个的社会政治经济一样，甚至停滞于同一的基本类型而不变。如此前提是对的，则我们或不妨忽略那些形式上枝节上的差异，而寻求其共同之点，以解释我们法律之基本精神及主要特征。"（瞿同祖《中国法律与中国社会》，第137页）
[3] 瞿同祖：《中国法律与中国社会》"导论"。

密切和直接的那部分规则,而是所有法律规则在社会生活中的实际意义。因此,瞿著引用的材料里面,清代《刑案汇览》占了相当的分量;一般法制史著作中对于立法过程和法律沿革的叙述,很大程度上被对特定制度背景下日常生活的描写所取代。

再次,瞿同祖之前,法制史家如陈顾远也曾将儒家思想同家族、阶级列为专章,视之为中国法制的特质。[1] 不过,瞿氏对家族、阶级和儒家思想诸因素的理解有与陈氏不尽相同处,更重要的是,这些被强调的因素在两位作者的知识图景和著作结构中扮演着相当不同的角色。在瞿氏那里,家族与阶级乃是影响和决定中国传统法律特征的结构性因素,因此,对这种特定类型法律的精神特征的描述和分析必须在相应社会结构和意识形态的架构之中进行方为恰当。

最后可以提到的一点是,瞿著虽然是在课程讲义的基础上改写而成,比之当时一般中国法制史论著,却很少教科书痕迹。这与作者基于其社会学立场观察中国法律与社会,进而设计全书篇章结构的做法有很大关系。相比之下,即使像陈顾远的《中国法制史》那种视野较宽的著作,其面面俱到和形式上均衡对称的写法仍使它保持较多教科书特点。[2]

除上面提到的著作之外,民国时期的中国法制史研究还包括断代史和部门法史,其中,尤以对清末以降和民国时期

---

[1] 详见陈顾远《中国法制史》第一编第三章。
[2] 指出这一点并无批评之意,事实上,陈著原本是作为教科书来写的。

制宪运动的记录为详。[1] 不过，这两种类型的著作或者模仿通史体例，或者按时间顺序详细排列资料、文件，均不如上面论及的著作具有智识上的刺激性。也是在这样的意义上，前面讨论到的作者和著作应比较能够代表这一时期中国法制史的发展。

总之，民国时期是中国法律史研究的一个重要发展阶段。在梁启超的开创性工作之后，经过一代人的努力，中国法制史的学科地位业已确立，法律史研究在深度和广度两方面也都有了相当的发展。人们尝试以不同方法探讨法律史，试图发现切合时代精神的历史叙述方式，这种探索产生出若干新传统。自然，这一时期的中国法律史仍在某些方面带有开创性和过渡性的特点，尽管如此，它为后来的法律史研究奠定了坚实的基础，其影响在今天的中国法律史研究中依然清晰可辨。

四

1949年的政权鼎革不仅是中国现代史上的革命性事件，对本文所讨论的问题也具有决定性影响。就中国法律史研究传统而言，这一革命的直接后果有二：一是造成中国现代学术在地域上的分隔（大陆与台湾），同时更造成这种传统本身的分化；二是意识形态的改变与介入，深刻影响和改变了学

---

[1] 北京图书馆编：《民国时期总书目》（法律）"宪法史"条下所列的有关中国制宪史的著作有十七部之多。这种情形很可以表明当时法律发展和法律家关切的重点。

术研究的方法、旨趣与范式。在这一节里，我将集中讨论大陆的法律史研究，台湾方面的研究留待后文讨论。

1950年代中国的一系列政治与社会运动，在极大程度上改变了中国现代学术的面貌。1950年代初期的院系调整不只是为了重新分配教育资源，也是为了建立一套与共产主义意识形态相适应的教育体制。同时进行的知识分子思想改造运动是一项更加持久的计划，其流风余韵直到"无产阶级文化大革命"结束之后犹可闻见。值得特别指出的是，早在1950年代初期，就有专门针对"旧法人员"的思想改造，这一事实清楚表明了法律在新的意识形态和政治体制中的特殊性。经此调整、改造之后，作为一个科目的法制史并没有被取消，但是不久，这个已经有五十年历史的传统学科便被并入到一套苏式法学课程表中，新的课程名为"中国与苏联国家的法权历史"，为法科学生必修课之一。[1]

从1950年代初到1960年代中期"文革"爆发、高等教育宣告中止，十数年间，运动迭起，包括法律史在内的法学研究乏善可陈，不过，即使今天来看，这一特定时期的重要性仍然不容低估。毕竟，那一时期里发生了最具革命性的事件，导致价值的全面重估。就法律史乃至法学研究而言，这一时期的重要性并不在于引进了若干新的科目、课程表、观点或者研究主题，而在于它发展出一个新的研究范式，其中包含了一套完整的世界观、法律观和历史观。在过去的几十年里，

---

[1] 参见梁治平《法律实证主义在中国》，载《梁治平自选集》，桂林：广西师范大学出版社，1997年，第69—100页。

这种新的范式并非不曾经历发展、调整甚至改变,[1] 但就其大者而言,它仍旧构成今天法学研究主流的基础。也是着眼于这一点,我选择1980年代,一个连接1950年代、1960年代和当下的时期,开始下面的讨论。

在一篇发表于《中国大百科全书》(1984)的最具权威性的文章中,法学被定义为"研究法这一特定社会现象及其发展规律的科学"[2]。奴隶主、封建主和资产阶级法学旨在维护和巩固剥削阶级的经济关系,为有利于剥削阶级的法律关系辩护。马克思主义法学则不然,它以辩证唯物主义和历史唯物主义为指导,为维护和发展社会主义法制、保证社会主义物质文明和精神文明建设直至实现共产主义服务。[3] 在新的社会主义法学体系中,法律史占有一个不可或缺的位置。严格地说,法律史由四个不同科目组成,即中国法制史、中国法律思想史、外国法制史和外国法律思想史。[4] 其中,中国法制史地位最为显赫,不但拥有资源最多,而且一直被列为必修课程。

关于"中国法制史"的权威表述可以在同一部百科全书中的同名辞条中看到:它(中国法制史)是有关"中国各种

---

[1] 最重要的改变之一,是摆脱将"国家与法"的历史合而为一的苏联模式,确立区别于政治制度史的法制史研究。另一个重要变化是,以更多对具体法律制度的论述去冲淡以往对政权性质和法律的阶级本质的强调。因此,自1980年代中期以后,大量引用"马恩语录"和只关注阶级关系、法律本质的历史撰述就越来越少了。

[2] 张有渔、潘念之:《法学》,载《中国大百科全书》(法学),第1—14页。此文并非条目,而是全书导论。法学具有阶级性。

[3] 参同上文。

[4] 这也正是《中国大百科全书》法学卷的分类体系。人们可以从这个分类中看到苏联法学影响的痕迹。基本上,"外国法制史"是从"国家与法权通史"中变化而来。

类型法律制度的产生、发展和演变的历史。它包括中国奴隶社会、封建社会、半殖民地半封建社会法律的制度史；也包括太平天国革命、辛亥革命，特别是新民主主义革命运动所创建的法律制度的历史"。"作为一门学科，中国法制史的任务是研究各种类型的法律制度的实质、内容、特点和它的发展规律，总结历史经验，为社会主义建设服务。"[1] 辞条分题叙述，其小标题包括：

中国奴隶制法律制度
中国封建制法律制度
中华法系
封建法律体系的解体与半殖民地半封建法律制度的形成
鸦片战争后历次革命运动所创造的法律制度
中国法制史提供的若干历史经验

这个辞条篇幅不过一万字左右，却是我们了解"马克思主义法学"体系中法律史研究方法、旨趣和范式的极简明而有用的导引。

以资源、规模和涉足领域等方面论，1980年代以来的中国法制史研究无疑是过去任何时期所无法比拟的。[2] 众多的从业人员和大量的出版物创造了这一学科的繁荣，也使得任何

---

[1] 陈盛清、张晋藩：《中国法制史》，载《中国大百科全书》（法学），第762—766页。
[2] 据说，这一时期中国法制史学界共出版学术专著和教材二百余部，发表学术论文数以千计。见曾宪义主编《中国法制史》，北京：北京大学出版社、北京：高等教育出版社，2000年，第12页。

简单概括都可能失之片面。尽管如此，若着眼于居于主流的方法和范式，则某种著述类型可能具有相当的代表性。下面将要描述的那种著述类型，其核心便是教科书。

作为一种著述类型，这里的"教科书"可以被区分为广义的与狭义的。狭义的教科书即一般意义上的教科书之所以值得重视，不仅是因为其数量极其巨大，且涵括了各种不同类型和层次的受教育者；[1] 也是因为，无论是否名为统编教材，它们实际上同出一辙，不但体例、内容率多雷同，其撰写者也常有重叠，而正是这些教科书，不只表现了作为马克思主义法学一个组成部分的中国法制史的撰写特征，而且其本身就是这种历史叙述范式的基础。[2] 主流的中国法制史著述，无论出自个人还是集体，也不拘是通史、断代史或是专题研究，大多具有教科书性质，因此可以被视为广义的教科书，其中，较新也最具权威性与代表性的，是1999年出版的多卷本《中国法制通史》。

《中国法制通史》自开始筹划到最后出齐，前后历时二十年。书分十卷，总计五百万言，参与撰写者数十人。这套书不但是现代中国法制史编撰史上规模最大的工程，而且代表了中国主流法制史研究的最高水平，是作为"社会主义法学体系"一个组成部分的"中国法制史学"最成熟的表现形式。

---

1 除专用于本科和大专的教材外，还有专门为电视大学、夜大学、函授学校、成人教育等多种教育类型撰写的中国法制史教材。此外，同为本科教材，还分为司法部统编教材、教育部统编教材以及各校自编教材等。

2 关于一般教科书的样式，可以参看上引曾宪义主编《中国法制史》。这部以随机方式抽取的"样本"系"面向21世纪课程教材"、"全国高等学校法学专业核心课程教材"中的一种，具有足够的权威性和适时性。

着眼于历史撰述的方法、旨趣和范式,《中国法制通史》不过是普通教科书的放大,不同的是,它篇幅巨大,因此容纳了更多史料,对相关主题的讨论也更深入和细致;它在结构上并无新意,但显得更均衡;比较而言,它的写作风格更自由,所吸纳的相关研究成果更多,引证范围也更广。它没有改变或者创制范式,却把既有范式的潜力发挥到极致。因此,它称得上范式的典范。现在就让我试着概括这种以教科书为核心的法律史撰述的主要特征。

首先,也是最突出的,是它的"马克思主义的世界观和方法论"。这一点不只表现在"序言"、"导论"的编撰者自陈上面,也体现在诸如历史分期、法律类型划分、史料取舍、篇目结构、对具体制度的分析和对历史事件的解释、评价当中。应当指出的是,这些决定法律史撰述的基本要素大多是既定的,它们也是范式的基本材料。

其次,这种世界观和方法论具有普遍主义和科学主义的特征。强调对社会本质的了解和对历史规律的把握,固然表露了这样一种特征,套用西方法典体系分类、运用现代法律概念和范畴的历史叙述实际上暗含了同样的前提。[1] 自然,这类做法并不限于"以马克思主义为指导"的中国法律史,而在一定程度上为一些不同的历史叙述方式所共享。

再次,虽然它不排斥"中华法系"这样的概念,甚至有时强调哲学、宗教和文化等因素,其基本倾向却是重政治和

---

[1] 在这方面,各卷章节大同小异,以讨论宋代的第五卷为例,其篇目为:《立法思想与立法活动》、《行政法律》、《民事法律》(内分《民事权利主体》《物权》《债》等)、《经济法律》、《刑事法律》和《司法制度》等。

经济，轻社会与文化。毕竟，在历史唯物主义那里，经济如果不是唯一的决定因素，至少是最终的决定性因素，而法律始终附庸于政治。相反，强调"文化"有唯心主义之嫌，深入"社会"则可能令解释复杂化。这些都可能导致范式危机。

相应地，教科书的视角辄出于"大传统"，讲法律总是自上而下。其视野中的史料，基本上限于正史和官方典籍。《中国法制通史》的编撰者主张大力发掘和整理中国法制史料，其范围包括"地下文物、社会习惯调查、历史档案、私家笔记、檄文、告示、口号、规约、教义、军律等等"[1]，但实际上，这方面的进展仍相当有限。就法学的法制史学界来说，"整理中国法制史料"显见的成绩基本上限于对古代法律典籍的整理方面。[2] 虽然与一般教科书相比它的取材范围已有明显的扩展，但是这种改善尚不足以改变教科书所代表的范式。[3]

最后，教科书本身也已形成模式，值得注意。除上面提到的几项特征外，教科书通常由一人主编，多人撰写；章末不出思考题，不设供进一步阅读的书目；书后不列参考书，

---

[1] 张晋藩主编：《中国法制通史》"总序"。

[2] 已经出版的典籍主要包括《中华律令集成》（清卷）（长春：吉林人民出版社，1991年）、《大清律例通考校注》（北京：中国政法大学出版社，1992年）、《读例存疑点注》（北京：中国公安大学出版社，1994年）、《中国珍稀法律典籍集成》（北京：科学出版社，1994年）、《中国历代刑法志注译》（长春：吉林人民出版社，1994年）、《官箴书集成》（黄山：黄山书社，1997年）、《二十世纪中华法学文丛》（北京：中国政法大学出版社，1997年）、《中华传世法典》（北京：法律出版社，1999年）、《中华律学丛刊》（北京：法律出版社，2001年）等。新近出版的三巨册《田藏契约文书萃编》（北京：中华书局，2001）也许是近年来出版的最值得注意的法律典籍之外的资料整理工程，不过，这项国际合作项目并不在这里讨论的法制史研究主流之中。

[3] 关于这一点，可以比较《中国法制通史》与上引《中国法制史》。

也没有索引。实际上，教科书的撰写者极少引用其他研究者的文章和论著，几乎完全不参考域外的相关研究，尽管这些研究已经有很多被介绍到中国。[1] 因此，它也无须进入已经形成的学术论域，提出新的命题加以论证。当然，教科书最一般的特点，是缺乏个性。一望而知的套路，一成不变的方法，现成的结论，固定的表述，所有这些，借助于一套有效的复制技术和机制而造就一个庞大的家族。

五

须要指出的是，上述以教科书为核心的这种法律史传统虽然可以而且也应当被视为"主流"，却不足以代表五十年来中国法制史研究的全部。且不说它不能代表或不能完全代表非主流的研究，它也不是法律史研究中唯一的传统。与中国法律史发展阶段史学占据主流的情形不同，1950年代以后建立的法律史传统基本上出于法学，它在学科组织和建制上隶属于法学，而不是历史学，但恰恰是历史学，尤其是其中的考古、中古史、社会经济史、历史档案学和明清史研究，是人们在了解中国的法律史研究时不能忽略的。

虽然史学和法学经历过同样的范式转换，但其渊源不同，传统有别，这使得历史学的中国法制史研究不尽同于法学的法制史研究。

---

[1] 当然，这绝不意味着教科书的撰写者实际上不曾由他们未加引证的别人的研究中受益。

甲骨文的发现是 20 世纪中国学术史上划时代的事件，其影响至为深远。1930 年代的作者如杨鸿烈，已经开始在他的法制史论著当中使用甲骨文和金文材料。后世的发掘与发现，如早期墓葬、甲骨、青铜器、秦汉简牍与帛书、敦煌吐鲁番之法律文书等，无不对法律史研究有重大影响。虽然这种影响至今尚未充分展现，其潜在作用却不容低估。[1]

中古史方面与法制史相关的部分突出地表现在对唐代法律的研究上，而这方面的研究又因为出土文献而得到极大的丰富。应当指出的是，史学中的唐律研究和甲骨文研究以及早期的法制史研究一样，都可以追溯到当年清华大学国学研究院的传统。从第一代学人王国维、梁启超、陈寅恪，到第二代的杨鸿烈、王永兴，再到第三代的刘俊文，其学术传承不曾断绝。杨鸿烈上承梁启超，开出了中国法律史的新格局，已如上述。刘俊文继承的则是另一脉学统，而以文本考释见长。[2] 中古史之外，向为传统历史研究所重视的古籍整理与编撰也对法制史研究有重大贡献。1987 年由中国社会科学院宋辽金元史研究室点校出版的《名公书判清明集》便是一个好例。[3]

至于社会经济史，它不像前两个学科有悠久的传统，倒

---

[1] 参阅崔永东《金文简帛中的刑法思想》，北京：清华大学出版社，2000 年。这种试图综合历史相关学科已有研究，将其系统运用于法律思想研究的做法并不多见。
[2] 刘氏这方面的成就主要包括对《唐律疏议》的点校（北京：中华书局，1982 年），《敦煌吐鲁番唐代法制文书考释》（北京：中华书局，1989 年）和两卷本的《唐律疏议笺解》（北京：中华书局，1996 年）。
[3] 《名公书判清明集》，北京：中华书局，1987 年。该书的点校出版可以说是 20 世纪中国法制史研究的一个重要事件，其影响相当广泛。另外可以提到的是张传玺编的两卷本《历代契约考释汇编》，北京：北京大学出版社，1995 年。

像法学一样是范式转换之下新兴的学科。实际上,注重经济和社会物质生活原本是马克思主义史学的一个重要特征,因此而导致的新的研究领域的开拓正是马克思主义史学对中国历史研究的一大贡献。今天看来,这种史学的提问方式虽然不无问题,但它对社会经济问题的持续关注产生了相当积极的结果。许多在传统史学中没有位置的有关经济民生的制度如土地、租佃、雇佣、行会等成为研究者兴趣所在,大量不为传统史家重视的材料如碑铭、档案、民间契约、公私文书等被发掘出来加以利用,在此基础之上产生的大量研究改变了人们对历史的了解以及人们了解历史的方式。[1]

---

[1] 在有关社会经济史的研究当中,可以特别提到傅衣凌对福建地方明清契约文书的研究。参见傅衣凌《明清农村社会经济》(北京:生活·读书·新知三联书店,1961年)等书。傅衣凌的学生当中,杨国桢、郑振满和陈支平等人的研究也同样值得注意。参见杨国桢《明清土地契约文书研究》,北京:人民出版社,1988年;郑振满:《明清福建家族组织与社会变迁》,长沙:湖南教育出版社,1992年;陈支平:《近500年来福建的家族社会与文化》,上海:生活·读书·新知三联书店(上海分店),1991。地域经济方面的研究,参见叶显恩《清代区域社会经济研究》,北京:中华书局,1992年;谭棣华:《清代珠江三角洲的沙田》,广州:广东人民出版社,1993年,等等。关于徽州社会经济的研究也颇引人注目,参见叶显恩《明清徽州农村社会与佃仆制》,合肥:安徽人民出版社,1983;章有义:《明清土地关系研究》,北京:中国社会科学出版社,1984年;相关的资料集有《明清徽州社会经济资料丛编》一、二辑,北京:中国社会科学出版社,1988/1990年;《徽州千年契约文书》,石家庄:花山文艺出版社。碑铭资料方面,见李华《明清以来北京工商会馆碑刻选编》,北京:文物出版社,1980年;《上海碑刻资料选集》,上海:上海人民出版社,1980年;《明清苏州工商业碑刻集》,南京:江苏人民出版社,1981年;等等。工商行会方面的资料,见彭泽益主编《中国工商行会史料集》(上、下),北京:中华书局,1995年。此外,主要基于天津和苏州等地商业档案所作的关于清末民初商会组织的研究也有引人注目的成绩,参见朱英、马敏、虞和平等人的研究。社会史研究方面也有许多与法律史相关的内容,如,冯尔康:《中国宗族社会》,杭州:浙江人民出版社,1994年;郭润涛:《官府、幕友与书生》,北京:中国社会科学出版社,1996年;刘秋根:《明清高利贷资本》,北京:社会科学文献出版社,2000年;赵秀玲:《中国乡里制度》,北京:社会科学文献出版社,2002年;费成康:《中国的家法族规》,上海:上海社会科学院出版社,1998年;郭松义:《伦理与生活》,北京:商务印书馆,2000年。自然,这里提到的仅仅是相关研究中极小的一部分。

对历史档案的发掘与社会经济史的崛起有密切的关系，实际上，它们表明了同一种知识旨趣，是同一种知识范式转变的结果。为了解和说明社会的物质条件、经济状况和阶级关系等，须要发掘和利用新的史料，这其中，以往史家不予重视而普通人又难以接近的官府档案实具有一种不可替代的重要性。[1] 近年来，随着国内外学术交流的增加、地方档案的开放以及与社会转型相伴的学术转型，档案资料在历史研究中的重要性有增无减，其中，地方官府档案的整理和利用尤为学者们所重视。[2]

明清史尤其是清史研究中对档案的利用相当普遍，实际上，社会史、社会经济史和区域经济史研究与明清研究有许多交叉重叠，这些学科也都比较重视对档案的利用。换言之，传统的明清史研究由上述其他新兴学科中吸收了大量养分，从而面目一新，这些又转而改善了我们对当时法律制度及其社会条件的认识，尽管在法学的法制史研究方面，要充分吸收相关研究成果尚需时日。

从某种意义上讲，法学的法制史研究与史学的法制史传

---

[1] 较早时对档案的整理，见《康雍乾时期城乡人民反抗斗争资料》，北京：中华书局，1979年；《清代的矿业》，北京：中华书局，1983年；《清代地租剥削形态》，北京：中华书局，1988年；《清代土地占有关系与佃农抗租斗争》，北京：中华书局，1988年。尽管人们今天的学术兴趣已经改变，这些早期整理的档案仍不失其价值。

[2] 法制史研究中较早对顺天府档案的利用，见郑秦《清代司法审判制度研究》，长沙：湖南教育出版社，1988年。四川巴县档案的开放和整理、利用更是近年来引人注目的事情，见四川省档案馆编《清代巴县档案汇编》，北京：档案出版社，1991年。四川盐业档案方面，见《自贡盐业契约档案选辑》，北京：中国社会科学出版社，1985年。关于海外学者（包括台湾学者）对四川巴县、北京宝坻和台湾淡水－新竹档案的研究、利用，详下。

统同属于一种大的范式。如果说前者的法律概念来自"法的一般理论",其历史观则源于"马克思主义史学",二者最后都统一于马克思主义意识形态。在此之外,则二者的关系便转为复杂。总的来说,中国法制史的主流在法学,不在史学,出于后者的法制史研究不但数量少,不成系统,而且由于学科建制的关系,其影响力完全无法与前者相比。问题是,这种情形与史学的法制史研究实际所具有的学术意义是很不相称的。要解决这一问题,只有靠学科之间的交流与合作,靠不同学科间的整合。不过,这方面的情况尚不能令人满意。

应当说,在法律史研究领域,法学与史学的交流、合作由来已久。比如,主要由文字学家和历史学家们主持的简帛整理、释读项目可能有法律史家的参与,而有些古代材料的出土也可能对相关领域的法律研究发生重要影响,如睡虎地秦墓竹简之于秦律研究。此外,讨论早期法律发展引用考古报告和甲骨文研究,讲秦汉法律证之于竹简帛书,进至唐宋则徵诸敦煌吐鲁番法律文书和《名公书判清明集》,涉及明清社会与法律而参之以相关的社会经济史研究,这类情形并不少见。尽管如此,充分吸收史学已有研究中直接间接相关者,系统运用于法律史领域,这种尝试在许多可能的领域要么尚未进行,要么刚刚开始。更重要的是,即使是在那些相对成功地吸收了历史研究成果的著作里,也没有产生方法与范式的反思和突破,而单纯地扩大材料范围和拓展研究领域,这种发展虽然值得肯定，其理论意义却是相当有限[1]的。史学的中国法制史诚非主流，但还不是上文提到的非主流研究。毕竟，法学主流与史学主流共享同一种范式，就此而言，上面提到的两种法制史传统同属主流。这里，主流至少有三种含义。第一，主流意味着能够支配的资源最多；第二，主流具有正统性；第三，因为前面两点，它所体现和代表的范式必定居于支配地位。在这些方面，前面描述的以教科书为核心的法律史撰写模式无可置疑地都应被视为主流。相反，非主流的法律史研究可能在这几个方面都处于边缘，甚至逸出既定范式之外。

从主流到非主流，其间包含了不同的色谱。即使是同一种范式，也有中心与边缘之分。如果说这种范式的核心可以教科书为代表，则更具个性的著述就可能游离于中心之外，后者包括数量可观的断代史研究，部门法史研究，人物、文本和专题研究，博士论文，评论等，其中不乏创新的尝试。不过总的来说，新尝试主要表现为"填补空白"的努力，即在一个平面的法律史研究图景上填补前人留下的空白，而缺乏研究方法的创新、理论的思考和对范式的反思。因此，它

---

[1] 中国民法史的研究就是一个例子。对所谓民法史的研究是最近十年来中国法制史方面一个值得注意的发展。比较而言，这也是中国法制史研究中吸收史学成果较多的一支。从较早的《中国古代民法》（李志敏著，北京：法律出版社，1988年）到较为晚近的两部《中国民法史》（分别由叶孝信主编［上海：上海人民出版社，1993年］和孔庆明等编著［长春：吉林人民出版社，1996年］)，其研究领域内的发展是显而易见的。不过，这些著作在范式方面可以说完全没有新意。我无意要求这些著作的作者做他们并不想做的事情，但可以指出，这不仅是一个比较起来更依赖其他学科的研究领域，也是一个明显须要对范式加以反思的领域。

们虽然样式较为多样，也更具开放性，却可以为原有范式所容纳。实际上，它们中的许多可以被归入广义教科书一类，而另外一些可能走得更远的研究，因为在系统性和理论深度方面的欠缺，尚无力发展出新的范式，甚至不足以引导人们对于范式本身进行全面而深入的反思。[1] 有意识打破固有范式，而且其本身在质、量两方面的积累都达到一定程度，因此而具有某种示范意义的非主流研究，可以梁治平的比较法律文化研究来代表。

在其自 1985 年撰写的一系列文章里，梁治平倡导并且实践他所谓"用文化去阐明法律，用法律去阐明文化"的法律文化观。[2] 在为瞿同祖的《中国法律与中国社会》所写的书评中，他盛赞瞿氏纳法律于社会与文化之中的尝试和比较的研究方法，认为这种"文化之整体的（和）比较的研究乃是探索中国古代法精神的必由之路"[3]，而梁氏于两年之后完成的《寻求自然秩序中的和谐：中国传统法律文化研究》一书未尝

---

[1] 应当说，中国法制史研究内一直不乏求新的尝试。只是在大多数情况下，这些求新的尝试更多集中于某些具体的概念、提法和著作的体例方面，而较少是对方法和范式的深入思考。例见武树臣等《中国传统法律文化》，北京：北京大学出版社，1994 年；何勤华：《中国法学史》，北京：法律出版社，2000 年；等等。这些著作可以被归入本文所谓广义的教科书一类。有关研究综述和对学科发展的回顾和展望，参见王志强《中国法律史研究取向的回顾与前瞻》，载《中西法律传统》（第二卷），北京：中国政法大学出版社，2002 年。更边缘也更具反思性的著作，参见徐忠明《思考与批评》，北京：法律出版社，2000 年。最新出版的一部批判性文集也涉及对流行研究方法的检讨，参见倪正茂等《批判与重建》，北京：法律出版社，2002 年。

[2] 这些文章大多收在论文集《法辨》（贵州：贵州人民出版社，1992 年）中，其中，第一篇《比较法与比较文化》和第七篇《"法"辨》最能表明其法律文化研究的立场。

[3] 梁治平：《身份社会与伦理法律》，载《法辨》。

不可以看成是对瞿著的发展。不过,梁氏并非社会学家,也无意把自己限制在某个特定领域或者传统之内,尤其是,他成长于另一个时代,因某种特别的冲动而写作,这些又使得梁著大不同于瞿著。[1]

梁氏不满于现代法律史叙述模式中的普遍主义和科学主义倾向,拒绝套用流行的历史分期和法律分类去撰写历史,更反对对历史作教条式的裁断。在他看来,人类历史的发展并非只有一种模式,因此,套用任何一种普适性模式都可能造成对历史的严重扭曲和误解。文化概念的引入有助于超越流行的普遍主义。法律是特定社会与文化的一部分;文化具有不同类型,相应地,法律也可以被区分为不同类型,具有不同的精神和性格。

梁著注重人类社会的早期经验,认为它们对于文化类型的形成有极深刻的影响,因此,他从"三代"而不是先秦入手去追溯中国法律传统的源头。梁著的另一个特点是注重并且善于利用固有语词和概念的细微含义,以之为进入历史情境的重要通道。借着对古、今概念和范畴之含义的辨析,梁氏试图揭示中国传统法律的类型特征,而在他看来,这种特征无法在制度和行为的表面看到,而须在它们后面的"根据"中求得。这所谓根据便是意义。

强调"意义",意味着更多采取"当事人"的立场和视角,因为意义出自行动者本身。然而,最终被表达出来并且

---

[1] 关于其学术渊源和思想经历,详见梁治平《在边缘处思考》,载《学术思想评论》(第三辑),1998年。对《寻求自然秩序中的和谐》一书的评论,见徐忠明《辨异与解释:中国传统法律文化的类型研究及其局限》,载徐忠明:《思考与批评》。

被写入历史的"意义"常常是出于局外的观察者。这时，观察者的适当任务便是尽可能地融入历史情境，通过"同情的理解"去了解历史。换言之，理解和解释而非发现规律才是历史家的任务。据梁氏自陈，他对于历史的兴趣，是从对当下问题的思考中发展起来的。如果说他相信历史是有用的，那么历史之用，仍在于理解。这种对于历史的理解，使得梁著颇具反思性。[1]

在几年后的另一部著作《清代习惯法》中，梁氏把讨论的重点从特定文化类型的法律转移到日常生活中的法律上来。在这里，大传统更多地让位于小传统，法律更多被自下而上地来观察和理解，社会经济的内容也大为增加。关注的问题改变了，研究的方法和使用的材料相应也作了调整，但解释性的立场没有变，在历史研究中运用现代概念、范畴时审慎和反思性的态度没有变。[2] 这些特点使其研究明显地区别于主流范式。[3]

边缘的和非主流的研究占有资源十分有限，但其影响可能相当广泛。这种影响的存在，除与特定研究的品质有关外，也表明社会对不同于主流范式的学术尝试的需求和认可。如

---

[1] 参见梁治平《法律的文化解释》，载本书。相关的评论，见朱苏力《法律文化类型学研究的一个评价》，载《学术思想评论》（第二辑），1997年；邱澎生：《"法律文化"对法律史研究的效用》，《新史学》第十卷第二期，1999年。

[2] 参阅梁治平《清代习惯法》。相关的评论，见徐忠明《从清代习惯法看社会与国家的互动关系》，载徐忠明：《思考与批评》。

[3] 应当指出的是，梁氏在学术上的尝试并不限于上面提到的几部著作。要更多了解其尝试的意义及影响，须要在其著述之外，也注意他致力于推动的学术活动，比如1995年至1998年之间他所主持的"法律文化研究中心"的学术活动，以及现在仍在出版的他所主编的"法律文化研究文丛"。

前所述，主流和非主流之间有着不同的色谱，完全在主流范式之外的研究可能先影响到主流范式最边缘的部分，透过它们扩大影响，进入主流的研究。自然，发生影响的过程和含义都是复杂的，而且，由于引证方面的习惯，这种影响不大可能在范式的核心直接看到。尽管如此，证明这类影响的间接证据并不缺乏。

一本新近出版的颇具权威性的教科书提到法制史研究中的最新发展，其中包括对"传统法律文化和比较法律文化"的研究，对"珍稀法律史料"的挖掘与整理，对少数民族法制史的研究和各种专题性研究等。[1] 这本书还向读者提出法制史研究中须要注意的若干重要因素，如哲学、宗教、价值观念、风俗习惯、司法判例、家法族规、乡规民约等等。[2] 显然，作者很想在这部新版的教科书里以新面目示人，然而，这种"新面目"基本上只限于"导论"，而与教科书正文无关。出于同样的原因，求新并未真正开创一种新局面，反而引发观点上的不协调甚至混乱。一方面，作者照例引用马恩语录，申明"辩证唯物主义和历史唯物主义"的科学指导作用；另一方面又以近乎下定义的方式说："法律制度是一定社会文化条件下的产物"，"中国历史上的法律制度，是在中国几千年文化背景下形成和发展的"，因此特别强调"了解和领

---

[1] 参见曾宪义《中国法制史》，第12页。
[2] 同上书，第3—4、13—16页。对法律中"文化"因素的强调以及冠以"法律文化"之名的各种研究不仅是"新的"，而且主要是在主流之外发展起来的。今天，"法律文化"既是一个得到普遍认可的研究领域，也是一个可以被用来"标新"的标签。

会在这些具体法律形态背后的社会思想"的重要性。[1] 一方面，作者坚持普遍主义的人类历史观，沿袭按阶级划分法律类型及其演进的做法，[2] 另一方面又说"不同的文明文化造就了不同的法律制度"[3]。在这种简单罗列各种渊源不同的主张和命题的浅层表述之下，人们很容易发现，作者并不真正了解它们的含义及其相互关系，也没有意识到它们之间的内在紧张和冲突。综合这些不同主张和要素须要推陈出新，超越既有范式，但这并非教科书作者所想，也超出了他们的能力。

任何范式都具有"封闭性"，不如此则知识共同体便无由形成，常规性的知识也难经过累积而逐步发展。就此而言，范式是必要的，也是不可避免的。不过，范式与范式之间的差异并非无关紧要，同一种范式在历史上的不同时期也可能具有不同的意义。以教科书为核心的主流范式虽然尚无资源匮乏之虞，却早已面临规范意义上的危机。这部分是因为其本身已经足够成熟，部分是因为这种范式所具有的特别抑制反思的性质。拒绝反思造成了理论的教条化，它在抑制研究者理论兴趣的同时，也损害了他们的思想能力。

---

[1] 参同上书，第13页。应当注意的是，这些引文是小标题"学习、研究中国法制史应该着重注意的几个问题"之下的第一段话，而且直接接在"按照马克思主义的基本原理"一句之后，实具有提纲挈领的作用。实际上，这段强调社会文化和思想的表述不只是被说成"马克思主义的基本原理"，而且被置于作为中国法制史研究正确指导思想的"马克思主义的科学理论"之前。详见第13页。

[2] 有趣的是，该书目录章节完全按王朝序列安排，并未出现"奴隶制法"、"封建制法"一类字样。不仅如此，作者在"导论"中将四千年的中国法制史划分为三个阶段，即"中国早期法制（习惯法时代）"、"战国以后的古代法制（封建法制时代）"和"近现代法制"，而在其他地方说明，中国早期法制，即是"通常所说的奴隶制时代的法律制度"。见曾宪义《中国法制史》，第4页。这种暧昧态度耐人寻味。

[3] 曾宪义：《中国法制史》，第16页。

六

以规模论，台湾的中国法制史研究恐怕无法与大陆法律史界近二十年来的发展相比；以范式论，它也缺少类似"马克思主义中国法制史学"那样具有明确定义的刚性体系。不过，此一规模较为有限但是资源相对集中的研究领域，也包含了若干不同的传统，其中，有些显然是1949年以前法律史传统的延续，另一些则有更多本土渊源，而这些不同传统在空间上的分布与在时间上的继替，也未尝没有意识形态变化影响的痕迹。

保留中国法制史之名，将之列为法学教程，甚至司法考试科目之一，[1] 这些多半都是来自1930、1940年代的传统。因此，看到1970年代的中国法制史教科书仍有杨鸿烈、陈顾远时代的风貌，人们不应感到讶异。实际上，1970年代流行的教科书里，恰好就有陈顾远于其旧著《中国法制史》出版三十年后另写的《中国法制史概要》（1964）。新著较旧作更圆熟，但是风格依旧。[2] 这一时期的其他几种教科书，如林咏荣的《中国法制史》或者张金鉴的《中国法制史概要》，虽然在篇章布局、材料取舍等方面均互不相同，但都出于1930、1940年代的传统，属于同一种历史叙述模式。[3] 当时的教科书里稍可留意的是台湾大学法学院教授戴炎辉撰写的《中国法

---

1 把中国法制史列为司法考试科目的做法至晚延至1970年代初期。
2 详见陈顾远《中国法制史概要》，台北：三民书局，1977年。
3 详见林咏荣《中国法制史》，台北：大中国图书公司，1976年；张金鉴：《中国法制史概要》，北京：正中书局，1973年。

制史》。表面上看，戴著也是以历史时间为序，依现代法典系统编排史料，而实际上，它不但在形式安排上别具新意，其内容、眼界也有不同凡响之处。

细看戴著篇目，很容易得出结论说，是书必定出于法学家之手。这主要还不是因为作者熟练地运用了现代法律学说和分类，并且把它们贯彻得相当彻底，而是因为他用了一种类似法典编撰的方式来写法律史。该书共分五篇，分别为法源史、刑事法史、诉讼法史、身份法史和财产法史。篇下分章、节、项等，内容均甚简明，节以下按数字编号，共计五百七十八条，便于在文中交叉引证。自然，戴氏不只是法学家，也是史学家，而且是具有社会学视野的法律史家。戴著别设身份法史与财产法史，两篇合计几占全书篇幅的二分之一。更重要的是，这两篇的讨论，不少是建立在对官府档案和民间习惯研究的基础上。[1] 这在当时甚为难得的做法，实际上渊源有自。因为，在写作和出版这部《中国法制史》之前，戴氏一直从事于民事法史的研究，而在他整理和运用的材料中，就包括著名的"淡新档案"[2] 和日据时代留下的台湾旧惯调查资料。

与其《中国法制史》第三版同年印行的《清代台湾之乡治》，集合了戴氏自1940年代至1970年代发表的八篇论文，另附三篇调查报告、一篇专文，内容涉及清代台湾乡村之形态、组织、社会与经济背景、日常管理、规约、田制，以及地

---

[1] 详见戴炎辉《中国法制史》，台北：三民书局，1966/1979年。
[2] 即台湾地方淡水厅、新竹县两处官府档案。这些档案经戴氏系统整理、分类、编号，已经成为研究清代台湾地方司法、行政以及社会、经济的重要史料。

方官治及其与乡村组织和乡治的关系，是一部研究清代台湾社会与法律的极重要的著作。[1] 戴著在一般清代律令则例及政书之外，大量运用官府档案、公私文书、旧惯调查以及省例、县志等，其方法和视野与我们惯见的法律史研究相当不同。就学科而言，戴氏的取向更接近于瞿同祖的"法律社会史"，事实上，《清代台湾之乡治》正可以与瞿氏的《清代地方政府》相媲美。[2] 不过，戴氏虽然也写过通论性的中国法制史，他却无意像瞿氏那样去深究传统法律的基本精神。作为法学家，他处理史料的方式明显不同于瞿氏的；作为社会学家，他比瞿氏更注重经验材料，而这部分是因为，他感兴趣的历史并非"大历史"，他努力要了解的社会限于他所经验到的"地方社会"。[3] 可以说，在台湾的中国法制史研究中，戴炎辉代表了另外一种传统，一种更具本土意味的传统。[4]

一般而言，影响一个学科发展的因素大别有二：第一个因素与专业有关，包括业已形成的学术传统，从业人员的质素，可以利用的资源，学科间的相互影响等；第二个因素与社会有关，大众的好恶、时代的风尚、社会变迁、政制变革等都可能成为影响学术发展的变量。台湾的中国法制史研究及其发展，正可以从这两个方面来观察。

---

1 参阅戴炎辉《清代台湾之乡治》，台北：联经出版事业公司，1979/1984年。
2 戴著第八编《地方官治组织及其运用》直接与瞿著有关。参阅 Chu T'ong-tsu, *Local Government in China under the Ch'ing*, Cambridge: Harvard University Press, 1962。该书尚未有中译本，唯《瞿同祖法学论著集》收有部分译文。
3 这里仅指《清代台湾之乡治》一书所表明的学术旨趣。
4 尽管戴炎辉可以被视为台湾本土研究的先驱者之一，他仍然是一个中国法制史学者，至少，他考虑问题的视角与后来"台湾法制史"学者的立场并不相同。

就如我们在一般教科书里所见到的，法制史研究的主流循传统轨迹发展，不但保持旧有的名称，它所究诘的问题和所使用的方法等，也大体不出传统的范围。虽然近年来，因为学术风气的转变，法制史研究的重点有所改变，新的研究视角逐渐被引入，学科融合也胜似以往，传统的基础仍然坚固。[1] 这些可以表明传统制约下学科发展之不变或者渐变的一面。而在另一方面，部分由于资源上的限制，台湾的中国法制史学者不大可能像他们在大陆的同行那样去发掘商周考古或者秦汉简牍中的法制史材料，也没有力量组织类似《中国法制通史》那样大规模的法律史撰述。[2] 相反，对诸如"淡新档案"和"明清内阁大库档案"的整理和利用却显示出其资源上的优势与特点。这两种档案，一个是清代台湾地方官府活动之记录，一个是藏于"中央研究院"历史语言研究所的清中央政府法制档案，均内容丰富、数量可观。尤其后者，因为覆盖时空范围甚广，数量巨大，其整理、出版工作已逾

---

[1] 不变的方面首先表现在学者们对传统研究领域如唐、宋、明、清和民国法制史的重视，此外，研究的题目和方法也具有明显的延续性。这方面的情况，参见桂齐逊《五十年来台湾有关唐律研究概况》；张文昌：《"唐律研究会"的耕耘与收获》；刘馨珺：《"宋代官箴研读会"报道与展望》；黄圣棻：《近五年台湾有关中国法制史研究文献述要》。以上文章均载中国法制史学会主编《法制史研究》（创刊号），台北，2000年。而自变化的方面看，则可以提到跨学科的讨论和研究、新理论与新视角的引入等。如"中央研究院"历史语言研究所的交叉学科读书会，详见丘彭生《"中央研究院"历史语言研究所"法律史研究室"简介》，载同前书。法律社会学的研究，见林端《儒家伦理与法律文化》；女性主义的视角，见李贞德《公主之死》，台北：三民书局，2001年。台湾政治大学的黄源盛教授以其主编的《法制史研究》两卷相赠，对我了解台湾的中国法制史研究帮助甚多，谨此致谢。

[2] 我无意假定台湾的中国法制史学者对此类问题缺乏兴趣，而只是指出特定历史和社会条件对学术研究的方向和内容等可能产生的制约。

二十年而仍未最后完成。[1] 主持这些档案史料整理的戴炎辉和张伟仁分属两代人，他们的个人经历和教育背景均不相同，但他们对法制史研究方法却抱有某些相近的看法。具体言之，他们都是在通论性研究之外，更注意断代的研究；在实体法之外，更注意到程序法；在法律之外，更注意于社会。虽然戴、张两位先生基础性的整理和研究工作只是台湾中国法制史研究的一部分，但说他们的工作在一定程度上代表了法制史研究的转变趋势，应当与事实相去不远。

过去五十年的台湾，因为政治原因而与大陆分隔为二，在此政治和地域空间中发展的学术，自然会具有某种地方性特征，这种地方性的一个重要方面，便是发展出一系列与台湾当地直接相关的研究乃至学科。不过，上述意义上的"地方性研究"恐怕不足以说明最近十数年来蓬勃发展的各类台湾研究，因为后者所涉及的不只是学术资源的重新分配，更涉及范式，涉及左右学术方向的意识形态。

近年来数量可观的"台湾"法律史研究，并不单纯是着眼于台湾本土的法律史研究，而是另一种法律史的写作样式，可以台湾大学法学院教授王泰升的《台湾法律史概论》来说明。它导入了一种新的历史观和政治意识，因此，毫不奇怪，这种新的法律史叙述，作为十数年来遍及几乎所有学科领域的"台湾化"过程的一部分，同时也应和了台湾当下居支配地位的政治话语。当然，这并不意味着政治力量简单地干预

---

[1] 参见张伟仁辑著《清代法制研究》第一辑，台北："中央研究院"历史语言研究所，1983年。

和控制学术发展，毋宁说，政治与学术分享着同一种意识形态。后者不但促成了政治与学术的结盟，而且决定了包括"台湾法律史"在内的全部"台湾化"研究的问题、方法、旨趣和范式。

七

中国现代法律史原本是中西会通的产物，因此从一开始便深受西方学术影响，而在诸多影响中国法律史研究的异国学术当中，日本的作用可谓特别。如果说发端于西方的学术与思想决定了包括法学和史学在内的现代学术的基本性格的话，那么，日本的中国法史研究则对中国法律史传统的建立具有某种示范作用。

在中国法制史的奠基之作《论中国成文法编制之沿革得失》中，梁启超援引的日文著述不下七种，其中包括织田万的《清国行政法》、浅井虎夫的《支那法制史》和广池千九郎的《东洋法制史序论》。1930年杨鸿烈的《中国法律发达史》出版之际，浅井虎夫的另一部中国法制史著作《中国法典编纂沿革史》早已被翻译为中文，[1] 其《支那法制史》的中文模拟之作《中国历代法制概要》也已经出版。[2] 虽然杨鸿烈的视野已经不限于日文著述，但与当时他所引述的英、法、德文相关文献相比，日本学者的中国法制史著作最为系统和完

1　[日]浅井虎夫：《中国法典编纂沿革史》，陈重民编译，内务部编译处，1915/1919年。
2　壮生编：《中国历代法制概要》，武汉：崇文书局，1919年。

整，这也是不争的事实。实际上，杨氏的中国法律史不但吸收了诸多异国学术的视野和方法，他在确定其研究范围时，也正有弥补此前中国法制史研究的不足和缺憾之意。[1]

日本的中国法制史研究属东洋法史中东亚法史的一支，其传统十分深厚。不过，在众多研究者中，对后人影响最大的却不是梁启超和杨鸿烈引证过的浅井虎夫和东川德治，而是第二代的仁井田陞和第三代的滋贺秀三。凑巧的是，这二人的师承都可以追溯到与浅井和东川同时期的中田薰（1877—1967），后者对法史学的各个分支，即日本法史、东洋法史、西洋法史和罗马法，均甚精通，被认为是日本法史学奠基者之一。[2]

仁井田陞身为中田的及门弟子，而以中国法律史为专攻，成绩卓著。他的著作有偏重于文献学的《唐令拾遗》（1933）和《唐宋法律文书研究》（1937），也有颇具法社会学色彩的《支那身份法史》（1942）、《中国的农村家族》（1952）和四卷本的巨著《中国法制史研究》（1959—1964），涉及题材和领域极为广泛。尤其是最后完成的《中国法制史研究》，其视野之开阔、材料之丰富，远非早期主要注意于法典的法制史研究可比。因此，尽管仁井田陞并非日本最早研究中国法史的学者，却因为其丰硕成果令日本的中国法制史研究水准一

1　详见杨鸿烈《中国法律发达史》"导言"。
2　关于日本之中国法律史研究中的人物、著作、师承、问题等，可参阅［日］冈野诚《日本之中国法史研究现况》，载中国法制史学会主编《法制史研究》（创刊号）。现在日本东京大学做博士研究的熊远报曾专门为我复印了滋贺秀三和池田温的两篇文章以帮助我了解这一问题，特此致谢。

举提高，而被认为是中国法史学的开拓者。

仁井田陞最大的批评者和竞争对手，是同出于中田门下，与仁井田陞有师叔侄之谊的滋贺秀三。滋贺由对中国家族法的研究入手，著有《中国家族法原理》（1967）和《清代中国的法与裁判》（1984）等书，他所编著的《中国法制史——基本资料的研究》（1993）集多位优秀学者之力，就中国法制史研究的历史与现状作了系统的整理和叙述，是这一领域晚近出版的最重要的基础性著作之一。与仁井田陞不同，滋贺弟子众多，影响广泛，更重要的是，滋贺具有更强的理论意识，他在中国法制史研究上所开创的方向，经由他本人及其学生的持续努力，业已发展成一种新的研究范式。

在滋贺之前，日本的中国法制史学界已经就中国传统社会中国家法律的效力、民间契约的性质和作用、私法秩序之有无、国家与社会的关系等一系列问题进行过广泛的讨论。当时，历史研究中运用西方法学和社会科学概念的做法十分普遍，强调生产关系的马克思主义分析方法亦甚流行，而论争的核心问题之一，是明清时代的中国社会是否具有近代性质。[1] 滋贺承受了这一背景和问题，但试图另辟蹊径，改变提问的方式。简单地说，他拒绝了历史阶段论，而代之以文明类型论。在他看来，明清中国的法律与社会代表了与近代西方相当不同的另一种秩序类型。以西方近代法律标准来衡量，中国传统社会不仅没有所谓私法秩序，如果推至极端，甚至

---

[1] 参见由七位作者分别执笔写成的《战后日本的中国史论争》，载刘俊文主编《日本学者研究中国史论著选译》（第二卷），北京：中华书局，1993年。

可以说，这种秩序类型中并不包含近代西方意义上的法。[1] 然而，如此理解下的中国传统法秩序并非不具有自身的完整性与内在合理性，也不因为其有别于西方法秩序的性质而应被人轻视和低估。相反，鉴于中国传统的法秩序实际上与一个巨大和辉煌的文明相始终，深入了解这一法秩序的作用机制，正是中国法制史研究的任务之一。

在把滋贺与仁井田陞作比较时，论者谓后者"一举扩大了中国法史学之领域"，而前者"则是以精致的论理当武器对主要的论点作深入的挖掘"。[2] 换一个角度，我们也可以说，仁井田陞的知识范式基本上出于马克思主义史学，滋贺的尝试则更接近韦伯的解释社会学传统。因为这种差别，滋贺对理论更敏感，对概念更注意，对比较方法更重视。滋贺派的学者，不像仁井田陞那样精于文献考订和材料搜罗，而是长于理论架构的安排、比较概念的运用和对基本史料的深入分析，这使得他们的研究更具理论深度。

滋贺派研究的另一个特点与他们采取的"法秩序类型"分析模式有关。滋贺对情、理、法三者关系的分析，对调解和裁判程序的研究，或者，滋贺学生之一的寺田浩明对明清社会"约"的研究和对"管业"、"冤抑"等概念的细致分析，都不只是为了说明某种具体的观念、制度或者程序，而是想要透过它们去了解一种特定类型的法秩序，说明这种秩

---

[1] 这种极端结论是从其逻辑中引申出来的。关于这一由滋贺开创并由其弟子加以发展的研究传统，以及对此一传统的评论，参见王亚新、梁治平编《明清时期的民事审判与民间契约》，北京：法律出版社，1998年。又见梁治平：《清代习惯法》"跋"。
[2] [日]冈野诚：《日本之中国法史研究现况》。

序的性质、过程和机制。反过来，他们对相关概念、行为和制度的分析、阐释，也总是以某种规范秩序的内在完整为前提展开的。这种取向和关切令滋贺派的法律史研究既有宽广的视野，同时也不乏对具体现象的深入分析。

显然，滋贺一派切入法律史的路径与前述梁治平的比较法律文化的进路颇为接近。二者都以"秩序类型"为出发点，都重视本土概念，强调内在结构和整体性；它们都拒绝普遍主义，都表现出解释社会学的倾向。尽管这二者在学术渊源、生长环境、研究重点、问题意识等诸多方面互不相同，考虑到它们是在没有任何相互接触和了解的情况下、在相当不同的背景之中完全独立地发展起来的，那些跨越国界的共同性所具有的时代特质便更加值得注意。[1]

中国法律史研究中日本的特殊作用也表现在另一个方面。1895年甲午战争之后，清廷被迫割让台湾给日本，此后五十年台湾由日本统治，这段历史本身已经成为中国法律史上的一段插曲，并在今日台湾法律与社会中留下深刻痕迹。[2] 此外，日本占据台湾和侵华期间，分别在台湾和被占领的东北、华北等地区进行过系统和颇具规模的社会惯行调查，因此而产生的调查报告和资料汇编等已经成为后来法制史学者们研

---

[1] 关于这两种研究的异同，可以参阅梁治平的学术自述和他针对滋贺等学者的几篇评论性文字，详见梁治平《在边缘处思考》；《清代习惯法》"跋"；《明清时期的民事审判与民间契约》，"评论"及"跋"。

[2] 法律方面的影响，参阅黄静嘉《日据时期之台湾殖民地法制与殖民统治》，台北：社会科学出版社，1960年。黄氏新著《春帆楼下晚涛急》对这段历史有更详细的讨论。又见王泰升《台湾法律史概论》。日本的影响也体现于法律研究方面，上面提到的戴炎辉的台湾法制史研究，其中也有日本学术传统的影响。

究相关问题所依据的主要材料。[1]

自然，由于显见的历史和政治原因，日本学者在中国法律史研究上的特殊影响在中国很早便不复存在。不过，在过去二十年时间里，随着中国法律史研究的逐渐恢复和学术交流的正常化，日本学者的研究又重新受到中国法制史学者们的重视。日本学者的著作是1980年代以来最早被翻译介绍到中国的国外相关研究，明显早于中国学者对其他国家有关著作的译介；[2] 而在很少引证相关研究而且几乎完全不参考国外文献的教科书式主流法制史研究中，偶尔出现的日文著作差不多是唯一被引证的外国文献。这些事例或者可以表明历史上中国法制史研究中日本学者特殊影响遗下的一点痕迹。

在过去十数年间，越来越多的日本中国法史研究被介绍到汉语世界，但是总的来说，系统的介绍只是刚刚开始。在这方面，法学落后于史学，法制史研究中，主流不及非主流。[3] 至于深入的研究和富有成效的对话，则只能待诸来日了。

---

[1] 规模和影响较大的主要有"临时台湾旧惯调查会"：《台湾私法》（全十三册）；南满洲铁道株式会社调查课：《满洲旧惯调查报告书》（全九卷）；中国农村惯行调查刊行会：《中国农村惯行调查》（全六卷）。

[2] 见［日］大庭脩《秦汉法制史研究》，林剑鸣等译，上海：上海人民出版社，1991年；［日］西田太一郎：《中国刑法史研究》，段秋关译，北京：北京大学出版社，1985年。

[3] 史学方面，有刘俊文主编的十卷本《日本学者研究中国史论著选译》（北京：中华书局，1992—1993年）和《日本中青年学者论中国史》宋元明清卷（上海：上海古籍出版社，1995年）。这两套书虽然都是以中国史为主题，但除有一卷专论"法律制度"之外，也收集了战后许多与中国法史研究有关的重要作者和作品。法学方面，

（转下页）

八

1967年，哈佛大学出版社出版了由D. 布迪（Derk Bodde）和C. 莫里斯（Clarence Morris）合著的《中华帝国的法律》（*Law in Imperial China*）一书。[1] 在讨论中国传统法律的英语文献（更不用说西文文献）中，这本书虽然既非开山之作，也不是集大成者，但它在好几个方面都值得我们注意。首先，该书虽然迟至1967年方才问世，其撰写过程却可以追溯到1959年在宾夕法尼亚大学开办的东方法律制度研讨班，和随后在该校法学院由两位汉学家和一位法学家共同开设的中国法律思想课程。[2] 这个时机恰好反映了美国学界对中国问题产生兴趣而学术兴趣转移的过程。[3] 其次，作者由清代《刑案汇览》的数千真实案例中选译了一百九十个案例，并结合这些案例对中国法律传统作历史的、社会的和法律的分析，这种做法并非汉学的传统，但也不是来自社会学，而主要基于美

（接上页）
比较重要的有王亚新和梁治平合编的《明清时期的民事审判与民间契约》，该书虽然只翻译了四位日本学者的作品，但因为编者对每一位作者都有专门的研究性介绍和评论，读者可以从中了解当代日本中国法史研究（尤其是滋贺派）的基本状况及其背景。其他学者的介绍，参见张中秋《中国法律形象的一面》，北京：法律出版社，2002年；王志强：《中国法律史学研究取向的回顾与前瞻》，载《中西法律传统》。

1 中译本见［美］D. 布迪、［美］C. 莫里斯《中华帝国的法律》，朱勇译，南京：江苏人民出版社，1998年。
2 同上书，"序"。
3 美国对中国兴趣大增，进而投入大量资源于中国问题研究，这一转变大约发生在朝鲜战争之后。美藉的中国历史学家黄仁宇在其回忆录《黄河青山》（北京：生活·读书·新知三联书店，2001年）中通过生动的事例谈到这一变化。详见该书第398—399页。

国法学院流行的案例教学法，表现出某种美国特点。最后，该书由汉学家和法学家共同撰写这一点也富有深意，它表明了两种重要传统的融合，而这两种传统当中的一种，即汉学，曾经是西方中国法律史研究的主要渊源。

关于汉学传统中的中国法律史研究，至少有两点值得注意。第一，西方汉学以对中国历史文化、语言文字、文学艺术以及哲学宗教等方面的研究为本，法律尤其是法律制度在这一传统中基本上不受重视。另一方面，法律研究既然附丽于汉学，其方法与旨趣也就不出汉学范围之外。因此，与汉学传统相连的法律研究，主要以古代文献为对象或者围绕古代文献展开。第二，汉学传统源于欧洲。巴黎、伦敦、柏林、莱顿等地曾经是汉学的中心，领导着东方学、中国学的潮流。美国的加入虽然较晚，但是带入了新的传统。这种新传统更重实际，并且带有社会科学色彩。[1] 这似乎预示了后来汉学的分化和中国问题研究的兴起，预示了美国在这一转变过程中的重要地位。事实上，西方中国法律史研究的发展同这一转变有很大的关系。

布迪和莫里斯合写的著作罗列和参考了到那时为止西语文献中与中国法律史有关的绝大部分（如果不是全部）主要著作。这个不算太长的书目包含了若干不同的传统。首先是汉学，其中有对古典文献以及刑法志和法典的翻译注释，也有对古代法律思想、观念、制度等的研究。汉学之后，史学

---

[1] 参见侯且岸《费正清与中国学》，载李学勤主编《国际汉学漫步》，石家庄：河北教育出版社，1997年。

次之，法学又次之。可以注意的是，社会学的研究在其中有一种特殊地位，这方面的发展又转而促进了中国法研究中法学传统的发展。

哈佛大学法学院东亚法律研究中心的创立人、美国中国法研究的开拓者孔杰荣（Jerome Cohen）在回忆他1960年代初期决定投身中国法研究的情形时，提到两本对他产生积极影响的书。一本是上文已经提到过的瞿同祖的英文著作《清代地方政府》，另一本是一位曾经在中国生活过几年的英国人类学家斯普林克尔主要根据二手材料写的《清代法制导论》（*Legal Institutions in Manchu China*）。[1] 这两本书都在1962年出版。虽然处理的问题并不相同，但它们都关注社会生活中的法律，关注法律的过程与实效，以及社会组织在其中的作用。它们激发了年轻法学家探求中国社会变迁过程中传统与现代、法律与社会关系的热情。[2] 1960年代，中国尚未开放，外国人无法直接进入中国内地观察和研究中国的法律与社会。因此，当时的中国研究很多利用了对在香港的内地居民和美国的中国移民的访谈，也有许多转变成对历史的考察。孔杰荣虽非社会学家和历史学家，但他的研究包含了这两个方面。不仅如此，在他的学生和后继者中间，同时兼有历史家的兴趣，因而在美国的中国法律史领域中颇为活跃和有所贡献的，也

---

1 中译本，见［英］斯普林克尔《清代法制导论》，张守东译，北京：中国政法大学出版社，2000年。
2 我最早是在2000年11月纽约大学法学院的一个纪念会上听到柯恩教授提到这段经历。又见许传玺《杰·柯恩教授访谈录》，《环球法律评论》，2002年夏季号。

不在少数。[1]

社会学的影响还表现在一个更重要的方面。1951年，马克斯·韦伯（Max Weber）英文版的中国专论《儒教与道教》（*The Religion of China*）在美国出版。[2] 在这本写于1915年的书中，韦伯讨论了中国传统社会中的国家、社会、法律、经济和宗教等诸多方面的诸多问题。尽管韦伯在他的中国研究中表现出深刻的洞见，其本意却不在中国研究本身。毋宁说，他是把中国当作一个反例，通过对"中国为什么没有发展出资本主义"这一设问的回答，确证他在《新教伦理与资本主义精神》一书中提出的关于西方资本主义发生模式的假定。基于这种研究策略，中国历史上包括法律在内的许多制度和现象，都被视为阻碍中国发展资本主义和进入现代社会的因素。基于上述假定和策略的基本论断，影响了1950和1960年代中国法律史研究中一些最重要的作者及其著作，他们包括费正清（John King Fairbank）、李约瑟（Joseph Needham）和博德（Derk Bodde）。[3] 韦伯的影响甚至延续到1970年代。1976年出版的《现代社会中的法律》可以说是韦伯之后以韦

---

[1] 美国学者中有兰德尔·爱德华兹（Randle Edwards）、安守廉（William P. Alford）、维克多·李（Victor Li）、苏珊·怀尔德（Susan Wild）、宋格文（Hugh Scogin）、埃里森·康纳（Elison Conner）等人，台湾学者中则有张伟仁、陈福美等。其中，爱德华兹教授和安守廉教授分别主持哥伦比亚大学法学院的"中国法研究中心"和哈佛大学法学院的"东亚法律研究中心"，而苏珊·怀尔德和宋格文两位在中国法律史领域至今仍极活跃。
[2] 中译本，见[德]马克斯·韦伯《儒教与道教》，洪天富译，南京：江苏人民出版社，1993年。
[3] 参见高道蕴等编《美国学者论中国法律传统》"导言"，北京：中国政法大学出版社，1994年。

伯方式讨论和处理中国历史的一部重要著作。[1] 该书作者昂格尔和韦伯一样不谙中文，甚至更无意将中国本身视为理解对象。在其宏大的社会理论架构中，"中国法律文化更经常的是（被）当作反衬西方独特成就的例子，而不是被当作一种具有内在发展动力的法律制度来探讨"[2]。这种韦伯式的中国历史研究模式在当时就受到了批评。

1970年代的美国中国史研究经历了一场范式危机。新一代历史家在对费正清以降中国史研究传统深加反省的基础上，试图超越以往各种借助外部力量解释中国历史的模式，转而"在中国发现历史"[3]。这种"以中国为中心的历史观"也反映在中国法律史研究中。

1994年出版的《美国学者论中国法律传统》（*Recent American Acdemic Writings on Traditional Chinese Law*）是由一位美国中国法律史学者和她的两位中国同行合编的论文集。这本论文集共收论文十二篇和导言一篇，从这些文章中，我们可以大体了解1970—1980年代美国中国法律史研究领域的发展状况。

首先，正如编者所作的分类，这些研究主要分布在三个时期，即先秦及秦汉时期、唐宋时期和清代。这种研究重点的分布很容易理解。对早期中国法律的研究因为1970年代的

---

[1] 中译本，见［美］昂格尔《现代社会中的法律》，吴玉章、周汉华译，北京：中国政法大学出版社，1994年。
[2] 高道蕴等编：《美国学者论中国法律传统》"导言"。这一针对20世纪50—60年代西方汉学的批评也可以移用到这里。
[3] 这里套用了柯文一部关于中国史研究重要著作的书名。详见［美］柯文《在中国发现历史》，林同奇译，北京：中华书局，1991年。

考古发掘而得到极大的发展；清代则因为其时代晚近和材料丰富一直都吸引着众多的研究者；至于唐、宋时期的法律，前者因为有享誉世界的《唐律》从来都是中国法律史研究的核心之一，后者因为被许多学者认为是一个历史的转折点而受重视。

其次，文集作者讨论的问题固然相当不同，但是总的来说，这些文章都有较强的针对性。安守廉就昂格尔对中国历史的韦伯式"滥用"所作的批评，郭锦对中国早期法律与宗教关系的讨论，高道蕴对早期中国法律传统中"法治"思想的探寻，宋格文的汉代契约研究，琼斯的清律研究，爱德华对清代"外国人司法管辖"问题的重新梳理，以及欧中坦论清代"京控"的文章，或者试图纠正以往的谬见，或者想要弥补过去的不足，其基本倾向是要摆脱源于外部视角的偏见，以便获得一种更贴近实际的中国历史图景。实际上，这也是文集编者希望通过该书强调的变化。

再次，这一时期虽然没有产生诸如布迪和莫里斯撰写的那种系统论述中国传统法律的著作，但是出于这一时期的许多文章却表现出更强的理论兴趣和反思能力。比如安守廉和宋格文的文章，都表现出对历史和社会科学研究中西方中心主义的警惕。[1] 此外，这些文章讨论的问题更多、更深入，运用的材料也更广泛，如蓝德彰和卫周安对个案的研究，爱德华和欧中坦对档案和律例之外其他史料的运用。

---

[1] 见梁治平《法律的文化解释》（增订本）。该书还翻译和收录了安守廉的另一篇文章。

最后，这些文章作者所受的训练，仍主要来自汉学、法学和史学。这一点与此前情形并无大的不同。不同的是，法律学者与受过正式和非正式法学训练的学者成为这一研究领域的主要力量，汉学完全让位于法学和史学。不仅如此，这些具有专业背景的学者同时也掌握甚至精通中国语文，对口语训练的重视使他们甚至在交流方面优于老一代的汉学家。这些优势，连同这一时期积累起来的研究成果，一起影响着至今为止的中国法史研究。

以研究范围大小、主题多寡和发表著作的数量来看，1990年代以来的美国中国法律史研究显然进入了一个发展更加迅速的时期。导致这种变化的因素肯定是多方面的，其中影响到发展方向的至少有三个方面，那就是新材料的出现、新理论的传布和社会科学与史学之间的融合。

一位资深的美国中国法律史学者在其不久前的一篇论文中提到，影响1990年代美国的中国法律史研究的新史料主要来自三个方面，即新出土的秦汉简帛、善本《名公书判清明集》的点校出版，以及清代地方档案的发现与开放。[1] 这种情形正好加强了上面提到的1970年代以来形成的学术资源分配格局。不过，新材料的出现即便能够影响学术发展的方向，也未必是唯一的决定因素。因为，对特定材料及其意义的发

---

1 Brian E. Macnight,"Studies of Pre-modern Chinese Legal History in the 1990's", "'中央研究院'第三届国际汉学会议"论文，2000年。这篇文章试图就20世纪90年代世界范围内的法律史研究提供一个全面的检索，就此目的而言，应该说该文尚有重大遗漏。尽管如此，该文对美国中国法律史研究在过去十年的发展的介绍可谓详尽，本文这部分的讨论多得益于该文。

掘本身有时正是理论和研究者态度或者兴趣改变的结果。

一方面，传统的研究工作一直在继续。《唐律疏义》和《大清律例》的翻译出版无疑是1990年代中国法律史和中国史研究领域里的重要事件。[1] 许多传统的问题和题目也继续受到关注和研究。但是另一方面，这一时期的研究中明显增加了以前讨论较少甚或不曾讨论过的题目。此前受到遮蔽的晦暗不明的角落开始被研究者的火炬照明，旧的历史因为新理论和新方法的运用而改换面貌。性别研究是这方面一个明显的例子。固然，性别与两性关系，妇女与婚姻、财产，家庭暴力，甚至同性恋等问题，过去都曾被人们讨论过，但它们不曾引起研究者如此大的兴趣，而且，更重要的是，使它们成为关注焦点的理论资源并不相同。个别的事例可以举迈克尔·达顿（Michael Dutton）1992年出版的著作《中国的治安与惩罚》（*Policing and Punishment in China*）。正如这本书的书名所表明的，作者把法国哲学家福柯分析微观权力机制的方法运用于中国，从而使我们对中国传统的法律与社会产生了一种新的了解。

研究兴趣和研究主题方面另一个值得注意的变化是中国法律史研究中有关社会史、经济史、文化史的内容大大增加。1990年代初对古代契约问题的研究很快发展成对所谓"民法"的全面探讨。由于中国传统法律发展的特点，与此相关的讨论很容易延伸到社会史领域，而超出传统的法制史研究。这

---

[1] The Great Qing Code, tr. by William Jones, Oxford: Clarendon Press, 1994; *The T'ang Code, Volume Two" Specific Articles*, tr. by Wallace Johnson, Princeton: Princeton University Press, 1997.

种趋势又因为同来自经济史、社会史领域的学者对法律问题的关注相遇而大为增强。在这种趋势的后面,则是1950年代以来社会科学尤其是经济学、社会学、人类学等学科对于传统史学的影响和渗透。在美国的中国法律史研究方面,最能够表明和代表这一变化的,是在加州大学洛杉矶校区(UCLA)历史系黄宗智教授领导下的一个研究群体和他们的研究。

黄宗智本人长期从事中国经济社会史的研究,曾利用《中国农村惯行调查》和地方档案等材料对20世纪上半叶华北地区的经济与社会进行过深入研究。[1] 黄氏的法律史研究可以说是其社会经济史研究向法律领域的延伸,其主要目的是透过对法律材料的分析,去了解当时的经济、社会与文化状况,[2] 自然,这种研究同时也增加了人们对于相关法律问题的了解。因为其特定学术背景,黄氏对地方官府档案极为重视,他对法律研究的介入,也带动了相关资料的整理和利用。[3] 同样重要的是,黄氏利用他所掌握的学术资源,组织和出版了一套"中国的法律、社会与文化"丛书。这套丛书包括他本人研究清代和民国"民法"的著作,也包括其同事和学生的相关研究,其主题相当多样,从州县衙门的人事、活动和制

---

[1] 参阅黄宗智《华北的小农经济与社会变迁》,北京:中华书局,1986/2000年。

[2] 参阅黄宗智《中国法律制度的经济史、社会史、文化史研究》,《北大法律评论》,1999年,第2卷第1辑。

[3] 黄氏本人的研究同时利用了巴县档案、宝坻档案和"淡新档案"。详见黄宗智《民事审判与民间调解:清代的表达与实践》,北京:中华书局,1998年。较早基于"淡新档案"所做的研究,见 Mark Allee, *Law and Local Society in Late Imperial China*, Redwood City: Stanford University Press, 1994。

度，到民间日常生活，从妇女与财产，到讼师、娼妓和同性恋问题。[1] 这些研究有一个共同特点，那就是，作者们都力图利用官府档案中的诉讼材料和其他相关史料，重构当时的社会生活。在他们那里，法律史研究同经济史、社会史和文化史等方面的研究是紧密交织在一起的。

UCLA 中国法律史研究群的兴起似乎也预示着，美国的中国法律史研究的主要力量，在经历了早期从汉学到法学和史学的转移之后，又从法学转向史学。实际上，如果把眼界放宽，美国的中国历史研究对法律史的贡献应当被重新估量。[2]

九

在结束本文之前，应当用些许篇幅对香港的中国法律史研究稍作考察。

---

[1] 已经出版的著作包括：Bernhardt and Huang, *Civil Law in Qing and Republican China*, 1994; Huang, *Civil Justice in China: Representation and Practice in the Qing*, 1996; Melissa Macauley, *Social Power and LegalCulture: Litigation Masters in Late Imperial China*, 1998; Bernhardt, *Women and Property in China*, 960-1949, 1999; Bradley Reed, *Talons and Teeth County Clerks and Runner in the Qing Dynasty*, 2001; Mathew Sommer, *Sex, Law, and Society in Late Imperial China*, 2001。以上著作均由斯坦福大学出版社出版。黄氏的另一部书 *Code, Custom and Legal Practice in China: The Qing and the Republic Compared* 也可望在不久的将来面世。

[2] 接受过历史和法律双重训练的宋格文曾向我回忆说，他当年对中国法律史发生兴趣，是因为读到史景迁（Jonathan D. Spence）所写的《妇人王氏之死》（*The Death of Woman Wang*, 1978）一书。中译本，见［美］史景迁《妇人王氏之死》，李孝恺译，台北：麦田出版社，2001年。最近翻译出版的孔飞力的《叫魂》（陈兼、刘旭译，上海：上海三联书店，1999年）和施坚雅主编的《中华帝国晚期的城市》（叶光庭等译，北京：中华书局，2000年）同样值得中国法律史学者注意。他如罗威廉对汉口的研究和魏斐德对上海的研究，虽然并不以法律史为主题，却都对法律史研究深具价值。

按一般标准，香港的中国法律史研究根本不足以单列一节来讨论，因为除去个别例外情形[1]，几乎没有香港学者直接去研究本文在其他地方谈到的那些问题。吸引香港的"中国法律史学者"注意的问题，不但是地方性的，而且多具有现实意义。然而，这毋宁说是表明，香港是中国法律史研究上一个极特殊的场所，值得特别留意。[2]

香港自1840年代被一步步割让、租借于英国，[3] 政治上受英人管治，法律上则以英国法为通行的制度。然而，直到1960年代末，所谓中国法律与习惯一直在相当范围内存在于香港华人社会之中，这部分法律虽然是非正式制度，但其存在与应用既有法律上的依据，也受到正式法相当程度的尊重和承认。[4] 而在1970年代之后，尽管旧有之"中国法律与习惯"大多为立法所取缔，其与新界土地有关之部分依然有效，

---

[1] 比如近年来在中国法律史领域颇为活跃的香港中文大学的苏基朗（Billy K. L. So）教授，他的著作包括《唐宋法制史研究》（香港：香港中文大学出版社，1996）和 *Prosperity, Region, and Institutions in Maritime China: the South Fukien Pattern*, Cambridge: The Harvard University Asia Center, 2000, pp. 946-1368。不过，苏基朗教授的研究并不包括香港的中国法律传统。

[2] 2002年2月至5月，我应香港大学法学院之请以中英（Sino-British）学人身份赴香港大学访问研究，以下所述即是基于这次访问所得。谨此感谢香港大学法学院院长陈弘毅教授为这次访问研究所做的安排。可以顺便说明的是，本节并非对香港之传统中国法问题本身的研究，相关研究将留待日后完成。

[3] 根据清廷被迫与英国订立的不平等条约，香港岛和九龙半岛于1842年和1860年被先后割让与英国，新界则于1898年被租借给英国。

[4] 当然，完全秉承英国法传统的法庭对所适用的中国传统法律与习惯的立场和态度并非一成不变。大体上说，20世纪前半叶，除非法例有相反之明确规定，法院以中国法律与习惯为优先适用于华人社会的一般法律。20世纪后半叶，尤其是《史德邻报告》（详见下文）之后，法院则以英国法为优先适用之法，而把证明其不可适用的责任转移于主张应适用中国法律与习惯的一方。详见 Lewis, " A Requiem for Chinese Customary Law in Hong Kong", *International and Comparative Law Quarterly*, Vol. 32. April 1983, pp. 347-379。

这部分法律与传统社会组织和旧有习惯相配合，不但具有广泛的影响，而且构成活的法律与历史的一部分。[1] 着眼于这一点，则可以说香港的中国法律史之所以是"中国的"，不只是因为香港曾经是并且现在依然是中国的一部分，更是因为学者们在中国和世界其他地方研究的中国传统法律，在香港并没有成为历史，而是现实的一部分。在这里，历史没有成为过去，而是延伸和融入当下。

香港法律史的开山之作应当是诺顿（Norton-Kyshe）两卷本的巨著《香港法律及法院史》（*The History of the Laws and Courts of Hong Kong*）。[2] 此书逐年记录了香港自开埠至1898年之间有关法律政务的几乎所有重要史实，其中也有对中国传统法律与习惯的记述。不过，这毕竟是一部香港法律史，而非香港的中国传统法律与习惯史。事实上，在很长一段时间里，同英国法并存的中国法律与习惯并未被系统地加以研究，而当人们开始这样做的时候，其方式也不是纯粹学术的。1948

---

[1] 私法方面，可以《新界土地（豁免）条例》（1994）为例。根据1910年的《新界条例》，位于新界的土地均受中国传统法律与习惯约束。1993年，香港房屋委员会公布消息，指第1期至第4期建于新界土地之屋宇，因无豁免手续，仍受《新界条例》约束。因为事涉约三十四万个物业单位的现有业权和继承权，该消息公布之后，引起各方强烈关注，最终导致《新界土地（豁免）条例》的通过。而在该项新法提出、审议和通过的过程中，各种社会利益和力量之间的较量十分激烈。详细的情况可以参见1994年1月至7月之间《明报》《华侨日报》和《文汇报》等多家报刊的报道。公法方面的事例涉及新界地方原居民村庄的村民选举纠纷。相关诉讼不久前由香港原讼法庭、上诉法庭和终审法庭先后审理和判决。详见 *Tse Kwan v Sang and Pat Heung Rural Committee & Another* [1999] 3 HKLRD 267; *Chan Wah & Another v Hang Rural Committee & Others* [2000] 1 HKLRD 411; *Secretary for Justice & Others v Chan Wah & Others* [2000] 3 HKLRD 641。

[2] James William Norton-Kyshe, *The History of the Laws and Courts of Hong Kong*, Two volumes, Vetch and Lee Limited, 1971.

年10月,港督任命以史德邻(G. E. Strickland)爵士为首的七人委员会调查1843年以来之中国法律与习惯在港适用情形,并要求该委员会提出建议,是否将此中国法律与习惯或修改/吸收,订为法例,或径行废止代以他法。该委员会于1950年12月8日提出一份题为《香港的中国法律与习惯》(又名《史德邻报告》)的调查报告,就香港的中国法律与习惯据以存在的法律基础、适用情形及主要内容等进行了仔细的讨论。[1] 这可以说是香港历史上关于"中国法律与习惯"的最为翔实、系统和权威的调查报告,只是,其兴趣并非学术的,而是指向司法政策和法律实践。

从法律史的角度看,香港的"中国法律与习惯"最值得注意的一点,就在于:它既是当下的,也是历史的;既是实践的,也是理论的。学者和法官一直试图清楚界定源自清代而流行于当下的"中国法律与习惯"的确切内涵;[2] 行政官员在其日常工作中也常常面对和处理类似问题;[3] 法律史家、人类学家和前殖民统治官员经常在涉及"中国法律与习惯"的案件中以专家证人身份出庭;法官在其法律推理中引用相关

---

[1] 详见 *Chinese Law and Custom in Hong Kong*, Hong Kong: The Government Printer, 1953。这里可以顺便指出两点:(1)该报告讨论的内容主要限于婚姻、继承、收养等家事法领域,即与当时所谓中国法律与习惯实际存在的领域大体相同。土地除外,因为土地问题仅限于新界,从一开始就作另案处理;(2)在1953年出版的报告里,报告正文仅占全文四分之一篇幅,附录则包含相关法例、案例、报告、司法解释、评论、专家意见、供调查用之问题以及新加坡和中国的有关判例和立法等,内容十分丰富。

[2] 参见 Peter Wesley-Smith, *The Sources of Hong Kong Law*, Hong Kong: Hong Kong University Press, 1994. pp. 205-224。

[3] 参见 Stephen Selby, "Everything You Wanted to Know About Chinese Customary Law (But Were Afraid to Ask)", *Hong Kong Law Journal*, 1991, pp. 45-77。

学者的研究亦非鲜见，而他们所援引的法例和先例，往往有数十年甚至超过一百年的历史；同样，标准教科书和法律史著述中充斥了过去和现在的司法案例。部分因为这个缘故，香港的法律史研究——一个在英语传统之中和基本上通过英语来表达的传统——主要关注本地经验，只是在了解和说明本地经验所必须时，其他法律如清末中国南部的法律和习惯或者英国其他殖民地的经验才进入研究者的视野。

至少自《香港的中国法律与习惯》问世以来，这种以香港本地法律问题为主要对象的中国法律史研究一直不曾停止。法律家、历史学家和人类学家都对这一主题有所贡献，[1] 尽管迄今为止，还没有人写出一部综合性的香港的中国法律与习惯史。[2] 更可注意的是，这种具有强烈现实感的法律史研究似乎是处于某种孤立状态，并未成为一般所谓中国法律史研究的一部分。研究香港残存的中国法律与习惯的本地学者从来都是少数，他们似乎也无意涉足本文所讨论的中国法律史领域。大陆和台湾，以及世界其他地方的学者虽然有机会以专家身份出庭作证，但除了少数例外，他们对香港法制和其中的中国法律问题并无深入了解，也没有尝试把香港本地的中国法律史纳入他们所熟悉的范围——更加广大的中国法律史之中。这种情形使得香港的中国法律史——作为一种实践着

---

1 其中，法学和兼有历史学与人类学背景的法学研究贡献最著。较活跃的作者，除上面引用过的史维礼和刘易斯（Lewis）之外，还有海登（E. S. Haydon）、詹姆斯·海斯（James Hayes）、埃姆里斯·埃文斯（D. M. Emrys Evans）、伦纳德·佩格（Leonard Pegg）等。自然，这里提到的仅限于香港本地学者。
2 即使是在香港之外，这项工作也才刚刚开始。内地学者的尝试，见苏亦工《中法西用》，北京：社会科学文献出版社，2002年。

的历史及其表达——的独特意义没有得到应有的注意。

十

本文回顾了现代的中国法律史自其建立以来一个世纪的历史,力图从知识旨趣、研究方法、叙述模式和学术范式等方面入手,理清现代知识体系中这一特定部门在不同时代、地域和人群中发展的脉络。无论这一回溯是否完整和充分,在暂时结束这一次智识旅行时提出若干观察性意见应当是必要的和有益的。

从传统与现代分野的角度看,现代的中国法律史在中国的建立可说是中国的现代性事件中一个细小但又不可或缺的环节。现代性的最终确立,需要现代知识体系的支持,这种知识体系的重要性主要还不在于它包含了许多不为古人所了解的具体知识,而在于它为人们提供了一套独特的话语和世界观,一套认识和解释世界的方法。着眼于这一点,通常被认为没有实际用途的历史的确具有不可替代的重要性。[1] 历史为人们讲述过去的故事,赋予人们想象和希望,并以这种方式让人们发现、了解和确立自我。在此意义上,我们可以说历史叙述无法脱离意识形态而独立,无论是梁启超所开启的中国法制史研究,还是当下的台湾法律史,或者中国以外的中国法律史,都是如此。

---

1 这种说法显然不适用于香港,在香港事例里,法律史知识可以直接转变为重要的实践知识,成为决定相关人利益和命运的东西。

世界范围内的中国法律史研究，其发展大体可以分为两个阶段。先是创立与发展的阶段，时间大约是20世纪的前五十年。这一时期，现代的中国法律史的叙述方式已然确立，但是未脱其天真幼稚。以人类历史进化的眼光，运用辨识史料的科学方法，套用现代法律概念和法典体系，重新整理和排列古代法材料，构成这一时期法律史叙述主流话语的基本特征。在这种话语后面的则是科学主义、普遍主义、进化论、历史进步等19世纪以来流行的宏大叙述模式。实际上，具有这种宏大叙事特征的法律史叙述并没有在20世纪下半叶销声匿迹，在有些地方，它们甚至依然保有主流地位。所不同者，1950年代以后，理论自觉和批判意识兴起，人们对知识产生过程的反省日益增强，中国法律史研究的内部结构和面貌因此而被深刻改变。一个有趣的对照是，在美国，"中国中心论"所针对的是某种韦伯式研究，目的是克服中国史研究中的外部观点；而在中国和日本，那些想要超越西方中心主义及其普遍主义变种的学者，却直接或间接地把韦伯视为重要资源。这一有趣现象表明韦伯理论的复杂性，也说明韦伯在不同传统中可以具有不同意义。事实上，前者对韦伯传统的背离并非回到马克思主义史学，后者对韦伯理论的重视也不是对韦伯式研究的简单重复。它们都超越了以往，而进入相互间更高一层的对话。

回顾百年来的中国法律史研究，很容易看到史料的重要意义。新材料的发现，无论是地下出土的文物，还是经整理出版的古籍，或者是新开放的档案，都可能引起学者的关注，产生重新分配学术资源和推动相关研究的结果。不过，正如前面已经指出的那样，史料的重要性终究取决于理论，是理论把意义赋予材料。就材料的类型及其重要性而言，过去数十年的一般趋势是，经典类、正史类和法典类材料的相对重要性降低，各类出土文物、官府档案、公私文书、民间契约、调查报告类型的材料则越来越受学者重视。促成这种转变的，部分是社会科学与历史研究之间的融合，部分是各种新的历史、哲学和文化理论的传播。其结果，学者们的兴趣从实体规范转向程序和过程，从法典转向审判，从表达转向实践，从大传统转向小传统，从意识形态转向日常生活，从国家转向社会。在此过程中，跨学科的和跨国家的学术交流与合作得到加强，并且发挥了越来越重要的作用。尽管如此，学科间和地域性的传统和差异仍然存在，而且，这些差异会因为范式、共同体和体制等因素而长期存在。不同学科与地域传统的存在构成交流的基础，但以目前情况看，充分的和富有成效的交流——无论是不同地域之间的还是同一地域范围内的——仍有待开展和深入。

"事律"与"民法"之间*

——中国"民法史"研究再思考

一位人类学家在回顾其研究生涯时说,当他们着手研究异文化法律制度的时候,当地那些独特的法律范畴的存在不断地让他们质疑"民事的"和"刑事的"这两个强有力的西方法范畴。在她看来,这两个范畴源于一个特定的西方法律家传统的文化建构(cultural constructs),而它如今正在被推及不同国度(transnationalized),甚至被那些(比如)认为存在犯罪基因的人用生物学的方式来处理(biologized)。[1]

对中国近代法律发展稍有了解的人对这个故事应该不会感觉陌生。是的,无论西方的法律范畴在19世纪的中国人看来是多么新奇,在经过了百余年的观念传播和制度移植之后,那些原本是出于"特定的西方法律家传统"的"文化建构"已经变成了我们自己的法律文化的一部分,诸如"民事的"

---

* 原载《政法论坛》2017年第6期。
1 参见 Laura Nader, *The Life of the Law*, Oakland: University of California Press, 2002, p. 8。

和"刑事的"这类法律概念和范畴,在相当一部分中国人的思想世界中,早已不再是"文化",而成为"自然"。

这一切究竟是如何发生的呢?在政治变革、制度移植和社会变迁之外,文人学士们的工作有多重要?要把异文化的概念和范畴植入我们的意识乃至身体,变"文化"为"自然",不但要建立制度、确立规则、实施训诫,而且要有相应的研习、教化和思想规训。在此过程中,对历史的解释,一种看似与现实无涉的活动,同样不可或缺。

光绪三十三年(1907),清民政部奏请厘定民律,先述通行"东西各国法律"的"公法私法之分",而以刑法、民法分隶其下。然后讲到中国旧律:"历代律文,户婚诸条,实近民法,然皆缺焉不完。"故而"因时制宜,折衷至当,非增删旧律,别著专条,不足以昭书"。[1] 四年后,民律前三编告成,修律大臣俞廉三在进呈该草案的奏折中于中国"民法"言之更详,称"吾国民法,虽古无专书,然其概要,备详周礼地官司市,以质剂结信而止讼"。是周礼诸制,含"担保物权之始"、"婚姻契约之始",以及"登记之权舆"。"其他散隶六典者,尚难缕举,特不尽属法司为异耳"。汉代,"九章旧第,户居其一",至唐,"凡户婚、钱债、田土等事,摭取入律",其制延续至今,"此为中国固有民法之明证"。[2]

自然,这些说法都出于立法家,表明的首先是实行者的

---

[1] 转见谢振民编著《中华民国立法史》下册,北京:中国政法大学出版社,2000年,第743—744页。
[2] 《民律前三编草案告成奏折》,载怀效锋主编《清末法制变革史料》(下卷),北京:中国政法大学出版社,2010年。

立场。这种立场注重实践，讲求实用，以解决实际问题为基本考量，故于认识论、解释学方面的问题无所措意。由清末到民国，历次民法修订，辄伴以各省习惯调查，其方法无不是根据现代民法学说及法典体例制成问卷，而将散见各地之惯习，分门别类，纳入其中，似乎中国本地习惯与西洋舶来法典、学说之间原本契合无间，毫无扞格。而民国初立，法制不备，参议院、大理院干脆将《大清现行刑律》中有关"民商事之规定"，去除其"制裁部分及与国体有抵触者"，直接援引适用。对此，有论者谓："吾国旧律民事与刑事不分，此律关于刑事部分，几全未施行，而关于民事部分，至民国仍继续有效，此有效部分，可谓吾国之民事实体法。"[1]

同样是以民/刑范畴运用于历史，著作家之所见与立法家略有不同，他们更注重对现象的描述、区辨及解释。日人浅井虎夫所著《中国法典编纂沿革史》系最早论及此问题的论著之一，其说亦屡被中国著述者引用。该书述及中国法典内容上的特色，第一条便是"私法的规定少而公法的规定多"。具体言之，中国历史数千载，法典数百种，皆属公法，无一私法，且为今日私法典规定之事项，也都包含于公法典中，其内容亦甚少，"如亲族法之婚姻、离婚、养子、相续，物权法之所有权、质权，以及债权法之买卖、贷借、受寄财物等事，亦惟规定大纲而已"。[2] 在梁启超看来，此"私法部分全

---

[1] 谢振民编著：《中华民国立法史》下册，第742页。
[2] 转见杨鸿烈《中国法律发达史》（上），北京：商务印书馆，1930年，第3页。又参见梁启超《论中国成文法编制之沿革得失》，载《梁启超法学文集》，北京：中国政法大学出版社，2000年，第174页。

付阙如之一事",乃是"我国法律界最不幸者"。然则,以中国"数千年文明之社会,其所以相结合相维护之规律,宜极详备",何以"乃至今日,而所恃以相安者,仍属不文之惯习。而历代主权者,卒未尝为一专典以规定之,其散见于户律户典者,亦罗罗清疏,曾不足以资保障"?梁氏以为原因有二:一是因为"君主专制政体亘数千年未尝一变"。帝政之下,"法律纯为命令的元素,而丝毫不含有合议的元素",故于一般私人之痛痒熟视无睹。再是因为"学派之偏畸"。历史上,儒家固常以保护私人利益为国家之天职,若纯采儒家所持主义以立法,则私法必不至视同无物。无奈儒家推重德礼,不重法律;重社会制裁力,轻国家强制力。而法家宗祧商、韩,只见君、国利益,不计人民之利益。"此所以法令虽如牛毛,而民法竟如麟角也。"[1]

从认识论角度看,以上出于不同旨趣得出的论断其实都基于同一个假定,即私法/公法、民事/刑事这类概念、范畴和分类皆具有客观真理的属性,拿来讲述中国法律的故事,不但全无窒碍,而且可以保证呈现真实的历史。不仅如此,这些概念和范畴还隐含了某种规范含义,可以被用来衡量社会进步的程度。因此,"私法阙如"一事便成了中国法律界之"最不幸者"。反之,在中国发现"民法"也成为一件既具挑战性又颇具意义的事情。实际上,这种尝试是与引入这些范畴同时开始的。只不过,人们在认识上的结果不尽一致。以

---

[1] 以上引文均见梁启超《论中国成文法编制之沿革得失》,载《梁启超法学文集》,第174—175页。

为律有户婚、钱债、田土诸条便是"中国固有民法之明证",是认定中国"民法"在律;以为《周礼》既备"吾国民法"概要,是判定其存在于礼(蔡元培有"而今之所谓民法则颇具于礼"之说);认为中国数千年文明社会"所恃以相安者,仍属不文之惯习",是相信"今人之所谓民事案",用王世杰教授的说法,主要由习惯(法)支配。如此等等,不一而足。而这些说法据以划定"民法"之范围者,都不过是"今日私法典规定之事项"。这种对民法/私法的判定和运用,不啻假定,所谓民法/私法者,不过是某类社会关系及其法律对应物的客观属性,而非基于特定世界观的文化建构。这样做固然有助于连接不同的法律传统,把原本是在"民法"传统以外生长起来的法律和社会纳入"民法"的世界,但同时也注定了,"中国固有民法"从一开始就难以摆脱其暧昧、可疑和残缺不全的性质。

从清末修立民律至今,一个世纪过去了。今人对传统法律的认识,因为理论的提升、材料的发现、方法的改善,以及学术旨趣的改变,比较前人的认识有所不同而更加深入和丰富。尽管如此,早先因为"固有民法"而生的问题大多没有解决,在中国发现"民法"的冲动和努力也没有止息,而且,这种努力在相当程度上承续了前人设定的议题,而以新理论变换其面貌,以新材料充实内容。最显著的事例,便是汉语学界的中国法制史教科书体系,其标准的做法,是用一套基本是欧洲大陆民法的概念体系来整理中国法制史料,讲述中国法律史。于是,读者在这里不但看到了今人熟悉的各种法律分类如民法、刑法、行政法、诉讼法,而且在诸如"财产法史"或者"民事法律"的标题下面,读到中国"民法"上有关"物权法"、"债权法"[1],或者"民事权利主体"、"民事权利能力"、"所有权"、"债权"的各种规定[2]。在此基础上,法制史学者甚至撰写了专门的中国"民法史"。[3] 然而,无论其篇幅大小与详略程度如何,若是同罗马法以降的各种欧洲民法史相比,所有那些关于中国"民法"的论述都缺乏内在性、有机性和系统性,这根本上是因为,由现代人采集、捏合起来的"中国固有民法",缺乏欧洲民法最重要的构成要素——民法学说,而以中国史料附丽于此类舶来学说的概念系统之下,除了显露出"民法"诸概念无法避免的外在性,也凸显出中国古代"民法"内容上的支离与贫乏。最终,它们仍无法改变浅井虎夫所说中国历史上"私法的规定少而公法的规定多"的状况,以及"其为今日私法典规定之事项,亦惟包含于此等公法典之内,绝无有以为特种之法典而编纂之"的基本情态。[4] 这种情形的另一面,反映在中国法制史研

---

[1] 比如,见戴炎辉《中国法制史》,台北:三民书局,1979年。
[2] 比如,见张晋藩总主编的十卷本《中国法制通史》(北京:法律出版社,1999)各卷"民事法律"部分。
[3] 民法通史方面有比如孔庆明等编著的《中国民法史》(长春:吉林人民出版社,1996);断代史方面有比如张晋藩的《清代民法综论》(北京:中国政法大学出版社,1998)。在概念系统和体例结构方面,这些"民法史"著作与前述《中国法制通史》中相对应的部分大同小异,只不过作为部门法史,它们搜集和处理的相关史料更完备丰富而已。
[4] 须要指出的是,尽管指出了中国与西方法律史上这类显见的差异,浅井虎夫的说法,如谓中国传统法典对于"物权法之所有权、质权"仅规定大纲云云,仍然不自觉地套用源于西方的民法概念,似乎这些概念可以同样有效地用来讲述中国法律的故事。就这一点而言,断言中国传统"私法的规定少而公法的规定多"与主张中国固有民法并无区别。

究中，便是对"民法"传统的持续忽略。[1] 这两种情形显然都无法令人满意。于是，在晚近的一些新材料和新理论的刺激下，在中国发现"民法"的努力开始有了一些新的尝试。这其中，对秦汉时期"民法"的整理和发掘尤为引人注目。

自1970年代云梦睡虎地秦简和居延新简出土，秦汉法制令人叹为观止的丰富性便开始展现于世人面前，此后数十年，张家山汉简、包山楚简和里耶秦简等陆续出土，这些简册数量巨大，内容广泛，涉及当时政治、经济、法律制度者不在少数。[2] 尤其是张家山汉墓出土的《二年律令》，内有汉初的数十种律、令，填补了不少史料上的空缺，为一直苦于史料欠缺的早期"民法"研究带来了新的契机。法制史学者们仔细研读载于简册的各种公私文书如券契、爰书、律令、案例，并与传世文献相参证，试图在此基础上勾画出当时更加完整的与"民事"相关的法律与社会生活图景。比如，美国学者宋格文就主要基于当时的最新发现，结合传世文献，探讨了与汉代"契约法"有关的若干问题。[3] 徐世虹教授以张家山汉简中的《二年律令》和《奏谳书》为主要依据，考察了汉代

---

[1] 比如瞿同祖影响广泛的著作《中国法律与中国社会》，还有D.布迪和C.莫里斯合著的《中华帝国的法律》，都没有关注到比如契约以及商业活动方面的法律。
[2] 研究者认为，1970年代睡虎地秦简的发现"开启了秦汉法律研究的新时代"，之后张家山汉简的面世"又为这一领域的研究带来更大的活力"，从而将秦汉法律的研究带入其前所未有的"繁荣期"。徐世虹、支强：《秦汉法律研究百年（三）》，载中国政法大学法律古籍整理研究所徐世虹主编《中国古代法律文献研究》（第六辑），北京：社会科学文献出版社，2012年，第95页。有关出土文献在秦汉法研究领域产生的巨大影响，详参该文。
[3] 参见［美］宋格文《天人之间：汉代的契约与国家》，载高道蕴等编《美国学者论中国法律传统》，北京：中国政法大学出版社，1994年。可注意的是，宋格文在文章的开始，便提到上引瞿同祖和卜德的著作，视之为忽略中国古代契约法的著例。

的"非刑法法律机制"。[1] 而张朝阳博士新近出版的《中国早期民法的建构》（以下简称《建构》）一书，则表现出一种更大的抱负，用作者自己的话说，这项研究是要"立足于中国早期法律概念和实践，从其内在逻辑出发，本土化地展现早期民法体系"[2]。这段表述表明，作者不但力求研究的系统性，而且具有方法论上的自觉。有鉴于此，本文下面就以该书为主要讨论对象，对"民法史"研究进行更具体更深入的思考。

《建构》从界分刑法和民法概念开始："刑法关注与维护公共秩序，惩罚危害社会的犯罪行为，民法则用来规范并调整个体之间的财产关系、人身关系。"（第1页）在接下来专门说明概念和方法论的部分，作者进一步指出，"民法"主要包括两个方面：（1）"国家颁布的用以规范、调节[3]个人之间财产和人身关系的法规，主要涉及赔偿、债务、继承、分家等事宜。这些法规以界定个人利益为目的，无关公共秩序之维护"；（2）"具有'民事'特色的司法实践。即不采取抓捕、刑讯逼供等手段，不将责任人视作危害公共安全的罪犯。国家以搞清楚是非曲直、保护个人利益为目标，对责任方并不施加刑罚"（第8页）。作者运用于汉代中国的，就是这样一个"源于罗马法的当代概念"（第44页）。

关于概念的运用，作者还作了两点限定。第一，如其书

---

[1] 参见徐世虹《汉代社会中的非刑法法律机制》，载柳立言主编《传统中国法律的理念与实践》，台北："中央研究院"历史语言研究所，2008年。
[2] 张朝阳：《中国早期民法的建构》，北京：中国政法大学出版社，2014年，第9页。以下援引该书只注页码。
[3] 原文为"调解"，疑为误植，径改。

名所示，作者关注的是"中国早期民法"。所谓"早期"，主要指战国、秦汉时代。其二，作者所言"民法"，"专指由国家制定并依靠国家强制力执行的成文法"，而不包含礼、俗。这两项限定都很重要。其重要性主要还不是因为它们限定了研究的时段和范围，而是它们包含了若干重要判断，本文稍后还要回到这里，对这些或隐或显的判断加以讨论。在此之前，我们不妨先检视《建构》一书的基本架构和主要内容，而这一工作可以从其方法论开始。

如前所述，《建构》旨在"立足于中国早期法律概念和实践，从其内在逻辑出发，本土化地展现早期民法体系"。这一步工作，作者称之为"重构"，在此基础上，作者还要作进一步的"解读"，在后一环节，作者要"采取一些必要的当代－西化概念，以便探求固有民法发生和发展的动力"。基于这一安排，《建构》自然地分作两个部分：前五章为"钩沉篇"，后三章为"解读篇"。"钩沉篇"通过梳理、排列原始法律资料，让早期民法的面貌自动呈现"（第9页）。这就包括勾勒出早期法律中的民、刑之分，展示当时的"成文民法规"，并透过实例来看"民法规"的实际运用。"解读篇"则以"六经注我"的方法，"给予中国早期民法一种当代的解读"，从而打通古今中西，"达成跨文化的沟通"（第9页）。应该说，作者在两个方面的尝试都令人印象深刻。首先，作者熟知已经面世的出土材料，对既有之相关研究亦甚了解，而在处理这些材料时，无论是对简牍内容的释读、考辨，还是对其中所载故事、制度的还原，都表现出娴熟的手法，既能博采众说，又能成一家之言。其次，研究战国、秦汉法制，尤其"民法"部分，传世文献零散不足征，近年来出土材料虽众，缺漏仍多，故研究者每立一说，无不以出土材料与传世文献互证，以求其完备。这方面《建构》虽无创新，但其方法运用不失巧妙，辄能予人耳目一新之感。再次，历来讲中国固有民法，只能以中国古代材料附丽于西方近代民法体系，《建构》则欲另辟蹊径，于早期"民法"专门词汇之外，寻绎出所谓"民法核心概念"如"名分"、"直"、"民－私"等，借以在中国固有文化之上建构起早期"民法体系"，这种尝试，无论成败，都极值得赞许和注意。自然，《建构》可观之处不止此数端，作者不但熟稔于史料，且长于分析，更兼问题意识明确、论点鲜明、论证要言不烦，这些均增加了这项研究的吸引力。

虽然，这并不意味着作者设定的目标能够轻易达成。基于前面提到的情形，作者要证明存在所谓"早期民法（体系）"显非易事，而要"给予中国早期民法一种当代的解读"，其正当性也不能用"一切历史都是当代史"或者"六经注我"之类名言来证成。盖因其中涉及的认识论和方法论问题相当复杂，仅一页篇幅的说明显然不够。实际上，"重构"与"解读"的两分法本身就难成立，"让早期民法的面貌自动呈现"的想法也未免天真。历史不会"自动呈现"，何况是需要艰难证成的"早期民法（体系）"。[1] 毋宁说，"重构"其实就是

---

1 出于方法上的考虑，作者声明在"重构"部分暂不用"民法"概念，而代之以"非刑事/法"一词，但这不过是一种单纯的策略。且不说作者自己就明言，他所谓"非刑法"指的就是"民法"，"非刑法"云云本身也已经是一种基于近代法律分类和概念的说法了。

建构，就是"解读"，而这种作者自己也并不讳言的基于当代民法概念的"解读"不可避免是高度规范性的。"早期民法的面貌"正是，也只能经此人为的整理和建构才得以"呈现"出来。

古代律令典章名目繁多，内容庞杂，但若以近代"民法"眼光规范之，则最可注意者，无非户婚、田土、钱债方面的规定，而这些规定多集中于《户律》。有意思的是，中国最早的《户律》正可以追溯到汉初。照《晋书·刑法志》的讲法，秦律的基础是李悝所撰《法经》，《法经》六篇"皆罪名之制"，汉承秦制，萧何损益秦法，"益事律《兴》《厩》《户》三篇，合为九篇"。这便是著名的汉《九章律》，可惜的是，包含《户律》在内的《汉律九章》久已失传，不复得见，直到张家山汉简中的《二年律令》出土，人们才得一窥其概貌。《二年律令》计有律二十七种，令一种，其中的《户律》和《置后律》规定了家户、婚姻、田宅、继承等方面的事项，《贼律》《杂律》和《田律》则杂有若干关于债务及损害赔偿方面的规定。这些规定不但与后世所谓户婚、田土、钱债在范围上大致相合，而且多不涉及刑罚，因此被研究者归入"非刑法"一类，《建构》则称之为早期"民法规范"或"成文民法规"。作者力图证明，秦汉时期"民"、"刑"有别，不但有区别于刑法规范的"民法规范"或"民法规"，而且有不同于"刑事诉讼"的单独的"民事诉讼"程序，以及与之相对应的机构上的分工。按作者的看法，"最晚在东汉时代，中国就正式形成了与刑法有区别的、用于调节私人财产关系的民法体系"（第65页）。这种看法的直接证据出自东汉大经学家郑玄关于"狱"、"讼"二字的经注，即所谓"争财曰讼，争罪曰狱"。不过，作者自己也承认，关于"狱"、"讼"二字，古人一直有不同解释。此外，考虑到汉代官吏职守的非专一性质以及古代司法与行政不分的情况，断言当时民、刑之间已有明晰的划分也嫌证据不足。相反，认为"汉代的狱讼（犹今言民事诉讼与刑事诉讼）"虽有种种差异，但是"整体而言，并无根本不同"，[1] 这样的看法应该更稳妥些。退一步讲，即令接受郑玄的解释，"狱"、"讼"二字用语上的差别也不足以支持任何有关"理论化"的断言，遑论"体系"。毕竟，古人并未提出何种关于"民法"的理论。所谓理论，所谓体系，如前面提到的种种，其实都是今人从外面加上去的。不过，《建构》有意识地避免落入简单套用现代/西方理论的陷阱，而希望"立足于中国早期法律概念和实践，从其内在逻辑出发，本土化地展现早期民法体系"。为此，作者提炼出"早期民法暗含的三个核心概念：'名分'、'直'、'民－私'"。关于这三个基本概念及其在"早期民法"中的重要性，作者这样写道：

> "名分"是指以一定的名义占有一份合法利益（资源），"直"是指对事实的如实描述，而"民－私"则意味着非官方的场域。它们是早期民法体系的基点，一切民法规都是建立在这三个概念之上。民法适用于"民－

1　徐世虹：《汉代社会中的非刑法法律机制》，第325页。

私"领域内的利益纷争,这些纷争可以被理解为"名分"之争。"名分"不定,纷争不止;"名分"一定,各安其分。维护"名分"的法律手段就是诉讼。诉讼本身又可以被抽象为依法理来求"直","直"则获胜。所以这三个概念表明,早期民法具有相当程度的抽象能力和理性倾向,绝不是凌乱的规章堆砌。(第184页)

从本土概念入手去认识古代制度,这无疑是一种值得再三肯定的做法,《建构》一书最具价值的尝试也在此。而作者选取的三个概念,和他结合历史语境对这三个概念的辨析,也颇为独到,尤其是对"名分"观念的分析,相当细致和有趣。在先秦思想家关于礼法起源的论述中,定分止争总是排在首位的功能要素,因此,作者特拈出"名分"一词以立论,应该是切合古人思想的。不过,"名分"一词,即使作狭义的理解,也不单是一个法律——更不必说"民法"——上的概念。正如在古人观念中"定分止争"不只是某一部分法律的功能,而是全部礼法的基本功能一样,"名分"概念具有丰富的政治‐伦理和社会理论含义,适用于道德‐文明秩序的诸多层面,而这意味着,讲求"名分"可以产生与作者所强调的基于个人之间平等关系的"民法"精神相悖的结果。比如,现代民法归入亲权范围的父子关系,在古人眼里是最典型的"名分"关系,而从这里则可以衍生出诸如"不孝"这样的罪名。《二年律令》中有不少婚姻家庭方面的规定,按现今看法就是"刑事"规范,这种古今之间的差异大多因"名分"

而生。

作者处理的另一个棘手的概念是"民－私"。[1] 作者承认，重公抑私是早期思想的一般取向，秦汉法律上的"私"也大都以负面形象出现。但是与此同时，作者又指出，在涉及"民"的利益时，法律又采取了比较明确的认可和保护的立场。毫无疑问，相对于代表"公"的国家或官府，"民"为"私"，如此，对"民"的利益的认可与保护，便是对"私"或曰"合理的私"的认可与保护。所谓"民－私"，就是"法律予以广泛认可与保护"的"与'私'有很多重合的'民'的利益"。因为这个缘故，作者认为，"早期'民法'名副其实地是'民法'"（第179页）。这里的问题是，承认民利的法未必就是"民法"，就好像保护民私的法未可径称为"私法"。按法家的理论，"法"与"公"同义，同为"私"的对立项。法即是公，公即是法，大公以去私，法立而私灭，故"公法"连称。此所谓"公法"即是"国法"、"王法"，与罗马法上相对于私法而言的公法显非一事。这使得"私法"、"民法"一类说法，放在中国古代语境里，都成了自相矛盾的表述。[2] 古人没有发明出"民法"或"私法"这类概念，殆非偶然。当然，指出这一点并不是要否认在秦汉社会"民－

---

1 作者视为早期民法的第二个核心概念是"直"。作者认为，"直"是"对事实如实的陈述"，"求直"即是"确立事实"，而辨别曲直，就是分别"谎言与如实陈述"（详参第166—177页）。但是根据该词在当时和后来的基本用法，本文倾向于认为，古人所谓"直"，在伦理和法律的意义上，指涉的是"理"，而不是单纯的事实。
2 《名公书判清明集》中有"民讼各据道理，交易各凭干照"的说法，有学者据此认为"中国民法概念……肇始"于南宋。参见孔庆明等编著《中国民法史》，第2、416页。这种看法望文生义，武断牵强，其谬误似不待论者指证。

私"也可以受到法律的认可和保护,而是要指出,这套认可和保护"民-私"的法律所遵循的逻辑,与传自罗马法的现代民法/私法的逻辑之间可能存在深刻的差异。

《建构》的最后一章讨论"早期民法产生和发展的动因",作者指出,战国、秦汉时代促成早期民法的关键因素有三:商品经济、小家庭化和"个人有为"思想。其中,"前两者造成民事纠纷的增多,为民法的出现提供了客观条件,后者则提供了产生民法的思想动力,是最为关键的因素"。因为"归根结底,民法保护私人财产就是为了保护'个人有为'"(第204页)。作者的这一判断把我们带到一个比较研究中的关键点,即事实背后的规范性指向,或有别于法律功能的法律的意义。

所谓"个人有为",按作者的说法,"是指具有自主性的个体通过积极有'为',将自己塑造成理想中的个人:即通过自主行动追求个人利益和价值"(第195页)。的确,战国以降,礼崩乐坏,随着封建制度解体,传统共同体瓦解,离散化的个人出现了,他们在新的社会条件下,顺应时势,竭其所能,追逐富贵名利,通过"有为"来改变其社会地位和生活状况,而新兴王权之间的竞争也为个人欲望的满足提供了机会。然而,存在这一现象或事实是一事,当时人赋予这一事实什么意义是另一事,为此立法则又是一事。作者将"个人有为"视为促生"民法"的"主观思想动力"(第195页),更视之为"民法"所欲达成的目标,就不简单是在描述前述现象,而是透过解释赋予其事一种强烈的规范性含义。

不过，作者自己也承认，"个人有为"并非古人的说法，古代文献中也没有相关讨论。因此，关于古代"个人有为"的思想，作者多从当时人的言说和行为中去分析、推论。令人不解的是，作者在这个部分集中讨论了荀子的礼治思想，认为"他强调通过'文学修养'来提高等级，从而享有相应的资源，和商鞅倡导的军功爵制度思路如出一辙"（第204页），却没有对商鞅本人进而一般法家思想作更深入的讨论。其实，正是法家推行的一系列政策为"个人有为"提供了制度背景。从现代观点看，法家堪称古代的行为科学家，他们观察人类行为，洞悉和利用人性弱点，以政令为工具，赏罚为手段，建立起一套有效的激励和惩罚机制，军功爵制度就是其中典范。既然是论功行赏，自然以承认甚至鼓励"有为"、分别"有为"的程度并对"有为"的结果作出准确评估为前提。相对于封建时代社会阶级固化、上下不能流动的情形，这当然可以视为思想上的时代之变，名之为"个人有为"也未尝不可。但这恐怕还不是作者所推重的保护"民－私"进而促生"民法"的那种"个人有为"思想。因为，激励"个人有为"的政策和法律，比如军功爵制、名田宅制等，根本上不是出于对个人欲求的尊重，而是为了"驱民于农战"，实现富国强兵的目标。基于同样立场，民也不是具有自足价值的平等主体，而是国家提防、操控、利用的对象，故法家思想中多弱民、愚民、制民、驱民之论。了解这一点，有助于我们认识作者所谓"早期民法"的性质。

在讨论"民－私"概念时，作者从《二年律令》中引用了几条律文，这几条律文都出自《户律》，被视为中国"早期民法"的例证和典范，兹引录其中两条：

> 民欲先令相分田宅、奴婢、财物，乡部啬夫身听其令，皆参辨券书之，辄上如户籍。有争者，以券书从事；毋券书，勿听。所分田宅，不为户，得有之，至八月书户。留难先令、弗为券书，罚金一两。（简334）[1]

> 民大父母、父母、子、孙、同产、同产子，欲相分予奴婢、马牛羊、它财物者，皆许之，辄为定籍。（简337）（第181页）

更值得注意的是作者对这些律文的解释：

> 这些律文都涉及"民"的利益：赋予"民"制订遗嘱的能力，析产的能力，立户的能力。这些语境中的"民"，都可以被理解为有独立意志和行动能力的个体，并且其意愿和行动受到法律尊重。例如"民欲先令"、"欲相分"、"欲别为户"等用语都体现了对个人意志的重视；如果有某种想法，则可做某事。这其中，"民欲先令"一项信息最充分，最值得品味。官员在这个过程中完全没有主动干预的权力，只是"身听其令"而已，只负责记录"民"所欲之事。并且，如果官员对先令有所

---

[1] 本段律文实际载于简334—336。

拖延或刁难，则要受到惩罚。这显然表明，制订遗嘱一事，属于个人的行为领域，权力完全在"民"这一方。"民"可以按自己的意志，对自己的财产进行安排，国家不得干涉。（第181页）

显然，对古代律文的这种理解和解释完全是现代的，透过这样的解释，不但现代民法上的一些基本概念，如行为能力、个人意志自治等呼之欲出，现代社会某些具有自由主义规范含义的基本观念如私域与公域、个人与国家等也隐约可见。问题是，对于这套符合现代读者思想习惯，看上去似乎言之成理的解释，古人会怎么想？首先，一个基本事实是，作者关于这些法律的解释，无法在古代著作家那里得到印证。不惟如此，顺着作者的思路去检索古代文献，也找不到相应的讨论，更不用说系统的学说和理论了。诚然，古代法律的某些规定可能会让今天的研究者联想到比如"行为能力"这个词，但不可否认的是，古人没有同等或类似概念，也从未将此类问题视为一个法律上的基本范畴来处理。那么，在作者提到的语境中，"民""都可以被理解为有独立意志和行动能力的个体，并且其意愿和行动受到法律尊重"吗？根据前面提到的法家的政治哲学、法律思想及实践，这种看法显得似是而非。至于说古人相信存在一个"个人的行为领域，（其中）权力完全在'民'这一方。'民'可以按自己的意志，对自己的财产进行安排，国家不得干涉"，这几乎就是一个当代自由主义的政治和法律表达，甚至在今天还没有完全实现。

那么，如何理解和解释那些律文的内容方为恰当？

不错，根据《户律》，"民"有田宅，"民"为立户、分产、遗嘱、交易诸事，律"皆许之"。但正如前面指出的，法律允许"民"如何，这是事实问题，法律为何如此规定，出于何种考量，欲达成怎样的目的，这是规范问题。事实相同或相近，而规范含义不同或不尽同，这种情形在比较文化研究中至为常见，也很值得重视。宋格文在研究汉代"契约法"时，就非常自觉和明确地区分了事实和规范这两个层面。比如涉及汉代契约的叙述，他就强调要慎用"自由决定"一类语词。因为"在观念上，把经济上的自由决定的事实与自由决定的规范含义区别开来是很重要的。在规范的含义上，这个词一直与现代西方联系在一起"[1]。这并不是说研究者不能使用"自由决定"一类字词，而是说研究者要谨防这样做时把这类词的西方/现代的规范含义带入他们的研究对象。宋格文写道："从事实的角度看，（西方）经济领域中契约当事人自由决定的实际含义，与中国的情形相似。但从理论上看，契约行为所引发的一般道德观念又是绝然不同的。"[2] 具体说来，西方契约法中当事人的自由决定权通常被视为目的，具有规范意义。这种意义并非简单源于当事人自由决定这一事实，而是来源于一些更一般也更深刻的考量，比如契约自由、个人自治，甚至契约神圣的观念。据此，"由当事人的意愿或

---

1 ［美］宋格文《天人之间：汉代的契约与国家》，载高道蕴等编《美国学者论中国法律传统》，第178页。
2 同上文，第189页。

同意来规定私人契约的执行,具有头等重要的意义"[1]。这种区分事实与规范、功能与意义的方法,[2]尤其适用于一种"立足于中国早期法律概念和实践,从其内在逻辑出发"的研究。循此,我们可以将上述《户律》律文放到一个不同但是更具"本土性"的图景中去理解。

首先,关于"民"的活动范围,律文典型的表述是"许之"或"勿许",而且,被指示的对象是各级官吏,发令者自然是国君。官吏违令,当"许"而不许,"勿许"而许之,皆有处罚。这是一个由君－吏－民构成的自上而下的纵向强制结构,在这样的结构中,"身听其令"的"令"只因君令"许之"而有效,并无自主的权威性。观察范围扩大一点,我们可以清楚地看到,整个《户律》主要是围绕着国家对土地的分配和与之相关的户籍管理展开的,它的第一部分内容是关于基层居民组织比(五家)和里(五比)的管理,接下来是关于按爵制分配田宅的详细规定,对违反规定的行为,如不著户籍、冒用他人户籍或代替他人占田、自报年龄不实等,皆有处罚。再往下则是有关"民"立户、分产、继承的各种规定,其重点在对这类活动的管理。简331至简333提及多种簿记材料,如民宅园户籍、年细籍、田比地籍、田命籍、田租籍等,并就官府对这些文书的制作、保管、使用、修改、

---

[1] 同上文,第188页,类似且与之相关的事例是市场观念。详参[美]宋格文《天人之间:汉代的契约与国家》,载高道蕴等编《美国学者论中国法律传统》,第241—243页。

[2] 我把这种区分视为法律文化研究的出发点。关于这种研究方法更详细的讨论,参见拙文《法律的文化解释》,载梁治平编《法律的文化解释》(增订版),北京:生活·读书·新知三联书店,1998。

核对等做了极为详尽的规定。紧接其后的，便是前引有关"先令"的规定（简334—简336）。在这条规定里，"乡部啬夫"被要求"身听其令，皆参辨券书之，辄上如户籍"[1]。民以先令分割财产，官吏不但被要求在场，而且要制作一式三份的文书，按保管户籍的办法来管理，这显然不是出于对个人意志的尊重，而是为了实现有效的社会控制和管理。因此之故，法律对"留难先令、弗为券书"的官吏予以惩处也就很容易理解了。观察的范围再扩大些，我们还会发现，《建构》所谓"早期民法"，无论是其目为"较为纯粹的民法"的《户律》和《置后律》，还是"也可以算作民法"的《傅律》，或者散见于《贼律》《杂律》和《田律》等处的"关于债务、赔偿等民法性质的律文"（第11页），大体不出此社会控制的纵向结构之外。从法律的角度看，这个结构的早期典范可以出自李悝之手而被商鞅施行于秦国的《法经》为代表。汉初萧何制律，在被目为"罪名之制"的《法经》六篇之外，增加了《户》《厩》《兴》三篇，古人称之为"事律"。按杜预的解释："律以定罪名，事以存事制"，则"事制"与"罪名"相对，大体属于后世"令"规范的范围。唐代制度，"律以正刑定罪，令以设范立制"。汉代，律、令尚无这样区分，至少以《二年律令》所见，无论《盗》《贼》《捕》《亡》，还是《户》《兴》《田》《市》，皆名为律，而且一事一律，律名繁多。在这样的法律结构中，可归入"事律"范围的，自然

---

[1] 参见张家山二四七号汉墓竹简整理小组编著《张家山汉墓竹简［二四七号墓］》（释文修订本），北京：文物出版社，2006年，第51—56页。

不止《户》《厩》《兴》三篇，其区别于《盗》《贼》诸篇目的，是其主要内容非与罪名直接相关，而是各种制度性规定，涉及社会、经济，以及行政管理等诸多领域，也包括田宅、户籍、析产、继承，以及债务、赔偿等方面的事项。[1] 最后，如果把整个《二年律令》放在战国以降变法思想和实践的背景下来观察和理解，我们就很容易看到一个在不断生成、不断完善，同时又具有自身一致性的法律系统，在这个系统中，被《建构》视为"早期民法"的那部分法律，并不是一个独立的类别，也不存在某种理论、学说或原则使之有别于其他法律。当然，这并不意味着当时的法律没有内部的分化。商鞅改法为律就是一种改变，[2]"事律"的出现又是一种改变，只不过，这些改变及其造成的差别未必就是今人称之为民、刑的那种。毋宁说，它们自成系统，这个系统渊源深厚，源远流长，包含《户律》在内的"事律"，不过是其中的一个部分，由《二年律令》所见的秦汉法律，也不过是其漫长历史中的一个环节。

毫无疑问，在中国法律史上，秦汉法律的地位相当特殊。就这里讨论的问题而言，《户律》或所谓"事律"的出现便是

---

[1] 徐世虹教授将"事律"之"事"解为"职事"、"职守"之意，并以秦汉律中的《户律》《金布律》诸例，指明其显见的"机构+律"或"职事+律"的职事特征。此说可以佐证本文对秦汉律所做的观察。详参徐世虹：《文献解读与秦汉律本体认识》，载《"中央研究院"历史语言研究所集刊》第八十六本第二分，2015年，第249—257页。感谢徐世虹教授在最近的一次会议上以此文相赠，令笔者不致错过这一重要研究。

[2] 李悝作《法经》和商鞅"改法为律"均为中国早期法律史上的大事，然此二事之有无及真实含义向有争议。晚近关于此问题的研究，参见徐世虹《文献解读与秦汉律本体认识》，第231—249页。

汉律的一大发展。《建构》一书也正是专就此一点发挥而成。但颇有意味的是，在把这一新的发展视为"早期民法"典范的时候，作者似乎陷入了一种矛盾境地。一方面，着眼于中国"早期民法"的发展，作者对战国、秦汉时代法律发展的重要性予以高度肯定，认为"这是古代民法发展的结晶期，奠定了中国传统民法的基础"（第8页）。但是另一方面，作者又说，"遗憾的是，在以后的历史发展进程中"，"早期民法"适用于其中的"这个非官方、非公家的利益领域"，"不但没有扩大，反倒不断萎缩。国家不断介入，从而不断将其纳入公的范围里"。（第183页）按照这样的看法，"早期民法"的传统后来并没有被发扬光大，而是逐渐萎缩而式微了。如果是这样，其重要性何在？作者说："这一时代产生的民法规、概念、实践等对后世影响深远"（第8页），如果不考虑作者所谓"早期民法"的特别含义，这种看法应该是没有争议的。只不过，它不会指向《建构》所说的那种令人遗憾的早期传统的式微甚至中断，而是指向一个更大的连续而完整的法律传统。

强调中国法律传统的连续性和完整性，当然不是要否定这一传统形成和发展过程中的阶段性，以及特定时空和条件下法律发展所表现出的各种差异。实际上，从殷周到先秦，从秦汉到隋唐，继而宋、元、明、清，法制虽历代相沿，其前后变化也可以说无代不有、无处不在，言秦汉法，亦不可不注意其间的变化。

根据《建构》使用的关键性材料，"早期民法"上起自战国晚期,下至东汉末年,这一时期确是中国历史尤其是政治与法律发展上的一个关键时段,而其关键之处,恰在其承上启下的转变特征。单就法律发展而言,除了前面提到的萧何定《九章律》,董仲舒开启的经义决狱是同样具有标志性的重要事件,此外如循吏群体的成长,也对当时法律的发展有重要影响,而这些事件的意义不尽相同。如果说萧何定律主要还是承接秦律的传统,则董仲舒的经义决狱和循吏的听讼实践,就是对前一种传统的平衡、改造和丰富了。关于这一点,作者并非没有认识。《建构》附录收录的一篇文章专门讨论了循吏听讼实践对于"早期民法"后来发展的影响。作者的基本看法是,西汉中、后期开始,教化型"法官"发明并推广了一种"内省式纠纷解决机制",这是"早期民法"的传统后来不但未能蔚为"大江大河",反而成为"小溪甚至地下暗流"的一个重要因素。(第244页)但在《建构》正文中,同样的材料却被用来说明"早期民法"的发展,其"削弱了发展、完善民法体系的原动力"(第244页)的意义并未被展示于读者。这也意味着,内在于被称为"早期"的这段战国及秦汉历史发展中的变异的一面被遮蔽或忽略了。[1] 与此有关的另一个问题是,无论董仲舒还是被视为循吏的诸公,他们的司法实践都凸显出中国法传统的一个重要特征,即经义、礼俗同为法律上的重要渊源。中国法的这一特点甚至也表现在作者极为看重的《二年律令》中。徐世虹教授就指出:"当我

---

[1] 史学研究中以秦汉为一阶段固然有其根据,但这一阶段迁延数百年,既前后相承,又内多变化。所谓汉承秦制,但言其相承,而天下型国家的最终建立,君亲师传统的重构,又是社会转型完成后的结果。故研究秦汉法,对此两个方面均应有所照应。

们关注到律令在汉代社会中凸显的非刑法功能时，同样也不可忽视源于另一种样式的约束力，这就是礼与习俗。"[1] 徐教授举出的事例，就包括《建构》视为"早期民法"中最具代表性的出自《户律》的那两条律文。[2] 自然，在这个问题上，有关具体例证的运用与解释容有讨论余地，结论也可能因人而异。但重要的是，探究诸如中国古代"民法"这样的主题是否应把礼、俗等规范排除在外，涉及对中国古代法律形态的基本认识和判断。《建构》以古时礼、法有别为由，将礼、俗排除出"民法"考察范围，理由并不充分。盖因礼、法关系极富变化，因历史时段、行动场域、问题层面以及具体语境的不同而不同，只说它们属于不同概念范畴并不解决问题。进一步说，因古人说的"法"、"律"不同于礼、俗，"本着回归古代的立场，本书所说的'民法'排除了礼俗"（第8—9页），这种说法恐怕更不恰当，因为基于"古代的立场"，根本就没有"民法"的概念，"民法体系"更是无从谈起。相反，若真的是本着古人的立场，遵循古代制度发展的内在逻辑，我们对中国古代"法"的认识，便不能不把经义、礼俗甚至更多的东西考虑进去。

显然，《建构》凭借"名分"、"民－私"、"个人有为"等概念所构造的"早期民法体系"具有高度的建构性和规范性，而同这一尝试形成反差的是，作者建构此"体系"的努力不过是要证明，"早期民法具有相当程度的抽象能力和理性

---

[1] 徐世虹：《汉代社会中的非刑法法律机制》，第322页。
[2] 参同上文，第322—325页。

倾向，绝不是凌乱的规章堆积"（第184页）。问题是，无论《法经》还是在其基础上发展起来的《九章律》，原本就不是凌乱的规章堆积，而是高度理性化、体系化的。同样，作为其观念支持的政治法律思想也是高度理性化和体系化的，以至于此种证明的必要性，如果不是要按照现代民法概念人为地构造出一个中国古代的"早期民法"，就并不存在。相反，遵循其内在逻辑，我们能看到的中国古代法的系统性和体系化程度必定远远地超乎于此。如果人们在这里没有看到像比如查士丁尼的《法学阶梯》那样区分公法与私法，自然法、万民法和市民法，以及人法、物法、诉讼法一类的体系和论述，那只是因为它所自出的那种法律和文化传统，有着明显不同于古希腊-罗马文明的思想方法和观念形态。《建构》名之为"早期民法"的那部分法律，就是这个传统形成过程中的一个有机组成部分。[1] 延至唐、宋，法制文明臻于成熟，蔚为大观，对应于秦汉《户律》《置后律》的法律制度与实践，比较秦汉时期，也远为细密繁复，比如与"词讼"相关的词汇用语，其数量即可以千百计，然而它们正是在秦汉法的基础上发展起来，且受着同一种精神和原则支配的。有意思的是，后人以"户婚、田土、钱债"名之的这一类法律事务，其在整个法律体系中的位置，甚至比它们在秦汉时期所表现出来的样态更加"别具一格"，因此也似乎更有理由被视为

---

[1] 有研究者认为，萧何所作之《九章律》乃是一个"罪名之制"与"事律"并存的体系。徐世虹则罗列战国至汉初近十种出土法律文献的律名，认为"它们所呈现的是由性质较为明确的刑律之篇与涉及国家各项事务的职事之律构成的一个体系"。徐世虹：《文献解读与秦汉律本体认识》，第257页。

"民法"。而事实上，它们也确实被清末民初的法律家们刻意改造，进而当作"民法"来加以运用。

如前所述，分别民、刑，乃是清末法律改革的一项重要内容。宣统二年（1910）四月七日，法律馆与宪政编查馆会奏请旨颁行《现行刑律》，其中说道：

> 《现行律》户役内承继、分产、婚姻、田宅、钱债各条，应属民事者，勿再科刑，仰蒙俞允，通行在案。此本为折衷新旧，系指纯粹之属于民事者言之，若婚姻内之抢夺、奸占及背于礼教违律嫁娶，田宅内之盗卖、抢占，钱债内之费用受寄，虽隶于户役，揆诸新律俱属刑事范围之内，凡此之类均照《现行刑律》科罪，不得诿为民事案件，致涉轻纵。[1]

这段话提到"应属民事者"，又特别区分出"纯粹之属于民事者"，颇耐人寻味。何谓"应属民事者"？光绪三十三年（1907）的《各级审判厅试办章程》第一条规定："凡审理案件分刑事、民事二项，其区别如左：一、刑事案件，凡因诉讼而审定罪之有无者，属刑事案件。二、民事案件，凡因诉讼而审定理之曲直者，属民事案件。"[2] 稍后的《上海地方审判厅收理民刑诉讼案件办法通告》说得更加具体："凡关于户

---

1 《呈进现行刑律黄册定本请旨颁行折》，转引自黄源盛《民刑分立之后——民初大理院民事审判法源问题再探》，载柳立言主编《中国史新论·法律史分册》，台北：联经出版事业公司，2008年，第318页。
2 转引自黄源盛上揭，第318—319页。

婚、田土、钱债、契约、买卖纠葛,但分理之曲直者,为民事。凡关于命盗、杂案一切违反法律行为,定罪之轻重者,为刑事。"[1] 定罪之轻重,辨理之曲直,这种区别古已有之,只不过不具有今人试图加于其上的民、刑之分的意味。单就其法律效果而言,"户婚、田土、钱债、契约、买卖纠葛",虽只关涉理之曲直,其处断却可能产生今人目为刑事上、行政上及道德上的效果。清末改革家决定对于"应属民事者"不再科刑,无疑是以现代民、刑分立观念改造旧法的一个重要尝试。但是与此同时,他们又区分出所谓"纯粹之属于民事者",而对同样是"隶于户役"的另外一些事务保留刑罚,如对违律嫁娶仍予科刑(其源头可以直溯秦汉法律)。这种做法在保留旧法遗绪的同时,也透露出传统区分罪之轻重、理之曲直的一套固有标准。其中,对事之轻重的区分就很值得注意。前引法律馆同宪政编查馆会奏奏折中"不得诿为民事案件,致涉轻纵"一语,透露出来的正是这方面的消息。曾经参与变法,主持设立天津各级审判厅的袁世凯如此区分民刑之事:"各国诉讼,民刑二事,办法迥乎不同,盖民事只钱债细故,立法不妨从宽;刑事系社会安危,推鞫不可不慎。"[2] 中国传统最重人伦,凡事讲求纲常(名分)义理,对于"户婚、田土、钱债、契约、买卖纠葛"这类现代民法视为基本的事务则以"薄物细故"视之。又因为此类事务皆出于日常社会生活,平淡琐细,不似命盗案件牵涉广泛,后果严重,

---

[1] 转引自黄源盛上揭,第319页。
[2] 袁世凯:《保定府知府凌福彭卓异引见胪陈政绩片》,转引自黄源盛上揭,第323页。

传统上也可以制度上另行安排，交由州县自理，便宜行事。以至于清末改制之时，法部大臣在其关于各级审判厅试办章程的奏折中还说：

> 间阎之衅隙，每因薄物细故而生，苟民事之判决咸宜，则刑事之消弭不少。惟向来办理民事案件，仅限于刑法之制裁，今审判各厅既分民事为专科，自宜酌乎情理之平，以求尽乎保护治安之责。[1]

这类说法所表露出来的，其实是一种过渡时期新旧杂糅的民刑观念，它们明显是中国式的。法条上看，民、刑俨然已经分立，但在认识上，二者的差别只在轻重之间耳。结果，便出现了研究者所看到的情形："清末虽然在各级审判厅的审理机制内区隔了民、刑案件的分类作法，但是绝大多数的审判官员，对于这套舶来的民刑区分概念，往往只是作望文生义的理解，尚无法运用自如。"[2]

从清末的民、刑分立，到传统的户婚田土钱债与命盗重案之分，从重新区分和界定罪之轻重与理之曲直，到早前的别事律于罪名之制，如此回溯历史，我们所看到的，便是一个经历漫长时日并种种变化、改造、完善而逐渐发展起来的自具一格的法律传统。在如此呈现出来的传统中，《建构》称

---

[1] 《酌拟各级审判厅试办章程》，转引自黄源盛上揭，第323页。
[2] 同黄源盛上揭，第323页。与此形成对照的，是北洋政府时期民国大理院的民事审判活动，后者展示出"传统的创造性转化"的可能性及其限度，同时也帮助我们了解新旧法律之间的异同。详参前揭文。

之为"早期民法"的制度与实践并不是一个先异军突起，之后又黯然失色（如果不是陨落的话）的明星，越过千年岁月，与现代社会中的"民法"遥相辉映，而是整个有机体生长的一个部分，既独具特色，又融入整体，出自既往，滋养来者。如此理解，则所谓"早期民法"实不宜称为"民法"，因为在规范和意义层面，它并不具有现代民法的特性。因此，把不加引号的现代民法概念直接应用于古代，得出的很可能只是一个满足现代人心理习性的失真的古代图像。那么，我们在认识和描述古代世界时还能使用现代概念吗？回答是，不但能够，而且不可避免。至少对生活在当下的我们来说，中国古代法律之真实性格的呈现，就是在以现代法律概念为参照背景的情况下才变得可能和富有意义。因为，别样的生活，尤其是业已进入我们的生活甚而多少成为我们的生活的那一种，为我们认识自己以往的经验提供了一种无可替代的参照系，因此也为我们开启了认识古代世界的独一无二的窗口。然而，正因为存在诸如认识的、情感的、利益的纠葛，这种机会也很容易变成陷阱，甚至是致命的诱惑。受此诱惑，研究者所勾画出的古代世界图景，便可能成为他们自己的观念甚至好恶的投射物，似是而非。

自晚清法律改革，民、刑分立观念扎根中土，在中国旧地寻觅民法踪迹的旅程便已开始。这种尝试，在不同时期，因了不同需求，或受不同刺激，而有不同的表现。近几十年，因为地下文物的出土和地方司法档案的开放，寻觅民法踪迹的努力，在传统历史研究的前后两个时段——秦汉与明清

——再起高潮，且均有引人瞩目的成绩。[1] 这些努力和成绩，在新材料的整理及相关历史研究方面的贡献固不待言，其对于纠正那种认为中国古代法只是"刑法"并因此忽略对不具典型"刑法"特征的法律领域及活动的研究的情形，无疑也具有积极意义。《建构》一书的结尾写道："早期民法对古代社会发展的历史意义值得我们深入思考；它更促使我们重新、全面认识古代法律的性质，跳出'维护专制统治'这一窠臼，转而关注其积极、人性化的一面。"（第208页）这种问题意识无疑有其合理性。长期以来，广为流行的东方专制主义说，被当作一个简明易用的标签，用来说明和解释中国社会的诸多现象——从国家性质到家庭结构，从集体心理到个人行为，从政法体制到伦理观念，从生产方式到国民性——进而被视为中国社会长期停滞、无由进步的根本原因。中国历史上"私法阙如之一事"，就如我们在梁启超那里所看到的，也被归之于专制主义。这里，中国法律之未能进化与中国社会的不能进步可以说互为因果。于是，民法之有无或其发达程度，便成为衡量社会进步的一项重要指标。现在我们都知道，这种思想其实是所谓法律东方主义的一部分，因此，跳出这种

---

[1] 晚近关于清代"民法"的研究，黄宗智所著《清代的法律、社会与文化：民法的表达与实践》流传最广。《建构》之"导论"在批评美国学者威廉·琼斯（William Jones）持有的中国无民法说时，特别提及黄宗智的清代民法研究。但实际上，黄氏的研究，无论其成立与否，都不能用来支持《建构》的观点。因为黄氏把清代的民间词讼直接叫作民事，而将与之对应的律例条文称为民法，实际是把从《建构》角度看须要证明的问题当成了研究的前提。此外，《建构》既然把"早期民法"看成是一个后来受到抑制的传统，逻辑上便很难与清代民法论相洽。

思想便具有批判和超越法律东方主义的意味。[1] 不过，批判和超越法律东方主义并不能简单地通过在中国发现"民法"而得到实现，相反，这种反向的努力很容易变成法律东方主义的另一种表达。因为，它也把"一个特定的西方法律家传统"（a specific Western lawyering tradition）当成了可以普遍适用的规范性标准。于是，只有当法律的发展同"民法"联系在一起的时候，其"积极、人性化的一面"才展现出来。这种看法隐含了这样的判断，即中国法律史上居主导地位的"刑法"确乎就是"维护专制统治"的工具。具有讽刺意味的是，这其实正是它所批评的专制主义论者的观点，只不过后者还认为，中国传统法律仅仅是"刑法"，仅仅是"维护专制统治"的工具，既然如此，它当然是非人性的，不具有任何进步的、积极的意义。[2]

然而，要纠正上述刻板单调的历史认识，发现中国古代法"积极、人性化的一面"，还有一种更切实有效的路径，一种真正超越法律东方主义的路径。循此路径，中国法只能在一种切合其文化与文明的形态中去认识，而此种文化与文明，既非西方文明的初级形态，更不是其反面/负面形态。毋宁说，它不过是特定条件下人类面对共同或类似问题时的不同应对方式，以及因此而产生的不同经验。这些经验经过长期

---

[1] 参见［美］络德睦《法律东方主义：中国、美国与现代法》，魏磊杰译，北京：中国政法大学出版社，2016年。
[2] 严格说来，这并不是瞿同祖、博德或者琼斯等人的观点，尽管他们的研究都"忽略"了中国古代的"民法"，而是中国宽泛意义上自由主义者们的一般看法，尽管他们中的绝大多数人对中国法律史都知之甚少，而这个人群数量极大，且远不限于政治和法律领域。

积累和演变，各具面貌，各成系统，但是追根溯源，又未尝不能相通。这种情形为不同文明之间的对话、沟通和了解提供了可能。正因为如此，我们可以在不同经验的观照下去深入认识和理解另一种文明。透过诸如民法这样的概念、范畴去观察中国法就是如此。这时，需要我们回答的问题，与其说是中国历史上有无民法，不如说是相对于西方人透过诸如私法、民法这类概念创造、范畴设定或者文化建构所处理的问题，中国人的应对之道是什么，这种应对具有什么意义，呈现出何种形态，形成了怎样的传统，创造出什么样的局面，产生了什么样的问题，等等。在这样的研究中，浓缩为基本概念、范畴的西方经验并不是筛选中国史料的标准，而是富于启发性的弹性参照。相比之下，研究者在描述中国经验时是否用了所谓"民法"一词并不重要，因为那不过是某种比况，以帮助我们认识古人经验，而如此呈现出来的经验也只是研究者借助于各种认识和表达工具勾画出来的一幅古代世界图像，随时可能被修正和重绘。这样说并不意味着研究者可以随心所欲，根据个人好恶随意发挥。相反，它要求研究者具有高度的反思意识，超越各种非此即彼、黑白分明的历史叙述，面对高度复杂、微妙的历史与社会现象，既能深入其中，又能出乎其外，通过审慎的比较和深入的分析，辨析不同传统的同中之异、异中之同，进而深化和丰富我们对于研究对象的认识和理解。毫无疑问，这样一种充满挑战与未知的思想上、智识上的探险，在我们还是刚刚开始。

评论与反思[*]

《明清时期的民事审判和民间契约》评论

在由编者撰写的四篇解说之外,本书共收论文九篇,其中,旨在理清学术脉络的评介性文章四篇,直接针对明清时期民事审判和民间契约及相关主题的研究性论文五篇。后者篇幅最大,为本书主干,也是这篇评论所主要针对的对象。

从时段上看,本书所收论文跨越两代学人,代表了日本学者在这一研究领域的最新动向与成就。不过,要对这些动向与成就有真正的了解和恰当的评估,恐怕不能仅仅关注其本身,而须要对它们所由出的更早的学术传统有所了解。本书收入相当数量的评介性论文,部分也是为了向读者提供这方面的背景材料。下面,我仅根据评论的需要,对相关背景再加概括和重述,并在此基础上尽可能简单地勾画出上述

---

[*] 本文包含两个部分,即"评论"和"跋",载王亚新、梁治平编《明清时期的民事审判与民间契约》,北京:法律出版社,1998 年,第 441—463 页。本文行间注所引页码均指该书页码。

"动向与成就"的轮廓。

根据岸本和寺田两位教授介绍，战后日本的中国研究（历史、社会、法律等）领域，除了流行马克思主义分析方法之外，套用西洋近代概念的做法也十分普遍。在中国法律史的研究方面，当时流行的见解还认为，在中国传统社会，法律虽然被制定出来，但是并无实际效用。换言之，古代法律对于普通民众的日常生活没有影响，后者受各种地方共同体内部的习惯法支配。大约在1970年代，上述做法和看法受到质疑，支持着这些做法和看法的潜在的研究立场和研究方法更成为反省的对象。正是在这一怀疑和反思的基础上，出现了一种研究范式的改变，我们现在读到的这些文章，就是这一改变的结果。

新的研究表明，在传统中国社会里面，法律并不是一纸空文，与实际的社会生活无关，反过来，民众也不只是生活在地方共同体当中，与"国家"相隔绝。不过，正如寺田教授所指出的那样，仅仅证明法律在当时具有实效是不够的，还应当说明法律是如何发挥其效用的。（第112—114页）事实上，关于这个问题可以有相当不同的答案。也正是在这一点上，我们可以看到由滋贺和寺田等教授所代表的这一类研究的独特性，看到所谓范式转换的意义。

新的研究并没有简单地摈弃近代西洋法的概念和理论，但是很显然，它们对这类概念和理论的应用采取了非常审慎的态度。以中国租佃关系的研究为例，研究者明确指出："讨论中国租佃关系的结构意味着把租佃关系内在的种种重要范畴抽象出来并弄清它们之间的结构。立足于西欧社会土地关系的各种范畴来讨论中国的租佃关系是不行的。这样的方法说到底不过是从中国有关租佃关系的种种现象中找到与西欧相似的东西，再按照西欧土地关系的框架加以排列而已。"（第303—304页）扩大来看，新的研究方法即是岸本教授所说的"把当时人们的观念世界作为分析社会结构时的中心"的所谓现象学方法或主观主义方法。（第301页）采取这样的方法意味着研究者要超越现下的立场，以一种谦逊的和平等的态度进入到研究对象内部，倾听被研究者的声音，并试图内在地理解被研究者生活于其中的世界。在具体研究层面上，这种努力主要在两个方向上展开，即一方面是对于被研究者世界中"固有"概念的重视和梳理；另一方面是力图将这些概念按照其内在逻辑联系起来，并给以系统性的说明。前一方面的例子有研究者对"情"、"理"、"业"、"包"、"雇"、"租"、"息"、"冤抑"等概念的仔细分析。后一方面的例子则有：比如，滋贺教授通过对法律渊源（"情、理、法"）的深入考察，试图沟通调解和审判以及审判中的狱、讼等不同部分，为中国传统社会中的法和秩序提供一个完整的说明；又比如，寺田教授通过对明清时期"约"的考察和对"冤抑"概念的辨析，力图将国法与私约、官府的审判与民间自生秩序等两极现象纳入一个统一模式，并在此基础之上把握明清时期乃至传统中国社会的规范秩序。事实上，支配着这些研究者的一个基本信念是，中国社会与西洋社会的差别不是程度上的，而是类型上的。中国社会是不同于西洋社会的另一种文明类型。因此，要了解中国社会，就不仅要采取内在的方法，而且要采取整体的观点。

这里，我不准备逐一引述和评价上述研究中的具体结论，尽管其中有许多结论非常有趣和重要；同样，我也不打算对这些研究者为我们勾画出来的明清社会图像的真实性做面面俱到的评述，尽管这样做并不是没有意义。我的兴趣毋宁说是在方法论方面。因为在我看来，具有决定意义的往往不是具体的结论，而是研究者的立场、视角和方法，即所谓研究范式。前者固然能够影响人们的思想，后者却能够决定人们的思想方式，设定观察者的视界。

我想要讨论的主要问题是类型研究的方法。

有关类型的问题，可以在比如"具有自身特殊性质的旧中国文明或法文化"（第126页）、"另一种秩序类型"（第129页）、"旧中国文明的根本价值"（第129页）一类提法中见出。然而，一个显而易见的事实是，本书各位作者并没有从正面对所谓类型问题加以论证。这并不奇怪。因为，把中国法作为一种独特的文明类型的一个部分来把握，这种立场与其说是经由一系列经验验证所达到的结果，莫如说只是一个假说，一个作为研究起点的预设。事实上，这个几乎是未经言明的立场贯穿于本书所收滋贺教授与寺田教授的全部研究，意义十分重大。

就其性质而言，类型论采取的是一种特殊主义的视角。它抵制普遍主义的滥用，尊重研究对象的内在逻辑和完整性，试图从内部去了解和理解被研究者的生活世界，为此，它尽量避免把自己的概念从外部强加于研究对象，尤其反对简单粗暴的肢解式解读。自然，要成功地做到这一点实际上非常困难。因为首先，无论研究者所受的训练还是他们事实上能够运用的概念工具，或多或少都是普遍主义的，因此，即使人们意识到其局限性，也很难找到可资替代的恰当的分析工具。其次，即使在今天，能够认识到普遍主义的不足并且有意识地想要超越其界限的研究者仍然极少，他们所面对的，不仅是普遍主义的强势话语，而且是经此普遍主义构筑的世界图像，这些图像业已深深地嵌入人们的心灵，极难改变。因为第一点，类型研究要取得建设性的推进极为困难；因为第二点，这种研究往往要从"中国并非如此"的辨异开始。不过，正如我们在本书中所看到的那样，以滋贺和寺田两位教授为代表的两代学人，锲而不舍，孜孜以求，业已为这项艰苦的事业开创了一片相当广阔的天地。因为他们的努力，不仅以往许多关于中国古代社会和法律的谬见被逐步清除了，而且一些似是而非的见解也遭到暴露和质疑，取而代之的是对于研究对象的更有说服力的分析和更加细致入微的把握。这里，仅以寺田教授关于"权利"的最新研究为例来说明这一点。

在《权利与冤抑》一文中，寺田试图在乃师滋贺教授和他自己以往研究的基础上推进一步，为明清时代市场化、契约化的民间秩序与国家通过审判而建立的法律秩序提供一个完整而统一的说明。这时，他所针对的首先是一种具有普遍主义特征的功能主义解释，即一方面是（民间）当事人主张权利，另一方面是国家依法对权利提供保护这样一种解释模式。表面上看，这种解释几乎无可置疑。因为在大多数场合，我们视为"权利"的东西确实得到了或者基本得到了承认和保护，而且，当事人在其纠纷中所"主张"的，如果不是"权利"又是什么呢？的确，今人面对私有秩序中间的利益分配和争端，在"权利－义务"一类概念模式之外，似乎也没有更合适的描述方式了。然而，这些并不表明在对非西方社会的研究中运用这类概念和解释模式就是恰当的。事实上，多数人都这样做并不是因为他们在深思熟虑之后做出了这样的选择，而恰恰是因为他们在这方面缺乏足够的反省。当他们着手去描述一段久远的历史或者一个异己的社会时，往往不自觉地从那些"普遍有效"的概念模式出发，有意无意地把原本陌生的对象变成一个他们所熟悉的世界，而因为上面所提到的原因，他们这样做又似乎是"有道理"的。显然，寺田教授不这样认为。他直接对"当事人（在诉讼中）主张权利"，或者扩大地说，"民间秩序具有权利的性质"这类功能主义解释的前提出质疑。在他看来，当事人在纠纷或者诉讼中并不是在主张权利，民间的调解和官府的审判也不以权利的保护为目标而展开。那么，当事人所要求的究竟是什么？调解和审判要实现的又是什么？以及在一个不以"权利－义务"语汇描述的社会交往、经济生活和法律世界的图景里面，实际上的社会情态究竟是怎样的呢？这些，寺田教授在其长篇论文中作了详细而深入的讨论，内中不乏精彩的分析。这里，我想指出的只是，尽管这项工作并不是无可挑剔，却不失为文化类型分析的一个范本。它成功地超越了功能主义解释模式,在一个迄今为止,至少在我看来,最基本但也最微妙最复杂的问题的解释方面取得了建设性的进展。的确,只是意识到并且指出中国传统社会里人们并不以"权利-义务"的方式思考问题,这是一回事,告诉我们当时人们实际上如何思考和行事并且提出有说服力的论证,这又是一回事。后者比前者困难得多。毕竟,这是一个诸多因素纠结在一起的社会关系领域,要将其中的关系梳理清楚,进而提供恰如其分的和有说服力的解释,是一件极为棘手的工作。在此,我想就同一问题稍加阐说,同时指出寺田教授的类型分析方法中可能存在的问题。

功能主义解释乃是基于一种朴素的常识,即民间的契约性秩序事实上得到官府的认可,而且通过诉讼,我们视之为"权利"的东西大体上也得到了保护。不过,因此而把明清社会描写成一个与西方近代财产法秩序非常类似的东西,又会与人们另一种朴素的常识相悖。无论如何,明清时代中国的社会制度,以及当时人们的思想、观念和行为,都与近代西方社会的大不相同。那么,问题出在哪里呢?寺田教授指出,对于"事实的统计性分布"的分析,逻辑上不一定能够推出"当时的诉讼和审判都是基于实现民间客观存在的权利规范"这一"制度性当为要求"层次上的结论。(第196页)也就是说,实然与应然之间并没有必然的联系。功能主义解释的不足,就在于它们忽略了观念世界和意义世界,混淆了实然与应然、行为与观念。正因为存在观念世界和意义结构方面的重大差异，明清社会与近代西方社会才会在制度上显出如此不同的面貌与格局，尽管同时它们各自所实现的社会功能可以有部分的重叠。类型分析的优长，是它能在功能满足与意义世界之间作出一种微妙但是重大的区分，从而为我们深入了解不同类型的社会提供一种更有说服力的解释。须要说明的是，采取这样的研究视角并不意味着回避功能问题，相反，它一定是把社会功能及其满足纳入其解释框架的。因此可以说，它所不满意的并不是对功能作出说明，而是功能主义的解释模式。

尽管与比如功能主义解释模式相比，类型研究在像中国历史－社会这样的研究中有着明显的恰当性，但它终究只是观察和说明历史的一种方法，也会有自己的限度。一般对于这种研究方法的批评，是认为它有过分强调研究对象整全性的倾向。这样的问题似乎也可以在寺田教授的研究中看到。

如前所述，《权利与冤抑》一文试图在契约性的民间社会秩序与国家方面的司法秩序之间建立起某种内在联系，以便为这两种看似不同的社会现象提供一个统一的说明。他做到了这一点，而且在我看来，他的尝试非常成功。但是即便如此，我还是想指出，一幅真实的明清社会图景并不是没有裂隙的，在某种统一的秩序下面，潜藏着各式各样的矛盾、冲突和紧张，甚至就在寺田教授及其被批评者双方都竭力加以调和的"民间秩序"同"司法秩序"之间，也存在着内在的紧张。尽管包括契约习惯在内的民间秩序与官府通过管理和审判等手段想要实现的秩序之间存在着某种"分工－合作"

的关系，尽管一个更大范围内的秩序正是经由此二者之间的互动才得以实现，它们之间却有着不可忽视的紧张，这种紧张，用我自己的话来说，实具有"断裂"的性质。这是因为，自生的民间秩序，尤其是其中与日常经济生活关系密切者，较多受实用理性的支配，这使它明显地区别于受到自觉维护的精英文化的知识传统。不仅如此，由于种种原因，所谓契约化的民间社会秩序，从未被人根据其内在逻辑加以理解和说明，以至那些支撑着民间秩序的规范性知识只能是一种粗糙和零散的地方性知识，而无由成为一套系统的学理。[1] 这样说并不表明我主张契约性的民间秩序是根据类似于"权利"的概念构筑起来的或是具有"权利"的性质，相反，我和寺田教授一样相信，明清时代的中国人以及他们的祖先，都不依"权利-义务"方式来思考问题。我要指出的是，在普通民众的日常生活世界里，每天都有利益的生灭、聚散、分配、流转，有在此过程中发生的各种各样的冲突和纷争。当然，这并不是一个混沌无序的世界。这里有一种自生的秩序，一套可以用来分配和调整不同利益的习俗和惯例，一些解决纷争的办法，一种朴素但是实用的规范性知识。这当然不是我们可以恰如其分地冠以"权利话语"的那种知识，因为，不妨再重申一遍，拥有这套知识的个人或组织，并不依我们所谓"权利"的方式思考和行事。但是，这套知识却可能成为某种权利观念生长的土壤，也就是说，如果我们愿意并且条件许可，这套知识有可能被放在一种"权利-义务"的知识

---

[1] 参阅梁治平《清代习惯法》，第128—141页。

框架中加以改造和重述,相反,要对精英知识传统作这样的改造却不大可能。这并不是一种反事实假设或者思想实验,事实上,在中国法律近代化初期,历史的发展正是如此:律例系统被弃置不用,民间习惯却被系统地搜集、整理和重新分类,经由司法和立法而吸收到现代法律体系之中。这段历史为我们理解上面所说的两种秩序-知识传统之间的"断裂"提供了一个反面的注解。这个例子同时也说明,即使是在文明社会,权利也不是那种具有普遍性的客观存在的事实。毋宁说,它是一种文化构造,一个凝聚了特定时空里的特定人群之想象力的社会事实。这样一种社会事实的形成需要许多代人长时间的探索和努力,而它一旦成型,又能够反过来极大地改变和规定人们的生活世界。想一想诸如所有权、占有、物权、债权、先占、时效或者不当得利一类概念吧,想一想它们曾经并且仍在对人们的思想方法和实践方式产生着怎样深刻的影响吧。这些精致的概念最初可能来源于民众日常交往中产生的不成系统的习惯和粗糙的知识,但它们显然不是自然生成的东西,而是经过长期提炼、浓缩、抽象而形成的人造物。固然,这只是一些语词,但它们也是人类所创造出来的最强有力的武器,一种既改变世界也改变人类的武器。语词的力量如此强大,如何命名便不是一件无关紧要的事情了。因此,我们今天作"权利"之辨,关系重大,绝非学究式的语词之争。[1]

批评寺田教授没有注意到明清社会两种秩序之间存在裂隙乃至内在紧张，也许有点苛刻，因为他并没有为自己提出这样的任务。不过，上面关于"权利"问题的讨论不能说与其论文的题旨无关，而他所以没有在这方面作更加细致的辨析，可能是因为，对于研究对象整全性的关注多少使他忽视了其中分化、断裂、脱节的一面。关于这一点，还有一些其他的事例。

在《明清时期法秩序中"约"的性质》这篇文章里，寺田教授通过对乡村层次上"约"的考察，成功地揭示出一个位于"法"和"契约"之间的规范空间。在他看来，在这个空间里形成的规范，其结构与性质无法用"命令"（法）与"合意"（契约）的两极性原理来加以说明。因为这种规范类型既不单纯是"自上而下的命令"，也不简单是"基于相互合意的和约"，毋宁说，它是这两种契机的混合状态。（第145页）[2] 在最后的结论里，寺田更进一步指出，这种通过他所谓"首唱与唱和"的相互作用而形成的规范，就其性质而言，并不只存在于乡村层次。包括"法"和"契约"在内的中国旧

---

[1] 我曾在其他地方从不同方面讨论过相关问题。历史方面的论述，参阅梁治平《寻求自然秩序中的和谐》第七至九章，北京：中国政法大学出版社，1997年；理论方面以及有关语言的讨论，参阅梁治平《法律的文化解释》，载梁治平编《法律的文化解释》（增订本），北京：生活·读书·新知三联书店，1998年，第1—72页。

[2] 在此可以比较费孝通先生所谓"教化性的权力"。在《乡土中国》一书中，他把权力区分为三种不同的类型，即所谓横暴的权力（专制）、同意的权力（民主）和教化性的权力。在费氏看来，教化的权力既非专制的，亦非民主的，这种为中国乡土社会所独有的权力类型似乎是介于专制同民主之间。详见费孝通《乡土中国》，第60—70页。

时所有规范实际都具有同样的性质。(第178页)这是一篇很有分量的论文,其建设性意义是显而易见的。只是,把"约"这样一种区别于"法"和"契约"这两种"理念型"的"第三种(规范)类型"(第163页)推及所有规范领域,视为唯一的中国式的规范类型,终究有些简单化。在寺田教授所举的例证中,也只是与纠纷解决有关的调解(契约领域)和听讼(法律领域)可以用"首唱与唱和"的规范模式加以解释,这一点当然是寺田教授的重要贡献,但是将普通缔约行为也归入其中就显得有些勉强,更不用说官府对命盗重案的审理。寺田教授似乎也注意到这一点,所以,在一处谈及规范的共同样式时,他把"官"限制在了"民事审判"的范围。(第177页)这里,对传统的"讼"(民间词讼或所谓"民事案件")和"狱"(命盗重案或所谓"刑事案件")加以区分可能是有意义的。然而,从滋贺教授开始,"官法"的这两个部分一直是被从一致性的方面来观察、理解和说明的。其结果,一致性当中的不一致就多少被忽略了。当然,这里的问题不在于到底应该强调一致的方面还是不一致的方面,因为这不过是一个研究策略问题。应该突出哪一方面,或给予哪一方面多大程度的注意,取决于研究者为自己设定的目标,而一致和不一致实际是分布在同一事物的不同方面和不同层面上的。具体地说,在上述寺田教授的研究中,对无论是"法"还是"契约"中的不一致方面给予同样的注意可能是恰当的。换言之,在指出明清社会规范秩序内在结构特点的同时,对在不同空间里形成的不同类型的规范予以更细致的辨析和区分，也许更接近当时社会繁复多样的面貌和性格。不过，仔细读寺田教授的文章，我们会发现，他的不同方面的论证最后都指向一点，即描绘出一幅极为动荡不安的社会图景。强调规范秩序中"首唱与唱和"模式的普遍意义，也是服务于这一目标。由这里，我们也可以看到，研究者所采取的立场在很大程度上预先决定了其论证方式和可能的结论。这一点，也与其类型研究方法有关。

从某种意义上说，类型研究包含着一种悖论。因为一方面，它强调不同类型之间的不可通约性，但是另一方面，类型的确立只能是比较的结果。那么，在什么意义和层次上构筑不同类型是恰当的，根据什么标准对不同类型加以比较是公平的，这些显然都是可以讨论的有趣的问题。不过，这里还是想缩小范围，只谈比较方面的问题。

本书所研究的直接对象是明清社会的法律与秩序，间接对象则是中国文明背景下一种特殊的秩序类型。这时，引为参照的是西洋法秩序，严格地说主要是西洋近代的法秩序，兼及中古。这种比较研究的策略固然不是唯一的选择，但是至少在我看来，它具有理论上的恰当性，在实践方面也不乏合理性。问题是，即使西洋近代法秩序也不是简单划一的。那么，滋贺与寺田两位教授援为参照的是一个什么样的秩序模式呢？尽管在我们读到的文章里面，直接和正面论述这一问题的文字极少，但是从他们大量的比较性论说方式当中，我们可以清晰地勾画出这样一个参照模式：当事人依法主张权利，法官依法作出裁判（第242页）；而所谓法，即是逻辑上先于纠纷和审判而"客观"存在的规范,是当事人和审判者共同拥有的准据(第244页);审判的任务则不外是发现秩序客观的规则(无论是成文的国家制定法还是不成文的习惯法),并把它们公平一致地适用于具体案件,以确定当事人双方的权利和义务(第196页)。最早采用这种参照模式的是滋贺教授,他的研究表明,中国传统社会中的"法",不是这种具有普遍性、神圣性并且同时指导和约束着当事人和法官的客观规则。在中国,这种意义上的法,无论在国家层面还是在民间社会都不曾存在。用寺田教授总结性的话说,作为行为准则的判断标准始终只存在于每个人的心中,没有任何制度性的安排和程序把这种主观规范从制度上还原为客观的、外在的或具有可视性的法,不仅如此,对于这样的制度性努力,旧中国的文明原本就不提供价值支持。(第126页)事实上,寺田教授完全接受了乃师的比较模式以及由这种比较中得出的基本结论,以之作为其进一步研究的基础,而他的这些研究也确实证实和强化了滋贺教授的观点。因此,毫不奇怪,我在两年前第一次接触寺田文章时得到的一个印象是,他对于明清社会法与秩序的研究"导致一系列否定性结论",而在本书有关寺田教授论文的"解说"中,王亚新教授也说,其"关于规范成立过程的描写给我们一种极度不安定的印象"。(第277页)显而易见的是,由滋贺教授发其端而由寺田教授加以发展的一系列有关明清社会乃至中国传统社会中法与秩序的研究论断,在很大程度上是由他们所运用的参照模式潜在地决定的。因此,关于这种参照模式及其恰当性,还可以作进一步的讨论。

很显然，被作为参照模式选定的"西洋法秩序"图像并不是当然的和无争议的。实际上，这幅图像中所表达的关于西洋法的观点，基本上可以说是正统的甚至是其中偏于保守的一种。因此很自然，它为我们展示的是一幅建立在客观规则基础之上的稳定的和具有制度保障的秩序。反过来，作为与之正相对应的"另一种秩序类型"的明清时代的法秩序，就顺理成章地被描写成与上述图景正相反对的样貌。关于滋贺尤其是寺田两位教授的这种立场，岸本教授在不久前的一篇文章里有相当准确的界定。她借用哈特的说法，指出寺田对"西洋的法和秩序"持慎重保留的"内的视点"，相对地，对清代社会则有意识地强调情理判断的不安定性而取"外的视点"。在岸本教授看来，由于研究者采取的视点不同，他们所描绘出来的社会图像的安定度也会相当不同。不过，究竟应该采取哪一种视点来观察和描述社会，这却没有绝对的当与不当的标准。[1] 最后，这个问题与研究策略有关，与研究者置身于其中的学术传统有关，也与研究者对研究对象的认识、了解甚至直觉性的把握有关。事实上，寺田教授对一个动荡不安的明清社会的描述同岸本和夫马两位教授在他们各自领域里所作的研究和介绍是非常一致的。一个竞争激烈的不安定社会，一种维持生存的经济，一种介乎权利与事实之间的推来挤去的状态，一个为诉讼所累并且在行政上不堪重负的

---

[1] 参见［日］岸本美绪《清代民事法秩序》，程兆奇译，《中国研究月刊》1997 年 4 月号，第 2—8 页。

社会。把这些现象叠加在一起，我们对明清时代的社会危机便获得了相当深刻的了解。在这方面，滋贺与寺田两位教授以及他们所代表的学者业已作出的贡献，无论如何是不容低估的。不过，同时我也想指出，他们的这些研究和贡献可能在两个方面受到了限制。

首先，如果中国传统社会中的规范和秩序真的像滋贺和寺田这些学者所说的那样，是不固定的、非客观的、不稳定的、没有制度化的和无法倚赖的，那么，人们自然会问：在这样一个社会里，秩序如何可能？其实，这并不是一个与其研究无关或者在其研究目标之外的问题，而恰是其类型研究中应予探究的重要方面。因为在他们看来，中国传统社会中规范秩序的性质和机制虽然与西洋社会里的全然不同，但它们既不是没有意义的，也不是低级幼稚的，用寺田教授的话说，"这样的制度无疑也是人类的一种有价值的社会活动或者人类为了形成秩序而努力构筑的一种文明产物"（第121页），而他们的工作，正是要对这一在"方向上与西洋相异"（第121页）的秩序类型给以全面的说明。事实上，滋贺与寺田两位教授在指出中国传统的规范秩序"不是什么"的同时，对于它们"是什么"以及它们如何运作也作了大量精细入微的研究和令人信服的说明，而且，他们也都看到这种规范秩序类型在历史上表现出来的有时是令人不可思议的强大功效。比如，滋贺教授注意到，"对于当时生活于其中的人们来说，使任何必要的营生都有可能进行的交易或财产安排，以及支持着这些活动的……法的稳定性，却大致能够在社会里得到维持。……那是一个由富于理财感觉、擅长经济计算、能够根据需要和实际情况创造出关于契约和产权的种种类型的人们所组成的社会……。法只是由外行的人们所创造和支持——这一点难道不正是中国社会的底力之所在吗？"（第81页）寺田教授也说："清代社会……是一个大规模的社会。而且在那里有相当程度分化了的民事契约诸多类型并存，并在起作用。这样一个社会用这样一种方式得以运行，至少大体上还能维持民事秩序，这本身是应该由法制史研究解决的一个谜。"[1] 尽管如此，由于上面提到的种种原因，他们对这个社会中稳定机制的描写，远不如关于这种秩序的内在危机的刻画来得深刻和有力。当然，很可能在他们看来，当时的社会状态就是如此。但是这种看法本身是不是也多少限制了他们的想象力，使他们没能对当时社会机制中另外一些重要问题作深入的探讨呢？这里涉及的问题，并不是应当怎样评估明清社会甚至中国传统社会的历史地位，而是关乎人们对历史尤其是自己的历史的多重好奇心。的确，生活在今天的历史学家，对过去的社会有着多重兴趣，他们希望了解社会的全貌和全过程。只说那个社会里没有西洋意义上的法和规范是不够的，说那里的规范秩序不具有客观性和缺乏制度装置也是不够的。人们还想知道，在这种情形之下，社会秩序怎样被建构起来，又在什么条件下得到维系；这种规范秩序对于当时人的实际生活具有什么样的影响；它在多大程度上满

---

1 ［日］寺田浩明:《关于清代土地法秩序"惯例"的结构》, 王莉莉译, 载《日本中青年学者论中国史》（宋元明清卷）, 上海: 上海古籍出版社, 1995年, 第673页。

足了当时的社会要求，以及通过什么样的机制做到这一点。对他们来说，当时在秩序核心处发生的事情与在秩序边缘上发生的事情可能同样地值得关注。因为，除了单纯的学术好奇之外，这些都与他们批评性地认识自己现下的处境有关。这里，我们可以引入另一个问题，即类型分析中的历史维度。

经常见到的对类型研究的另一种批评，是说这种方法容易导向静态的模式，因此不足以说明社会变迁。换句话说，注重类型的分析方法可能包含了某种非历史倾向。如果这种批评是有根据的，那么，在历史研究领域本身，也可能出现同样的问题。事实上，仅就本书所收的研究论文而言，时间因素在其中似乎没有受到足够的重视。表面上看，这确是一种令人费解的现象。因为对明清社会的研究本身就是历史性的，况且滋贺、寺田和夫马几位教授的研究，突出的并非明清社会的安定和稳妥，而是其动荡不安、矛盾纠结难解的状态。然而，在"动态"中形成的社会规范也好，不稳定的社会图像也好，都是在一种特定秩序类型的框架内被认识和说明的，而这种秩序类型的框架不但笼罩了明清社会，还可能超出明清时代，具有某种恒定持久的特征。在这样的叙述方式中，时间的维度很容易被淡化。相反，如果着眼于时间的流变，那么，即使不问这种秩序类型是在什么条件下和经由什么途径发生、发展和演变的，而视之为讨论的前提，我们至少要了解这样一个问题，那就是，中国历史发展至明清时代，社会内部到底发生了什么，以及它们可能意味着什么？如果说，那样一幅动荡不安的社会图景并不是可以推及唐宋乃至秦汉的中国社会的一般历史图像,而在很大程度上为明清时代所特有,那么,我们想知道,究竟是什么样的历史和社会条件使然?换句话说,即使这种规范秩序的内在机制和结构不变,与之相伴随的社会也不总是处在完全一样的情态之中,因此,从变迁的角度看,重要的就不仅是一种规范秩序的类型,同时也是这种秩序类型在其中展开和发挥作用的特定时空。自然,滋贺和寺田几位教授所研究的正是明清时代这一特定时空,而且我相信,他们对于这一点也从来不乏自觉,但是无论如何,他们叙述中的这种时空上的特定性不是在一个更大的历史语境中展开的,毋宁说,他们的叙述策略是在具体的社会里面见出更具一般性的秩序类型,同时借助于对这种一般性秩序类型的观照来解释具体社会中人们的行为。这里,重点在类型,不在特定时空。这样,时间因素就变得不那么重要了,相应地,秩序类型中的不一致方面、变异因素和我所谓的"裂隙"没有得到应有的重视,其结果,明清社会研究所具有的历史意义可能也或多或少被削弱了。[1]

在时间维度之外,对变异因素和"裂隙"方面的关注也可以落实到空间上面。中国是一个幅员辽阔的大国,地域性差异十分显著,从历史上看,这种差异不但一般地对地方性的社会组织和知识形态有影响,而且在特定情况下可能左右大的历史变局。不过,在本书所收的研究论文当中,地域的和社会组织方面的差异似乎没有受到足够的重视。滋贺教授

---

[1] 在最近一篇文章里,我尝试着对寺田教授明清社会研究的"历史意义"加以发掘。详见本书《从"礼治"到"法治"?》。

的研究以审判为中心展开，自然强调共通的模式。寺田教授认为超越"小家庭的宗族、村落、行会等共同性的组织一般都很软弱且不稳定"（第191页），所以不曾给予更多注意。夫马教授的讼师研究重在对一般结构的说明，同样不重地域性差异。当然，他们这样做自有其道理，而且强调某种超越地域和其他差异的秩序结构与秩序类型，这种做法本身亦不乏合理性。尽管如此，地域的和社会组织形态方面的差异仍然是重要的，这一点已为以往许多有关中国社会的研究所证明。[1] 因此，一种类型研究模式如果能对类型内部的差异——无论地域的、组织的、制度的，还是知识上的——及其相互关系予以适当注意的话，一定会更加丰富、更有包容性和更具有说服力。

在结束本文以前，我们不妨再回到"比较策略"这个话题上来。如前所述，本书作者有意识地把"西洋法（秩序、观念等）"当作参照物来了解和说明作为一种特殊类型的中国的"法秩序"。一个有意思的问题是，身为日本学者，他们如何界定自己的"法秩序"类型？已经有许多人指出，日本的社会结构与西洋的而不是中国的社会结构更加接近，但是，同样确实的是，日本在历史上不仅是一个东亚国家，而且是一个"儒教国家"，就此而言，说日本代表了一种介乎中国与西洋两种文明之间的另一种秩序类型也许更加确切。而这意

---

[1] 比如弗里德曼关于"边陲地区"和宗族组织的研究，施坚雅的经济区系结构研究，以及人们关于各种地域性政治变革、经济发展和知识群体的研究。法律史方面，我在最近的一篇文章里也谈到历史上不同组织、制度和法律源流的重要性。详见本书《中国法律史上的民间法——兼论中国古代法律的多元复合格局》。

味着，把日本的秩序类型引入其比较性研究当中，应当能同时丰富和深化我们对于中国、西洋和日本法律传统的了解。那么，我们的日本同行为什么没有采取这样的策略呢？我曾以这一问题向寺田教授请教，他的回答多少令我有点意外。在沉吟了一会儿之后他说，没有把日本引入比较之中，是因为包括他们在内的日本学界对于自己的法律传统尚没有清楚的了解，而他们研究和探索中国法律史的一个重要动因，正是要更好地认识自己的传统。仔细想想，我们对自己的历史同样所知甚少，只不过，许多人自以为已经一劳永逸地掌握了历史真理，以至对此毫无觉察，只是固执地重复同一个单调乏味的历史神话。对于这些人，我想，日本学者谦逊、审慎和反思的态度，以及他们在这种态度指导下对中国历史的深度发掘，应当具有促人反省的意义。同时，我也禁不住猜想：我的日本同行心中关于日本"法秩序"的图像——即使是不十分清楚的——可能是怎样的？在研究策略的选择之外，他们模糊地拥有的这幅图像对于他们所描述的中国历史图像又可能产生什么样的影响呢？

《明清时期的民事审判与民间契约》跋

决定编撰这本集子是在三年前。

1995年夏天到东京参加第23届国际法社会学年会时，我第一次见到本书编者之一，当时正在日本九州大学任教的王亚新博士。我们在谈话中提到了日本的中国法制史研究，我意外地同时也是高兴地发现，亚新博士虽然并不以法制史为专攻，但他对这一研究领域的最新发展却有相当的了解和很高的评价。我很希望他能够在教书之余做一点事，好让国内的研究者也能够了解和分享这些研究成果。具体的做法，可以是选一两种有代表性的重要著作翻译成中文在国内出版。亚新博士的反应很积极，不过，照他的看法，近二十年来，日本学界在这方面取得的成绩大而且多，译一两种书很难反映其全貌。因此，更好的办法是择诸家之说，编为一集，尽管这样做比较麻烦，困难也更多。对此，我完全同意。当时我们还设想，是不是可以为此成立一个研究小组，把单纯的翻译工作变成中日学者之间的一项合作研究。自然，这个设想没有全部实现，但其中最重要的部分，也就是使翻译具有交流和研究的性质这一构想，却被坚持下来，成为本书编撰上的一个特点。

这里，我想，没有必要详述三年来此项译介工作中的种种细节，我只想指出，这项工作是在本书编者和作者的密切配合之下进行和完成的。最能够表明这一点的是亚新博士的工作。亚新长年在日本学习和工作，不但熟悉有关领域的研究状况，更与本书几位作者有着良好的信任关系。他的译文得到了作者的认可，他为本书撰写的"解说"也都经作者本人过目和认许。此外，他还帮我同本书作者做了许多必不可少的沟通工作，使我们有可能通过见面和交谈等方式进行直接的交流。在此过程中，我们之间的"对话"也曾见诸文字，比如拙著《清代习惯法》一书的"跋"，本书另一位作者岸本美绪教授在1997年第4期《中国研究月刊》上发表的文章，等等。

按照约定，在本书的全部译文和解说完成之后，由我通读全稿，然后撰写对全书的评论。坦白说，这是一项令人兴奋的同时也是极富挑战性的工作。这不仅是因为，摆在我面前的这些论文，代表了最近十数年里两代日本学者在相关领域中所做的极为出色的研究，而且是因为，这些学者在其研究中所遵循的"范式"，如所谓现象学方法或主观主义方法，以及基于不同文明类型的比较的和类型的研究取向，恰与我自己学术实践的路径相同。就此而言，我的这篇"评论"，并不只是针对任何"他者"，而是，至少同时也是，一个针对自己的学术反思。当然，我这样说，并不意味着我以往的研究同本书作者的研究没有区别，或者，这种区别意义甚微，可以忽略不计。事实是，我们由相当不同的学术传统和问题意识出发，最后殊途同归，不期而遇，这无论如何是一件值得注意的事情。仔细地辨析和比较这些研究的异同，可能发现现象学方法和类型研究方法的边界，也可能加深我们对这种研究范式解释力的了解，更重要的是，人们可能从中发现研究者的"视界"——由特定学术传统、问题意识、知识背景和个人经历等复杂因素构成——在其课题选择、叙述策略和最后形成结论过程中的决定性作用。自然，这种对研究的研究不是我现在所要做和能做的事情，尽管如此，在结束本文之前，我还是想回到一个具有反思性的话题上面，这也是最近在同寺田教授交谈时我们讨论较多的问题之一，那就是：

我的问题意识是什么，为什么我会采取现在这种研究策略？

我转入对所谓习惯法的研究，直接的原因，是想要回答多年前我在《寻求自然秩序中的和谐：中国传统法律文化研究》一书中提出而没有正面解答的问题，即如果按照中国文化的内在逻辑，民法，或者，不管我们把它叫作什么，一种与西方法律传统中私法体系相对应的法律制度，不但不存在，而且也不可能生长起来，那么，当时社会的日常生活秩序，尤其是其中关涉经济交往和利益分配的部分，实际上是怎样一种情形呢？这种生活秩序需要规则和规范来维系吗？如果需要，这些规则和规范又具有什么样的性质呢？在回答这些问题的时候，我采取了一种主要来自社会学和人类学的立场，即不是把法同今人所熟悉的各种国家法律设施联系在一起，而是把它同秩序、团体和行动者相联系。我这样做的原因，固然是因为，在传统中国社会，所谓国家法律所及的范围极其有限，更不用说在我所讨论的这个领域，律例上的规定极为疏略，以至民间自生秩序事实上拥有广大的发展空间；同时也是因为，受正统法律观影响，这里流行的做法是突出国家意志（"统治阶级意志"），所谓习惯法也只能是在国家（意志）认可的基础上来加以定义，其结果，中国法制史研究往往局限于国家典章一类"正式制度"，而对民间自生秩序方面的问题极少涉及，偶有涉猎，也很难提供完整和有说服力的解释。后面这种情形，在我看来，根本是一种意识形态上的武断，也是一种"现代中心主义"的傲慢。我还认为，除非意识到这一点，进而摆脱这种武断和傲慢，我们不可能对历史或任何"他者"有真切的了解。当然,我同时也意识到,我所面对的社会远非简单小型的初民社会可比,它规模巨大,历史悠久,是高度分化的复杂社会。因此,我试图区分习惯法与"国家法"(官府之法),区分习惯与习惯法,试图探寻习惯法发生、演变和发挥作用的内在机制,确定习惯法在一个多元复合的法律-秩序架构中的位置。

对于这项研究,人们最喜欢提的问题是:为什么是习惯法而不只是习惯?习惯法如何区别于习惯?寺田教授也向我提出过同样的问题。应该说,这不是一个容易回答的问题。这部分是因为,即使接受这种说法,我们也乐于承认,在由习惯与法律所构成的连续体上,(狭义上的)习惯法是处在法律性最弱的一端。实际上,答案也包含在这种解释里面。如果我们不是把法律视为一个内部同质、边界清晰而且固定不变的实体,而把它看成是一个不断变化着的连续体,甚至,一个具有这种含义的能够帮助我们了解社会秩序形成和维系过程的概念,我们就可能采取一种更灵活的态度,去发现一些我们以往从"上面"看不见或者看不清楚的东西。比如,在我们的视野之外,存在大量的规则和规范,尽管这些规则和规范不是由官府所颁定,也不具有"官宪"的形态与权威,但它们一样发挥着规范行为、调节利益、定纷止争的功能(就其产生与发展并非与纠纷无关这一点来说,它们并不是单纯的"非争讼性习惯")。不仅如此,从当时流行的与之相联的名称如规、例、则、禁、章程,甚至,法里面,我们可以明确无误地读出法的意味。那么,如何区分习惯法与没有法之意味的习惯呢？关于这个问题，拙著《清代习惯法》（尤其第166—168页）已有初步的讨论，不赘述。这里只想指出，以这种方式去区分习惯与习惯法虽然有种种困难，但不是不可能。问题是，根据法的其他定义，即使是大家容易接受的那些定义，就可以轻易地将法律与非法律的规则和规范区别开来吗？

我知道，寺田教授的问题还有更深一层含义。因为他所采取的策略，从某种意义上说，与我的正好相反。他的比较性框架的出发点既不是社会学的，也不是人类学的，而是狭义的法理学。他有意从一个严格界定的规范模式入手，以便突显出建立在另一种文明类型上的秩序类型，因此，毫不奇怪，把这种策略的逻辑贯彻到底，可能得出同样令人费解的结论，即在传统中国社会，不仅民间的习惯不是法，国家的律例也不是法。不过，我也注意到，寺田和他的同事们不止一次地使用诸如"法秩序"这样的说法，这是否意味着他们愿意在"名称"问题上采取一种比较具有弹性的立场呢？的确，一旦通过反思了解了自己的和他人的立场与策略，结论上的分歧就可能退居次要的位置，甚至，我们可能发现，那些表面看来正相反对的结论，实际上并无矛盾。重要的是必须了解，这些不同的结论是从什么样的前提，经由什么路径推导出来的。认识到这些，我们就可能了解到自己所受的限制，知道在同他人（及其研究）的关系中自己的位置所在。我这样说可能给人一种印象，即历史研究并不是或者不能够为人们揭示出诸如真理或者历史规律一类确定不移的知识，而不过是一些不同的人所讲述的不同的故事。我承认，至少我自己并不以揭示历史规律为己任，而且，对于客观的历史真理一类说法，我也一向表示怀疑。历史，正如卡西尔所说，存在于历史学家的记忆当中。记忆当然是主观活动，但不是胡思乱想，不是做白日梦。记忆是一种智力活动，它遵循一定的程序和规则，而且要接受检验。然而，正因为历史研究的这一性质，历史学家所讲述的故事就总是不完整的、受到限制的。因此，要测度一则历史故事的真实性，应当从了解讲故事人所受的限制开始。

毋庸讳言，本书所勾画出来的清代民间秩序的图景，与我在《清代习惯法》一书中描写的有很大的不同。也许有人会问：两个当中哪一个更真实？不能说这个问题提得没有道理，但我还是宁愿把它变成：它们各自具有多大的真实度？在满足我们的历史好奇心、理论兴趣、实践要求等方面，它们可能作出什么样的贡献？我不准备回答这些问题，相反，我又引入了一个新的思考问题的维度。我相信，只有在一种开放的和多方参与的问答过程中，历史研究的意义才会逐渐显露出来。

两年前，在结束另一篇同样是与本书几位作者讨论的"跋"[1]时，我为自己对日本同行的了解作了保留性的说明，同时表示希望那篇小文能够成为一个"对话"的开始。现在，两年过去了，我们之间的相互了解有了明显的增加，尽管如此，我仍觉得有必要就同样的问题作同样的保留。毕竟，我

---

[1] 详见梁治平《清代习惯法》，第187—202页。

能够读到的只是相关研究的一小部分,而在这样的情况下发表议论,即使谨慎从事,恐怕也难免偏颇之讥。我之所以大胆写出自己的意见,仅仅是因为,我相信这种"对话"是有意义的,而且事实上,它已经取得了建设性的进展。

英国普通法中的罗马法因素[*]

一

由于各种各样的原因，罗马法与英国法的关系成为英国法律史上最难解的问题之一。传统的英国法理论认为，英国普通法是一个独立发展的制度，不曾受任何外来影响。

的确，与欧洲大陆国家相比，英国法律的发展独树一帜，但这并不是说，它完全离开了欧洲历史上罗马法传播的主流。实际上，罗马法对英国普通法的影响是多方面的。只是，这种影响的方式、时机、程度和性质，与欧洲大陆国家的情况迥然有别。本文的目的，正是要通过对有关历史的综合考察和对普通法制度的具体分析，尽可能深入、系统地研究这一问题。

---

[*] 原载《比较法学研究》1990年第1期。

二

  大陆法系和英美法系的划分，隐含着历史渊源上的不同。一般认为，前者是在全盘继承罗马法学的基础上发展起来的。后者，特别是其核心的英国普通法，则是在此之外独立发展形成的。大陆法系又称罗马法系，即可为证。

  这种划分虽有一定的历史根据，但其简单化倾向也是显而易见的。从世界史和文化史的角度来看，英国与其他欧洲国家同属一个文化体，有着共同的精神纽带，经历了相同的社会发展阶段，受到过同样的文化运动的洗礼。这一事实对欧洲诸民族法律的发展，必定产生深远的影响。

  11世纪，以意大利为中心，欧洲出现了复兴罗马法的热潮。一时间，意大利吸引了欧洲各国的学者和有志青年。他们负笈千里，来到意大利，接受罗马法的训练。在当时，通过在书边空白处详加注释的方法研究罗马法成为一种专门的学问，掌握了这种方法的人则被称作注释法学者。这场运动的起因，据说是在阿马尔菲偶尔发现了查士丁尼《学说汇纂》（*Digesta Justiniani*）的抄本。这个神奇的故事现在已经很少有人相信了。因为，与其说仅仅由于这本书的偶然发现，历史便表现出空前的热情，不如说正是历史的召唤使这部久已湮没无闻的著作重见天日。

  9世纪以后，经历了几百年战乱的欧洲正在悄悄地复苏。社会生活趋于稳定，许多地方都出现了定期集市，一批中世纪的城市在罗马残破城市的基础上发展起来，特别是像热那亚、威尼斯这样一些港口城市,由于有地中海得天独厚的地理条件,迅速发展成为东西方贸易的枢纽。各地商贾云集于此,他们之间的纠纷渐渐由城市特别法院按商业惯例解决。半是由于历史传统,半是由于商业活动的性质,罗马帝国时期流行于地中海沿岸的商事法律首先在这里复活了。这些惯例和规则成为中世纪的"国际法",传布甚广,影响极大,成为后来包括英国在内的欧洲各国海商法最重要的渊源之一。这样,到了11世纪,欧洲已经挣脱出"黑暗时代",开始举步向前了。一切都在恢复,到处都需要秩序,需要干练的行政官员和法律实业者。当时的意大利罗马法学校向社会提供的正是这种人才。

罗马法的第二次复兴起源于德意志诸国,发生在1400—1700年间,史称"罗马法的继受"(Reception of Roman Law)。它同后期文艺复兴和宗教改革运动遥相呼应,成为一个更为广泛的运动的一部分。[1] 从意大利学成归来的罗马法学者,先在大学,继而在帝国最高法院获得立足点,并着手取代各地粗野无知的贵族审判员,扫荡最多只是部分罗马化的中世纪习惯法。[2] 这一运动对在欧洲大陆进一步确立罗马法的地位,起了直接的推动作用,对于19世纪席卷全欧的法典编纂运动,

---

1 沃克(D. M. Walker)把这场运动局限于德意志诸国,普鲁克内特(Plucknett)则认为,这是欧洲各国接受古典罗马法,取代只是部分罗马化了的中世纪习惯法的广泛运动。见Plucknett, *A Concise History of the Common Law*, New York: The Lawbook Exchange, Ltd., 1929, p. 43。本文倾向于后一种意见。此外,这场运动在较小的程度上也是教会法的复兴。在德意志,继受罗马法与教会法的复兴互为表里。
2 详见戴东雄《中世纪意大利法学和德国的继受罗马法》,载《固有法制与现代法学》,台北:成文出版社有限公司,1978年。

有着深远的影响。

虽然，古代文明辉煌的大厦早已崩颓，它却留下许多有用甚至是精致的材料，后人就用这些材料建造了更巍峨、更宏伟的建筑。这就是历史，这就是文明的发展史。当中世纪的欧洲摆脱了普遍的无政府状态，当它的商业经历了复苏而日益蓬勃，当它的社会生活愈来愈复杂，因而感到需要更为精巧的调节手段时，它"发现"了罗马法。适应发达的简单商品生产的古代罗马法，比之中世纪分散、保守的地方习惯法，具有经济上、文化上无可比拟的优越性。"在罗马法中，凡是中世纪后期的市民阶级还在不自觉地追求的东西，都已经有了现成的了。"[1] 正是在这种广阔的历史背景下，罗马法在欧洲的复兴就势在必行了。身为欧洲大家庭一分子的英格兰也无法躲避这洪流的冲击。

1066年，诺曼底公爵威廉入主英格兰，是为威廉一世。在英国法律史上，这一事件具有划时代的意义。诺曼人不仅带去了法语和决斗裁判法，还带去了一批精通罗马法和教会法的高级僧侣。通过他们的活动，英格兰接触到了当时欧洲文化的主流。从此，"英国离开了北欧并跻身于法国文化和地中海文化之列"[2]。这一事件决定了英国法的整个前途。

"诺曼征服"最直接最重大的结果，是建立了一个强有力的国王政府，这在当时的欧洲是独一无二的。

1086年，威廉一世颁布了《全国土地调查清册》，这不仅

---

[1]《马克思恩格斯全集》（第21卷），北京：人民出版社，1965年，第454页。
[2]《泰晤士世界历史地图集》中文版翻译组：《世界史便览》，北京：生活·读书·新知三联书店，1983年，第231—232页。

显示了中央政府的强大有力，同时也表明了它欲施行划一统治的决心。这样的政府，有力量，也必定要实行统一的法制。更何况，王室立法的传统自9世纪的艾尔弗雷德之后风行不辍，威廉一世自命为盎格鲁-撒克逊人最后一位国君忏悔者爱德华的继承人，也是为了承袭这一传统。此外，就自然条件而言，英格兰境内地势平坦，河流狭窄，界限确定，也宜于适用统一的法律。尽管如此，英格兰统一法制的形成还是经历了大约两百年的时间。

诺曼人开国之初，居优势的是各地方习惯法，但是，较之欧洲大陆的情形，它又有自己的特点。首先，英格兰没有大量幸存下来的罗马后裔不列颠居民，所以既不曾产生"西哥特人的罗马法"一类的"摘要"，也不曾形成杂糅了许多罗马法因素的地方习惯法，这样，在当地居民的意识里，罗马法便成为外国的制度。在特定的历史条件下，这种意识可能成为吸收罗马法的因素。其次，与各种地方习惯法并行的，还有国王法院适用的法律，这种法律虽然吸收了某些地方习惯的因素，但它本身不是任何一种地方习惯法，它的效力高于地方习惯法，它的发展逐渐取代了地方习惯法。这个过程可以简述如下：国王定期或不定期地派出巡回法官，到各郡处理行政、司法方面的问题。王室法院除对一部分案件（主要是同王室利益有较直接关系者）有排他性管辖权外，还可以根据当事人的选择对其他案件行使管辖权。由于国王法院适用的证据规则更为合理，对判决的执行也更迅速有力，它很快就压倒了地方法院。[1] 考虑到国王政府强大的政治、经济力量，王室法院适用的法律注定要成为通行全国的普通法。当然，王室法院适用的法律也是逐步形成的。最初，受害人向国王请求救济（这是一项古老的日耳曼权利），根据他的申请，国王（通过大法官厅）颁布一纸令状（"诉讼开始令"），上面载明诉讼事由及当事人姓名等事项，责令所在地郡守协助传唤被告，到王室法院受审。开始，令状没有固定的格式，因人因事而异，后来，随着令状的增多，逐渐形成了一些固定格式。诉讼当事人必须根据自己的案情选择合适的令状，如果选择有误，就会败诉。日后蔚为大观的英国普通法，正是循着这一途径发展起来的。

综观11—13世纪英格兰法律的发展，有两点特别值得注意。其一，当整个欧洲还为地方习惯法所支配的时候，英格兰的君主已经建立了统一的中央集权式的司法组织，并着手适用通行全国的划一法律。其二，英国普通法的形成是经验式的，从令状到令状，由案件逐个积累而成，并非由某种单一的理论或抽象的前提演绎出来。前者决定了当时英格兰适用统一法律的迫切性和鲜明的实践性，后者则确定了最早的法官集立法者、法官和法学家于一身的特点，也决定了英国式法律教育的经验特点。

那么，在英国普通法草创的过程中，是否存在罗马法的影响？如果有，是否具有独特的性质呢？

---

[1] 参阅 R. C. van Caenegem, *The Birth of the English Common Law*, Cambridge: Cambridge University, 1974, pp. 33-34。

如上所述，11世纪时，席卷欧洲大陆的罗马法复兴正如火如荼，方兴未艾。11世纪诺曼人的大举入侵也把这股罗马风带到了英格兰。当年随同威廉进入英格兰的，有一位大陆罗马法复兴的先锋人物兰弗朗克（Lonfranc），他曾以僧侣身份为诺曼人入侵赢得教皇的支持，后出任坎特伯雷大主教，极受威廉一世的信任。他的一个后继者西奥博尔德（Theobold），也很重视罗马法的研究，曾经邀请当时的意大利罗马法学者瓦卡里乌斯（Vacarius）到牛津大学讲授罗马法，在英国法律史上，这是在大学里研究、讲授罗马法的开始。实际上，爱德华一世以前的历代国王身边都有这样一些高级僧侣。他们是国务活动家，是学术活动（包括罗马法研究）的庇护人，还是知识渊博的学者和王室法院的法官。他们的活动在很大程度上维系着英格兰法学与欧洲文化主流的联系。通过他们，查士丁尼的罗马法和意大利注释法学派的研究成果才被介绍到英格兰，从而影响了英国法律的产生和发展。

现在，我们要弄清楚，那些汲汲于构筑自己的法律大厦的英格兰法学家，究竟依靠什么来完成他们那巨大的工程呢？固然，他们熔铸了某些英格兰的地方习惯，使之成为统一的整体，但是，冶炼的催化剂从何而来呢？他们会毫不顾惜地把古代文明坚固的材料置诸一旁吗？当然不会。实际上，在英格兰最早的法律文献里，罗马法的概念、方法、格言比比皆是。正如一位学者所说："某些共同的趋向是可以觉察的。用科学方法研究的风气在波伦亚复活之后的大约一世纪后，到处都感到有必要为各种司法体系提供一种既明晰而又更具有机性的结构。……总之,没有波伦亚派学说遍布于欧洲,则任何学说,甚至和罗马法原则距离最远的学说,都不可能以极为一致的形式谱写出来的。"[1] 当然,英格兰所发生的一切并不是大陆罗马法复兴的简单重复,而是一种有选择的"英国化"的过程。二者的区别,可以在对意大利注释法学派与同时代的英国法学家的简单比较中看出。

对注释学派来说,罗马法似乎不是一个已经死去的文明留下的遗产,而像是一种现行的法律制度。无论其中涉及的法律关系是否陈旧过时,他们都一视同仁地详加注疏。他们的工作是读解、整理和演绎,并不是因为抽象的王国对他们具有特殊的魅力,而是因为,现实还未给他们心爱的法典提供一个广阔的天地。当时的欧洲大陆,还没有一个国王强大到能够在整个王国施行一种统一的法律,所以,尽管社会已经感到需要出自意大利法律学校训练有素的行政、法律人才,需要罗马法的某些观念、术语和原则以建立新的秩序,但还无力容纳这个庞大的法律体系,只好任它在大学的讲坛上和学者的书斋里保持其纯粹性。欧洲大陆这种学院式的、系统的和"纯粹"的罗马法同各地习惯法的对立,在英格兰从不曾发生,因为,当时英格兰法律发展的主要问题是实践,是建立一个以王室法院为核心的司法体制,创造一种能取代各种地方习惯的"普通法",以便实行有效的社会控制。所以,当英格兰的法学家接触到这股欧洲文化的潮流,并在它的启

---

[1] 上海社会科学院法学研究所编译:《各国法律概况》,上海:知识出版社,1981年,第67页。

发下写出自己的法学著作时，他们不像注释学家那样汲汲于罗马法原本的解释，而是根据当时的英格兰社会状况，把所学的罗马法知识创造性地应用于法律实践。以这种方式接受的罗马法，当然不会是系统的和完整的。

这里要提到一个有代表性的人物，英国法律史上最伟大的作家之一，英国普通法之父布拉克顿（Henry de Bracton）。他是亨利三世时的王室法院法官、副主教，《英格兰的法律与习惯》一书的作者。布拉克顿对罗马法了解和掌握的程度一向是个有争议的问题，但是，在上述具有划时代意义的法学论著中，他运用了罗马法的分类、排列、原则和格言，却是学术界所公认的。据作者本人说，这部论著是以查士丁尼的《法学阶梯》为蓝本写成的。尽管如此，它论述的主题完全是英国式的，本土风光的。为了写成这部著作，布拉克顿搜集了两千个王室法院的判决，并在书中说明性地引用了几百例。书中论述最多，也最详尽的，是财产取得方式和诉讼程序两个部分，对于人法和债法（在《法学阶梯》中占有相当大的篇幅）则涉足未深。这是因为，财产取得方式和诉讼程序是当时英国社会的主要法律问题，而契约关系在当时尚不发达，至于人法，除已经过时的那部分以外，还有相当部分（如婚姻关系）正逐渐进入教会法管辖范围，须由普通法调整的关系就相对减少了。可见，尽管布拉克顿不可避免地受到罗马法学，特别是当时的意大利罗马法学者的影响。但是，他的确不曾，也不想像注释法学者那样为古本作注，他不过是想

"借助于罗马法的材料,为他那个时代的英国法编纂《法学阶梯》"[1]。

13世纪已具雏形的英国普通法,其地位的最终确立,是在16世纪末,在此之前,它还要经受来自内部和外部的双重挑战。英国法的一般性格,以及英国法与罗马法的特殊关系,在这一段历史中进一步显露和确定下来。

15世纪下半叶,英格兰经历了一场封建领主内部的大厮杀,史称"玫瑰战争",延续了三十年之久。战乱所及,法律和秩序荡然无存,同时,诸大封建家族的势力也在内战中消耗殆尽。这就使后起的都铎王朝可能实行稳固的开明专制。

都铎王朝伊始,在普通法法院之外,出现了一批特权法院,如星法院、小额债权法院、增收法院、监护法院、北方立法会议、威尔士立法议会等等,早一些的大法官法院和海事法院亦属此类。这些法院适用的法律不同于普通法,而或多或少具有罗马法的渊源特征(有时是以教会法为媒介)。[2]这不仅是因为普通法呆板缓慢的程序不能令人满意,也因为

---

[1] P. Vinogradoff, *Roman Law in Medieval Europe*, London: Clarendon Press, 1929, p. 102. 关于布拉克顿创造性地运用其罗马法知识问题,请参阅:C. K. 亚伦为梅因的《古代法》作的序言;Plucknett, *A Concise History of the Common Law*, p. 180;R. J. Schoeck, *Bracton and His Work*, *Early English Legal Literature*, 1958, pp. 42-51, 59; *The Cambridge Medieval History*, Vol. V, pp. 758-759; Maitland, "Materials For the History of English Law", in *Select Essays in Anglo-American Legal History*, Vol. Ⅱ, Boston: Little, Brown & Company, 1908, p. 36; Brunner, "The Sources of English Law", in *Select Essays in Anglo-American Legal History*, Vol. Ⅱ, Boston: Little, Brown & Company, 1908, p. 644;[美]莫理斯:《法律发达史》,第163—164页。

[2] 请参阅 C. P. Sherman, *Roman Law in the modern World*, Vol. Ⅰ, New York: New Haven Law Book Company, 1924, pp. 364-365; A. Harding, *The Law Couxts of Mediaral England*, 1973, p. 166; Plucknett, *A Concise History of the Common Law*, p. 42; Maitland, "English Law and the Renaissance", in *Select Eswsays in Anglo-American Legal History*, Vol. Ⅰ, p. 189。

这类法院的法官职位多半由民法学家充任。[1] 大力起用民法学家，使之出任法官、外交官和行政官；不是扩大普通法法院的管辖权，而是设立特别法院以处理特别事务。这些政策表明了国王同普通法法院之间的某种对立。亨利八世不信任普通法法官，是因为他们属于一个有严密组织和古老传统的职业集团，不会随便受人摆布；他偏爱民法学家，则是因为这些人能够成为政府部门忠于职守的官吏，更何况，罗马法中皇权至上的原则显然比尚保有某些日耳曼自由传统的普通法更合他的口味。据说，他还打算用罗马法全面取代普通法。[2] 由此也可以推知当日罗马法来势之凶猛。然而，16世纪下半叶，潮流为之一变，竟出现了英国法的复兴。这一变化与当时英国资产阶级的日益壮大和英国民族自尊心的高涨可说是互为表里的。1588年，英国舰队一举击败西班牙的"无敌舰队"，这个事件的意义极其深远。莫尔顿写道："到1588年止，英国资产阶级一直为生存而斗争，从这以后，他们就为政权而斗争。因此，击败无敌舰队一事不但是外交上的转折点，也是英国国内历史上的转折点。商人用自己的船舰和自己的金钱取得胜利，……这个胜利转变了一百年来阶级关系的性质。资产阶级觉得自己有了力量，而一有了这种自觉，他们与君主制度的长期联盟就开始解体。君主制度也许还需要他们的支持，但他们不再需要君主制度的保护，甚至在伊

---

[1] 在中世纪法律语汇中，民法指罗马法，民法学家即为罗马法学者，含义与现在不同。
[2] Maitland,"English Law and The Renaissance", Whitefish: Kessinger Publishing, 2004, pp. 176-178, 182-185。

丽莎白去世以前，议会已表现出空前的独立性。"[1] 虽然这个阶级暂时还不能凭借自己的力量彻底打败旧势力，但可以和它对垒了。议会不喜欢罗马法，不仅是因为它被视为一种外国势力，且在传统上总被认为同一向敌视英格兰的神圣罗马帝国皇帝有关联，更主要是因为，议会在其中看到了王权至上的原则。既然有悠久历史的普通法可以用来抑制国王的专横暴虐，议会就毫不犹豫地站在了普通法一边，把英国法律传统中最古老的权利当作摧毁国王特权的武器。至于普通法法官，他们反对罗马法几乎是一种职业的本能。因为，起用民法学家和设立特权法院直接危及他们的各种权益。这样，议会就和普通法的职业集团携起手来，共同抵制了罗马法的入侵。[2]

我们看到，从 11 世纪到 16 世纪，英国法学家对罗马法的态度经历了一个很大的变化：从积极借鉴到坚决抵制。其中原因很多，总的来说，社会的、政治的原因多于法律的、技术的原因。这些原因作用的结果，便是罗马法在英格兰的传播受到阻碍。但是，当我们谈到 16 世纪英国普通法战胜罗马

---

1 ［英］莫尔顿：《人民的英国史》，谢琏造译，北京：生活·读书·新知三联书店，1958 年，第 161 页。
2 梅特兰（Maitland）在其 "English Law and The Renaissance" 一文中描述了当时的情形，认为律师学院的存在是阻止罗马法侵入的根本原因，见第 189—195 页；普拉克内特在此之外还强调了普通法关于土地的复杂制度等阻却罗马法的客观原因。参阅 Plucknett, *A Concise History of the Common Law*, pp. 43-44, 214-215; 卡内基姆（Caenegem）提出"时间差"之说，认为普通法早已形成，以至在 13 世纪时已无改变它的可能了。见 R. C. van Caenegem, *The Birth of the English Common Law*, pp. 92, 108-109; 此外，梅特兰和布伦纳（H. Brunner）还提出了"免疫力"说，认为英国普通法早期曾吸收了罗马法，因而具有了"免疫力"。上述意见中不乏合理因素，但是总的来说偏重于技术性。

法，谈到它在国内地位的确立，并不意味着罗马法的影响从此便告消失，或者，普通法由此便一成不变了。任何一种社会制度，要存在就要图发展，欲发展便须有更新，普通法也不能例外。17世纪，普通法吸收了商法，包括其中许多适用已久的罗马法原则、规则；19世纪以后，在许多案件，特别是有关契约的案件中参考、引证、讨论罗马法的事例更是屡见不鲜（详见下）。这两个例子都可以说明罗马法对普通法的进一步渗透和普通法借罗马法而进行的自我改造。其实，在英国法律史上，除去个别情形，研究、参证，甚至借鉴、吸收罗马法的做法几乎不曾中断过。而上文所说普通法地位的确立，不过是说，普通法不再担心罗马法取而代之，而且，在英格兰，除某些特别法院，罗马法并不具有强制力。相对于当时欧洲大陆法律的发展，这正是英国法律发展的特点。

三

早在11世纪，威廉一世在英格兰适用的法律中就有罗马法的痕迹。其时的一部私人法律著述，名为《威廉一世的法律》，其中多为盎格鲁-诺曼法律，部分以威廉一世的制定法为依据。据说，全书五十二章中有六章可以看到直接、间接地引自查士丁尼的《学说汇纂》和《查士丁尼法典》的罗马法规则。[1] 类似这样的英国早期法律是否对普通法的形成产生重大影响，尚无明确答案。但是，普通法的诞生，大大得益

---

1 参见 H. Brunner, "The Sources of English Law", p. 22。

于当时的罗马法复兴运动，这却是众所公认的。有些作家认为，在英国普通法的发展初期，罗马法的影响还大量地表现在王室法院的司法判决中。比如，阿莫斯（Amos）在其《罗马法》一书中写道："直到14世纪初，罗马法的权威还被人在普通法法院征引，并非如现在那样作为说明或次要的证明，而是当作基本的、实际上是决定性的东西。"[1] 舍曼（C. P. Sherman）也指出了这一点，他甚至还举出了一个1311年的判决作为例证。[2] 总之，这一时期的特点似乎是，罗马法的材料被巧妙地加以运用，与日耳曼法和封建法的材料糅合在一起，为本地风貌的诉讼外壳所掩盖。

16世纪以后，普通法又经历了一个新的发展阶段。通过科克（Coke）、霍尔特（Holt）和曼斯菲尔德（Mansfield）的不懈努力，商法终于成为英国普通法的一部分。由于商法在渊源上与罗马法有深刻的联系，它之进入普通法不啻是罗马法间接但大量地渗入了英国法中。[3] 著名的普通法法官，被誉为"英国商法之父"的曼斯菲尔德，有精深的罗马法和商法的知识，完全不同于旧式保守的普通法法学家，[4] 这大概不是偶然的。

---

[1] 转引自 C. P. Sherman, *Roman Law in the modern World*, Vol. I, pp. 359-361。
[2] 同上。
[3] 请参阅 W. S. Holdsworth, "The Development of the Law Merghant and its Courts", in *Select Essays in Anglo-American Legal History*, Vol. I; T. E. Scrutton, "Roman Law influence in Chancery, Church Court, Admiralty, and Law Merchant", in *Select Essays in Anglo-American Legal History*, pp. 220-247; T. L. Meary, "The History of the Admiralty Jurisdicfion"。
[4] 请参阅 J. Marke, *Viguettes of Legal History*, 1977, p. 196; J. Bryec, *Studies in History and Jurisprudence*, Vol. Ⅱ, p. 863; T. Plucknett, *A Concise History of the Common Law*, pp. 170-172。

进入18世纪以后，英国社会生活有了很大的发展，司法实践中遇到的新问题愈来愈多。对这些问题，普通法要么缺乏明确的指导，要么规定陈旧过时，不够合理。这时，法官们突然发现，几个世纪以前的布拉克顿已经为他们提供了解决这些问题的良方，特别是在契约方面。于是，引用罗马法文本的情况越来越多。当然，这些引证在普通法法庭上是没有拘束力的，但是，它毕竟有助于解决现实问题。在某种意义上，它影响了法官的判决，从而影响了英国普通法的发展。

相对来说，罗马法对普通法的影响，物法方面多于人法。这一方面是因为，中世纪以后，古代社会某些有关的法律关系已经陈旧过时。另一方面是因为，传统上，人法的事务多由教会法和衡平法管辖。尽管如此，这一领域内的罗马法因素还是有迹可寻的。

早在13世纪，为了确定早期英国社会农奴的法律地位，诺曼法学家显然运用了他们的罗马法知识。比如，布拉克顿借用了罗马时代的概念，用"附条件解放自由人"（statuliberi）指享有自由的农奴，如作为自由人居住在自由土地上的农奴。这种人实际上受法律保护，任何人若对之主张权利，都必须提起"逮捕并返还逃奴令"（de nativ habeudo）的诉讼，并负举证之责。"自然，这不是罗马学说，它不过是用于英国学说的罗马词汇而已。"[1] 此外，布拉克顿还注意到罗马帝国晚期关于不得虐待奴隶的法律规定。他强调，奴隶并非完全处于其主人的权力之下，领主不得对其农奴加以

---

[1] P. Vinogradoff, *Roman Law in Medieval Europe*, p. 111.

"残酷伤害"。[1] 当然，中世纪农奴地位的改善自有其政治、经济的原因，但是，为这种改善提供法理上的依据也是不可或缺的。诺曼法学家在这样做时取材于罗马法，也不足为怪。取用手边的材料总要方便一些，更何况，诉诸古代权威通常较另辟蹊径更保险些。

在物法方面，最先引起我们注意的是动产（personal property）和不动产（real property）的划分。在英国，直到1925年以前，这种划分一直是财产法的基本原则之一，而它最初却是植根于罗马法学家关于诉讼分类的学说之中的。罗马法中，诉讼的基本分类之一是对物之诉（action in rem）和对人之诉（action in personum），前者涉及原告享有的对世权，如所有权、役权等，后者则旨在强制被告履行因契约、私犯或准私犯所生的债，不发生获取特定物的问题。早期英国法学家了解并熟悉这种对诉讼的罗马式划分。但是，他们在此基础上又进了一步，即把这种诉讼上的划分用来区分不同种类的财产，大致说来，土地和附于其上的权益是为不动产，其他则可归于动产一类。前者受物权诉讼（real action）的保护。其权利主张直接针对着特定物；后者则不然，其权利主张须以债权诉讼（personal action）的方式提出，它所针对的是特定人。这种由诉讼种类的区分进到物本身的分类经历了

---

[1] Ibid, pp. 110–114; W. W. Buckland, *Roman Law and Common Law*, Cambridge: Cambridge University, 1936, p. 27.

漫长的时日，而其起点为罗马法上的概念是没有疑义的。[1]

关于所有权和占有的理论，罗马和英国相去甚远。按照罗马法的理论，所有权是真正的和完全的物权，占有则是对物的受法律保护的享有，在很长一段时期内，它只是一种事实而非权利，二者有明确的界限。但在英国法中，这两个观念却消失在"合法占有"（seisin）的单一概念之中。按照这个概念，在土地争讼中，法院要求当事人证明的不是绝对的所有权，而是更有效的占有（better seisin）。换言之，没有人被要求证明完备的所有权来对抗一切人，只要他能够证明某种比其对手方的权利更为古老的权利就足够了。这种"相对所有权"观念对罗马法学家来说是很陌生的。12世纪以后，"合法占有"成了英国财产法中最重要的概念之一，然而，即便在如此独特的制度中间，我们也可以发现罗马法的影响。

亨利二世的主要成就之一是发展了占有观念，特别是把占有成功地置于王室法院的有效保护之下。罗马法的影响可

---

[1] 参阅 P. Vinogradoff, *Roman Law in Medieval Europe*, p. 115。关于这个问题，欧洲学术界似乎没有大的争论，不过，由于语言、习惯上的原因，中国学者要了解这个问题却多了一层障碍。实际上，罗马关于物的分类中就有动产（res mobiles）和不动产（res immobiles）的划分，这种划分着眼于物的物理性质，与封建关系无关。所以，它与英国普通法中动产和不动产的划分有着根本的区别。按照英国法，某种土地上的权益是"动产"（如租佃持有产），而某种并非土地之物（如地契）却由不动产法调整。之所以如此，在于其划分的标准是封建性的，不能在"可移动"和"不可移动"的意义上加以理解。动产和不动产这样一对中译名常常不加说明地用于英美国家法律制度和大陆国家法律制度，这非常容易引起混乱。须知，大陆法系的"动产"与"不动产"用的是另外两个词组，即"movable property"和"immovable property"。从字面上看，它很像是罗马法中同一种划分的发展。考察这两对概念的不同写法很有意义，它可以为我们提供一个语义学上的证据。从罗马的"action in rem"（和"personum"）到英国的"real action"（和"personal action"），再到"real property"（和"personal property"），这中间的递嬗关系不难发现。

以在这种保护占有的诉讼之中清楚地看到。最初，受侵夺的"合法占有"者欲恢复其占有，须直接申请"权利恢复令"（writ of right），但在这种诉讼中，被告总是处于更为有利的地位。他可以无限期地延宕，即使进入辩论阶段，原告还要负举证之责。为改变这种不合理的现象，教会法学者主张：受剥夺者应当先行回复占有，然后再辩明案件的是非曲直。这种办法首先用于教会案件，特别是主教被逐出其管区的案件。亨利二世新的诉讼手段，著名的"新不动产回复"（novel disseisin），正是以此模式建立起来的。在这种诉讼中，被剥夺了土地的"合法占有"人可以先回复其占有，另一方当事人如果提出权利（title）问题，可随后作为原告申请"权利恢复令"。起初，"新不动产回复"只是提起"权利恢复令"诉讼的辅助性和预备性程序，但在许多案件中，当事人满足于这种裁定，逐渐地，这种诉讼形式就获得了独立的地位。[1]

这种占有保护的形成，主要得益于罗马法的"禁令"（interdict）。只是，这里的罗马法影响是经教会法这一媒介传达于英国法的。罗马法中的"禁令"是由裁判官发布的一种命令。最初，这种命令只在详细考虑了案件的是非曲直之后发出，并且是最终的。到盖乌斯（Gaius）时，在多数情况下，可以先行发布"禁令"，并不考虑当事人的严格权利问题，然后再据令状加以审理。这里要提到的是一种名为"unde vi"的返还令状，这种令状关乎占有，属于回复占有的令状。[2] 中

---

[1] 参阅 T. Plucknett, *A Concise History of the Common Law*, pp. 274–275。
[2] 参阅 R. W. Leage, *Roman Private Law*, London: New York: Macmillan, 1906, pp. 401–405。

世纪的教会学者对这种令状颇为熟悉。他们的"返还被窃物之诉"（actio spolii）就是以罗马的"unde vi"为模式建立的。许多作家进一步指出，亨利二世的"新不动产回复令"正是教会法中"返还被窃物之诉"的世俗变种。[1] 据说，英国普通法之父布拉克顿就曾把这种古老的英国令状与罗马的同种"禁令"（unde vi）视同一物。[2]

在所有权和占有之外，罗马法中还有其他各种重要的物权，在这些方面，它对英国法的影响是显而易见的。下面将依次讨论人役权和地役权方面的法律。

罗马法的人役权分为四种，其中，用益权（usufruct）与英国法中的"无继承权地产"（estate not of inheritance）或"终身地产"颇为相似。1891年，大法官分院审理了一桩案件，该案涉及终身租户（tenant for life）砍伐林木的权利问题。

---

[1] 梅特兰在许多地方都持此说，其他如：P. Vinogradoff, *Roman Law in Medieval Europe*, p. 99；W. W. Buckland, *Roman Law and Common Law*, pp. 59, 338-339；S. F. C. Milson, p. 138；等等。

[2] C. P. Sherman, *Roman Law in the modern World*, Vol. II, p. 406. 对此看法，也有持异议者。比如，霍兰德（H. A. Holland）认为，梅特兰坚持此说，乃是一种"时代的错误"。因为，至12世纪末以前，教会法并未发展出"侵夺之诉"（actio spolii）一类的程序。但是霍兰德并未提出充分的证据来支持他的看法，他所引用的两位中古法律研究者的话恰恰与他的意见相左。"任何被剥夺占有之人，得在所有权依法确定之前回复其占有。有充分的理由认为，这样一条原则是教会法的古老格言，在'伪教令'中被明确宣布，在有关文献为格拉提安（Gratian）搜集并系统化因而得到广泛流传以前，它的内容在11世纪和12世纪早期即为英国人所熟知。" H. G. Richardsan and G. D. Sayles, "Select Cases of Procedure Without Writ Under Henry II", 转引自 H. A. Holland, "New Light on Writ and Bills, Influence of Roman Law in England in the Twelfth and Thirteenth Centuries"（C. L. J. 1942-1947. V. 8-9, pp. 260-261）。我们知道，著名的"伪教令"大约出现在9世纪中叶，格拉提安的"教令集"则出版于1140年前后，正是在这个教令集中，他把上述原则应用于被逐出主教管区的主教们，可以说，这是应用"侵夺之诉"的起点。亨利二世登基是在1154年，在他统治期间，法学家们借鉴教会法是种诉讼模式，建立自己的适合当时社会需求的占有保护，这在客观上是完全可能的。

上诉法官鲍恩（Bowen）在判决中说："在一桩肯定是新的案件中，参照用益权的法律（law of usufruct）是很合适的，英国有关损害的法律（law of waste）在很大程度上是建于其上的。"他进而引证了《学说汇纂》（Dig. 7，1，11；7，8，32），并且从盖乌斯那里找到了"再生林木"（sylva caedua）的定义（Dig. 50，16，30）以及现代注释家对之所作的解释。[1]

地役权方面，罗马法的影响更加突出。在这方面，甚至从布拉克顿开始，英国的理论权威就时常诉诸罗马法，所以，威廉·马克比（W. Markby）强调说，英国的地役权法律"一直，并且继续受着罗马的巨大影响"（*Elements of law* §403）。[2] 1843年，财务法院审理了一桩关于土地所有人行使汲水权的案件。在这个案件中，由于被告善意地行使此项权利，使得财产位于其上方的另一土地所有人（该案原告）的水井干涸。由于没有正好适用的英国权威理论，双方律师和法官遂详细讨论了罗马法的有关部分，并引证了《学说汇纂》和《查士丁尼法典》的某些段落（Dig. 39，3；Cod. 3，34）。结果，罗马法学家马塞勒斯（Marcellus）和乌尔比安（Ulpian）的"有利于被告的论点"被认为"具有决定性价值"。对此，首席法官廷德尔（Tindal）说："对于王国的臣民，民法本身并不构成

---

[1] Dashwood v. Magniac (1891) 3ch. 306, 362; 60 L. J. Ch. 809; T. Oliver,"Roman Law in Modern Cases in English Courts", in *Cambridge Legal Essays*, Oxford: Oxford Acdemic, 1926, p. 247.

[2] C. P. Sherman, *Roman Law in the modern World*, Vol. II, p. 169; W. W. Buckland, *Roman Law and Common Law*, p. 102.

有拘束力的规则；但是'处理关乎原则的案件，而我们的文献又没有可资引证的直接权威，此时，如果我们作出的判决，能在那样一种法律——那是最博学的人的研究成果，是若干时代浓缩的智慧和欧洲大多数国家国内法的基石——中找到依据，那它便堪称完美了。"[1] 这段话很好地说明了18世纪以后，罗马法在英国普通法法院里的地位，因而被后来的研究者视为经典性说明。

上文曾指出，在《英格兰的法律和习惯》一书中，布拉克顿用了很大篇幅讨论财产的取得方式问题，普通法这个部分的许多概念和原则是由他从罗马法中引入的。兹举数例于下：

先占 先占在于获取不属于任何人或不再属于任何人的财产。在英国法中，这是布拉克顿对罗马法的借鉴之一。威廉·布莱克斯通（William Blackstone）认为，"……根据罗马

---

[1] Acton v. Blundell (1843) 12M. and W. 324. 353，转见 T. Oliver, "Roman Law in Modern Cases in English Courts", in *Cambridge Legal Essays*, pp. 246-247; C. P. Sherman, *Roman Law in the modern World*, Vol. II, pp. 172-173; F. Pollock, *A First Book of Jurisprudence*, London: Macmillan, 1911; T. E. Scrutton, "Roman Law influence in Chancery, Church Court, Admiralty, and Law Merchant," in *Select Essays in Anglo-American Legal History*, p. 213。1856年，上议院在另一个案件中再次肯定了这一罗马法原则。详见 Chesemore v. Richards (H. L. Cases 349), C. P. Sherman, *Roman Law in the modern World*, Vol. II, pp. 23-24。早期案例，涉及河岸所有人利用流水的权利，首席法官丹曼（Denman）在判决中引证了维尼乌斯（Vinnius）关于《法学阶梯》和《学说汇纂》有关章节的注释。Dalton v. Angus (1881) L. R. 6 App. Ca. 740; 50L. J. Q. B. 689。该案涉及利用邻舍墙壁支撑建筑的权利，大法官塞尔伯恩（Selborne）在这一案件中引证了《法学阶梯》和《学说汇纂》的有关章节（Inst. 2, 3; Dig. 8. 2, 24, 25, 33; 8. 5, 6, 8）。以上二例均见 T. Oliver, "Roman Law in Modern Cases in English Courts", in *Cambridge Legal Essays*, p. 247。

法所承认的各民族法律规则,这(先占)是一切财产的真正基础"[1]。

添附 这也是英国普通法中的一种制度。布拉克顿说:"这些(罗马的)学说(关于添附)被布拉克顿完全照抄和采纳。后来,又得到法院无数判决的确证。"[2] 由于海洋或河流的无形作用而使土地面积增加的部分,称作"冲积地"(alluvion),为添附之一。英国法承认这种添附,有关规则是由布拉克顿引入的。1821年,在上议院审理的吉福德诉洛德·亚伯勒(Gifford v. Lord Yarborough)一案中,法官贝斯特(Best)引证了布拉克顿以支持因冲积地而取得所有权的观点。[3]

交付 单纯的交付只能移转占有,而不足以移转所有权,除非伴有表明移转所有权的意图,如以契约或赠与的方式。在罗马法上,这称之为"恰当原因"(justacausa),布拉克顿采用了这一学说,强调指出,"恰当原因"是权利移转的必要条件。据说,他所用的字眼与查士丁尼的《学说汇纂》几无二致。[4]

继承 1540年亨利八世颁布了《遗嘱法令》。从此,一切不动产都可以遗嘱处分。"这就是英国普通法对于罗马民法内

---

[1] 转引自 C. P. Sherman, *Roman Law in the modern World*, Vol. I, p. 203。通过这种方式取得的财产有活物、新形成的土地、埋藏的宝物、遗弃物,等等。这些方面,布拉克顿重申了罗马法的原则,有时,甚至使用了"民法学家的语言"(Ibid, pp. 203-205)。
[2] 转引自 C. P. Sherman, *Roman Law in the modern World*, Vol. I, p. 207。
[3] 同上书, p. 208。
[4] 同上书, pp. 211-212。

一种卓越的原则的采用。"[1] 连同这一原则一同接受的,当然不乏具体的规则。如,"财产混同"(hotchpot)之制。在古代罗马,已解放之子或已出嫁之女(领有嫁资者)若参加遗产继承,就可能对其他子女构成某种不公正。为此,裁判官法规定,已解放之子或已出嫁之女若未将所得财产或嫁妆归入本产,则不得参与其他在家父权之下的兄弟姐妹之法定继承。这就是所谓"归还赠与物"(collatio bonorum)的制度。它似乎是关于"财产混同"的伦敦习惯的先声,后来为"分配条例"(Statute of Distribution. 22 and 23 Car Ⅱ. c. 10§5)所肯定。科克坦白地承认,英国普通法中的"财产混同"之制"实际上正是罗马法学家称之为'归还赠与物'的东西"。[2] 布拉克顿也指出这一制度的罗马法渊源,并把"财产混同"说成是"正义和公平的规定"。[3]

现在,本文将转入对债法的考察。在这个领域,"引证罗马法最为司空见惯。罗马古典法学家们成功地就这种普遍适用的关系创造出一整套学说。时间的流逝和社会条件的变化也很少使它改变"[4]。这段引文虽然针对英国契约法而发,移之于债法亦无不可。如其他许多领域一样,这方面的罗马法原则也多是经由布拉克顿传来。

---

1 参见[美]莫理斯:《法律发达史》,王学文译,北京:商务印书馆,1939年,第166页;C. P.Sherman, *Roman Law in the modern World*, Vol. I, p. 370。
2 参见 T. E. Scrutton,"Roman Law influence in Chancery, Church Court, Admiralty, and Law Merchant", in *Select Essays in Anglo-American Legal History*, p. 212; C. P. Sherman, *Roman Law in the modern World*, Vol. Ⅱ, p. 245。
3 转引自 C. P. Sherman, *Roman Law in the modern World*, Vol. Ⅱ, pp. 245-246。
4 T. Oliver," Roman Law in Modern Cases in English Courts", in *Cambridge Legal Essays*, p. 247.

在讨论英国契约法中的罗马法影响时，不能忽略了二者的一个重要差别，即英国契约法更接近一般的契约理论，用巴克兰（W. Buckland）的话说："我们有契约法，而他们只有各种契约法律……我们的具体契约是一般类型的各种特别种类，而在罗马法中，这个过程是颠倒过来的。"[1] 这种差别部分地表现在英国法的"对价"理论上。

要为"对价"下一个大家都能接受的定义是很困难的。传统上，"对价"被视为使要约人获得利益或受约人蒙受损失的允诺。[2] 在英国普通法中，对价是契约的要素，它的有无至关重要。一个缺乏"对价"的允诺是不得诉请强制执行的。"对价"理论是否渊源于罗马法，这个问题向有争议，且不易廓清。罗马共和国时期乃至帝国早期，契约颇重形式，缺少必要形式的契约称作"裸体契约"（nudum pactum），即不受诉权保护的合意。13世纪时，布拉克顿把这个概念引入英国普通法。但是，15世纪以后，这个词渐用来指没有对价的合意。这同它在罗马法中最初的含义已相去甚远。不过，毕竟都还是指不得诉请强制执行的合意。[3] 这里，值得重视的是罗马契约法中关于"要因"（causa）的学说。所谓"要因"，就是"法律认许成立债的原因"。[4] 罗马法中，订定契约的特殊方式可以被认为是恰当的"要因"。而在一些不拘形式的契约

1　W. W. Buckland, *Roman Law and Common Law*, "Introduction".
2　参阅［英］P. S. 阿蒂亚《合同法概论》，北京：法律出版社，1982年，第74—85页。
3　参见 C. P. Sherman, *Roman Law in the modern World*, Vol. I, p. 317；"裸体契约无诉权"，无论在民法还是普通法中，都是重要的格言。R. W. Leage, *Roman Private Law*, pp. 263-264, 292。
4　周枬：《罗马法》，北京：群众出版社，1983年，第223页。

中,"要因"也可能是交付或互易(quid pro quo)一类东西。英国法也有类似的情形。有封印契约得被诉请强制执行,否则,必须证明有对价的存在。因此,有人认为,罗马合意契约中的要因与英国法中的对价实际上是一回事。[1]

舍曼认为,现代的对价学说是罗马法要因概念的演变。罗马人只是部分地提出了"对价"的必要性,即只在某些契约中有此要求,现代法律则明确地使对价成为所有契约的要素,从而完成了罗马学说的发展。他还说,布拉克顿也指出了英国对价学说的罗马法渊源(Comm. vol. ii, p. 445),而且,在伊丽莎白时代,"要因"这个词是直接被用来指"对价"的。[2] 在这个问题上,另一位法律史家巴克兰持保留态度。在其《罗马法与普通法》一书中,他着重分析二者的不同,特别是产生这些不同的原因。但是,他同时也承认,在"互易"这种简单意义上的对价,对于许多契约都是很重要的。甚至他还承认,罗马的无名契约基本上是执行对价的契约。[3] 显然,这两位作家都同意,要因不能简单地等同于对价。问题在于,在对价学说的发展过程中,要因究竟起了什么样的作用。

中世纪的大法官们对罗马法的要因观念颇为熟悉。当普通法法院就不履行诺言发展出一般救济的时候,他们迫切地

---

[1] 参见 R. W. Leage, *Roman Private Law*, pp. 263-264, 292; C. Black 的解释是,"无特别形式或无任何对价的允诺不产生法律责任"(*Black's Law Dictionary*, 1979, p. 516),也是对二者不大区分的。

[2] C. P. Sherman, *Roman Law in the modern World*, Vol. II, p. 318.

[3] W. Buckland, *Roman Law and Common Law*, pp. 171-172, 237.

需要一种契约理论，以便决定哪些契约是应当予以强制执行的。这时，法学家们很自然地注意到由教会法学者传来的要因观念。一般来说，大多数人在作出具有法律效果的允诺时，总是期待着某种回报。这种互易的观念很可能对发展对价理论产生一定的影响。[1] 当代法律史学者米尔森（S. F. C. Milson）指出，仅看到从前存在的互易或民法学家和教会法学者的要因概念是不对的，但完全忽视这些观念也是错误的。如果原告要求实现一项允诺，衡平法院和普通法法院都可能抱着类似要因的观念考虑其要求。米尔森认为，在一定程度上，旧的互易观念在后来集合并合理化成为对价学说的一系列判决中，乃是构成性（formative）因素。[2] 换言之，要因观念为对价学说提供了一个有益的起点。

如果说，要因或对价是契约成立的要素之一，那么，错误则是契约得以解除的原因之一。罗马法把错误分为两类，即法律的和事实的。英国普通法和衡平法中相同的区分即源于此。英国法的格言"不知法律不得为辩护理由"就是以教会法为媒介得之于罗马法的。[3] 罗马法在这方面的影响尚不止此。下面提到的一个 19 世纪的案件即可为证，这个案件涉及由于不知不当代理（misrepresentation）而订定的契约的效力

---

[1] Ibid, pp. 175-177.
[2] 参见 S. F. C. Milson, pp. 357-358；A. Harding, *The Law Couxts of Medieral England*, pp. 105-106。
[3] 参见 C. P. Sherman, *Roman Law in the modern World*, Vol. I, p. 14；罗马法的格言是："任何人将因不谙法律而非不明事实蒙受损失。"教会法的格言是："不明事实而非不谙法律得成为辩护理由。"布莱克斯通表述如下："不懂法律不得为辩护理由。"

问题。该案援引了《学说汇纂》有关部分的段落作为原则适用于判决。法官布莱克本（Blackburn）说，这一原则在民法中得到了很好的解说，罗马法的一般规则是，当事人于契约主体发生错误，即无契约。这一原则也适用于物，如奴隶买卖中关于特定的奴隶所生的错误。罗马法学家认为，若关于物的本质（substance of thing）发生误解，则无契约。若仅对某种性质（quality）或偶然因素有误解，即便这种误解成为买者的实际动机，契约仍有拘束力。布莱克本把乌尔比安所举的一个例子与一则英国案例（"斯特里特诉布莱［Street v. Blay. 28. and Ad. 456］"）作了比较，并指出，英国法的原则与罗马法是一样的。[1]

契约得解除的另一原因是"意外事件"。在这方面，罗马法的一般原则是：无过错或诈欺的当事人，若其履行已不可能，得不受契约的拘束。从前，普通法所持的原则正好与之相反。"你总不至于如此愚蠢，做出一项绝对的允诺。你必须为自己的蠢行付出代价"；"如果当事人自觉自愿地承担了一项义务，即使出现了无法避免的意外事件，他仍负有履行的义务。之所以如此，是因为他理应在订立契约时为此做好准备"。[2]（"帕拉代恩诉简和阿利恩［Paradine v. Jane, Aleyn, 1647］"）随着社会的发展，这类案件的数量日益增多。上述原则的不合理性也越来越明显。在19世纪的一些同类案件中，法官们付出了很大的努力，试图解决这一问题，结果产

---

[1] Kennedy v. Panama & C. Mail Co. (1807) L. R. 2Q. B. 580, 转见 T. Oliver, "Roman Law in Modern Cases in English Courts", in *Cambridge Legal Essays*, pp. 249-250。

[2] W. W. Buckland, *Roman Law and Common Law*, p. 183.

生了一项新的原则，即"默示条款"的原则。关于这一原则的经典性陈述是在 1863 年的"泰勒诉考德威尔（Tayler v. Caldwell, 32L. J. [N. S] L. B. 164. 166）一案中，这是一个因契约不履行而提起的损害赔偿之诉。该案原告本打算使用萨雷游乐园和音乐厅，但由于预定之日前几天厅堂为大火焚毁，契约遂无法履行。法官布莱克本在对这个案件所作的判决中提出了"默示条款"的原则。他说："出于契约的性质，当事人必定一开始就知道，除非某种专门载明的事项于契约履行时继续存在，契约便无法履行。所以，订立契约时，他们必定把这类事情的继续存在视为履行契约的基础。在这种情形之下，若无担保有关事项存在的明示或默示的保证，这一契约便不能解释为绝对的契约。根据默示条款，在并非因为订约人的不履行，但实际履行由于事项的消失而变得不可能的情况下，当事人应予免责。"[1] 他明确指出，这也是民法的原则。在引证了《学说汇纂》和一位民法学家关于债法专论的有关部分之后，他又说："在英国法院里，虽然民法本身不具有权威，但对于我们弄清法律依据的原则却大有裨益。"[2]

这里还要提到另一桩比较有影响的案件，即 1924 年的坎蒂拉·圣罗科（Cantiare San Rocco）一案。[3] 这是山上议院审理的来自苏格兰四季法院的上诉案件，据沃尔顿（F. P.

---

[1] Ibid, pp. 184 – 185; T. Oliver, " Roman Law in Modern Cases in English Courts ", in *Cambridge Legal Essays*, p. 248.
[2] T. Oliver, " Roman Law in Modern Cases in English Courts ", in *Cambridge Legal Essays*, p. 249.
[3] Ibid, p. 253, (1924) OA. C. 226.

Walton)说,审理该案时"讨论的许多问题令人想起罗马帝国后期的法院"[1]。这一案件的大致情形如下:该案被告同意为上诉方制造一批轮机。第一次分期付款额两千三百一十磅,按契约条款支付,并有被告的收据。由于战争爆发,契约未能履行。战争结束后,上诉方遂提出收回已付款的诉讼。肖(Shaw)爵士在其判决中仔细审查了罗马、苏格兰和英格兰的有关法律。法庭辩论中还引证了巴克兰的新著《罗马法教程》。最后,法院根据苏格兰法律作出判决:已付款应予返还,其理由是"对价欠缺"(condictio of rem dati)。有趣的是,那位被引证的巴克兰对上述判决的根据提出了异议。他认为,若将此案视为买卖契约,上述判决便非常完备了。根据罗马法,商品处于交付状态以前,买卖的风险由卖方承担,在此期间,他无权要求价金。所以,如果商品从未处于交付状态,而契约被毁,根据"诚信可能"(bonae fidei endicie)的原则,卖方应返还所得一切。[2] 该案判决的理由是否恰当可以暂且不论,在这个案件中,上议院参照了罗马法和民法系统的苏格兰法,按其原则作出了终审判决,这个事实是显而易见的。

按照罗马法,在契约之外,私犯也是产生债的原因。一般认为,后者是近代有关侵权行为法律的古老渊源,英国的侵权行为法亦受其影响。兹仅举18世纪由首席法官霍尔特判决的"科格斯诉伯纳德(Coggs v. Bernard,1 Lord Raymonds Rep. 609 [1703])"一案为例。在这一案件中,被告(原

---

[1] L. Q. R. July, 1925, p. 307. 引同上文, p. 253。
[2] L. Q. R. July, 1925, pp. 253 – 254; W. Buckland, *Roman Law and Common Law*, pp. 182-183.

告的朋友）在将白兰地从一个酒窖运往另一个酒窖的时候，不慎打破了其中的一些酒桶。虽然他不是公共承运人，也没有收取服务费用，法庭还是认为他负有责任。正是他提供了无偿服务这一事实使这一案件得以参照罗马的无偿代理契约。不过，霍尔特并非直接引证《国法大全》，而是通过布拉克顿来引用罗马法。他坦白地承认："我所引证的这位布拉克顿，我承认，是位古老时代的作者。但在这方面，他的学说同理性一致，也同其他国家的法律一致。"[1] 霍尔特对这个案件的判决被认为是根据罗马法对英国财产委托（bailment）法的重大推动而作出的。

诉讼程序是英国法最有特色的一个部分，通常被认为最少受外国法律制度的影响。如果它纯粹是一种当地制度，我们倒可以省却许多麻烦。问题是，事实似乎并非如此。

"诉"（action）的含义之一，是指主张所有权或债权的诉于法院的权利，即诉权。在这个意义上，查士丁尼《法学阶梯》为诉所下的定义是："关于何为适当之诉于法院的权利"（Inst. 46, pr. Dig. 44, 7, 51）。布拉克顿认为，英国法中"诉"的含义是由布拉克顿和弗列塔（Fleta）用查士丁尼的语言加以表述的（Comm. vol. iii, p. 116）。[2]

最后，作为普通法程序支柱之一的陪审制，一向是被贴上纯粹英国化的标签的。但是，最近一个世纪以来，认为它源于中世纪欧洲大陆查理曼帝国的看法占了上风。加洛林王

---

[1] 转引自 F. Pollock, *A First Book of Jurisprudence*, pp. 345–346; C. P. Sherman, *Roman Law in the modern World*, Vol. II, pp. 357, 386–387。

[2] C. P. Sherman, *Roman Law in the modern World*, Vol. II, pp. 292–393.

朝的国王们为维护王室在帝国各处的利益,常常派出巡按使到各地处理行政事务,这些王室官吏还可开庭审判,召集当地臣民(通常在十二人以上),听取证词。并且,他们还模仿罗马帝国的特别诉讼程序,采取纠问方式。这种做法被诺曼人引入英格兰,用来加强王室的权力。陪审制就是在此基础上发展起来的。[1] 当然,英国并不是照搬这种制度,而是根据自己的需要予以创造性的发展。在许多细节方面,英国的制度都是独特的,外来的因素往往只是一个起点。这种看法也同样适用于英国法律发展的其他方面。

四

马克思指出:"当工业和商业进一步发展了私有制(起初在意大利,随后在其他国家)的时候,详细拟定的罗马私法便立即得到恢复并重新取得威信。后来资产阶级强大起来,国王开始保护它的利益,以便依靠它的帮助来摧毁封建贵族,这时候法便在一切国家里(法国是在16世纪)开始真正地发展起来了,除了英国以外,这种发展到处都是以罗马法典为基础的。但是,即使在英国,为了私法(特别是其中关于动产的那一部分)的进一步发展,也不得不参照罗马法的诸原

---

[1] 参阅 R. C. Van Caenegem, *The Birth of the English Common Law*,他以一章篇幅对此详加论述。此外,参阅 Pollock and Maitland, *The History of English Law before the Time of Edward I*, Vol. I, pp. 140-141; Vol. II, p. 561 (1898); H. Brunner," The Sources of English Law", p. 25; C. P. Sherman, *Roman Law in the modern World*, Vol. I, p. 354;[美]孟罗·斯密:《欧陆法律发达史》,北京:商务印书馆,1949年,第120—124页。

则。"[1] 这是罗马法得以传播的内在经济机制。在此之外，这一历时千年的运动还有着深厚的文化背景。C. K. 艾伦（C. K. Allen）在谈到布拉克顿时指出，他"曾受到当时所公认的研究法律学的方法——一个必然是罗马式的方法——的影响，而它受这种影响实在也是无可避免的"[2]。之所以是不可避免的，那是因为，人类文化的传播和积累有其自身的规律。一方面，人类只能在已有的基础上从事创造；另一方面，在一切可能的条件下，前人的文化成果必然以各种各样的方式和程度传之于后世。而决定这些方式和程度的，是各个不同社会发展的具体特点。本文所竭力描绘的，正是英国普通法在接受和吸收罗马法时所表现出的种种特点。我们看到，由于英国普通法发展的经验性和实践性的特点，罗马法更多以间接而无形的方式，经由那些集法学家、法官和立法者于一身的杰出人物，有机地熔铸在英国普通法的大厦之中，而不像欧洲大陆国家，全面、系统地接受了罗马法的观念、体系、结构。而且，由于种种社会的和政治的原因，罗马法常常受到排斥，在普通法法院完全没有拘束力。这一点也大异于欧洲大陆国家法律的发展。虽然如此，罗马法的种子毕竟撒在了英格兰的土地上，在那里开出了奇异的花朵。当然，今天要确确实实地弄明白普通法中哪些部分来源于罗马法，哪些部分来源于教会法，哪些部分是纯粹的普通法，这在实际上是不可能的，而且，这种要求本身就是有悖于科学的。但是，

---

1 《马克思恩格斯全集》（第3卷），北京：人民出版社，1965年，第71页。
2 转引自［英］梅因《古代法》"导言"，沈景一译，北京：商务印书馆，1959年。

可以肯定地说,罗马法对英国普通法的影响是多方面的。没有罗马法,就不会有今日的普通法。

英国判例法[*]

据说,在英国,法律曾经是根据有试验必有错误的原则学习的。一位美国的法官认为,在那个时期,法律只是一麻袋的琐细东西。这样说来,构成判例法的成千上万的判例便都是这样的琐细东西了。然而,判例法确实是一种法律制度,而不是许多判例的简单堆积。把这些判例按某种原则串联起来,使之前后一致和系统化的是著名的先例学说。这是判例法历史的主线。

"遵循先例"原则的内容及演变

先例可以适用于两种分类方法。首先,就先例的适用而言,可以被区分为"恰当的"(in point)或"完全一致"的,或者相反。后来的法官,可以借助种种手段,来判断涉及的先例是否为"恰当的"或"完全一致"的。其次,就其本身

---

[*] 原载《法律科学》1991年第1期。

性质而言，先例又可以分成有拘束力的和有诱导力的两类。这里，先例根据一定的规则而成为有拘束力或有诱导力的，不受个别法官意见的左右。"遵循先例"所指的，正是所谓有拘束力的一类。关于这个著名的规则，可以简述如下：

（1）上议院的判决是有拘束力的先例，所有其他法院都必须遵守，并且，直到最近，它对上议院本身也有拘束力；（2）上诉法院的判决对于除上议院以外，包括其自身在内的所有法院都是有拘束力的先例；（3）高等法院的法官作出的判决，必须为下级法院所遵守，这类判决虽然没有严格的强制性，但有很大的诱导价值。通常，高等法院的其他分院（divisions）和刑事法院（Crown Court）也遵循这些先例。[1]

我们现在逐项考察这个规则。

1. 上议院的判决对下级法院有严格的拘束力。一个受先例拘束的法官（包括同级或同一法院的法官）可以不赞成先前有关的判决，但在适用法律时，他却必须遵循该项先例。巴克利大法官在一个案件中很清楚地说明了这种矛盾立场。他说："我不能够举出任何理由来证明我将要宣告的判决是正确的。恰好相反，假如我是自由地按照我自己的意见，按照我自己本来的理解能力去做，我就要说这（判决）是错误的。但是我必须受权威的拘束，当然，我的责任就是追随它——并且追随权威，我觉得必须宣告我不得不作出的判决。"[2]

---

[1] René David and John E. C. Brierley, *Major Legal Systems in the World Today*, New York: Simon and Schuster, 1978, p. 349.
[2] "物产经纪公司诉奥林比阿油渣饼公司案"（1915年）。参见［英］克里夫·施米托夫《判例应当具有拘束力吗?》，《法学译丛》1983年第3期。下同。

在1972年的一个案件里，英国上诉法院对上议院确立的一条原则提出异议，认为上议院的判决失于疏忽，它所树立的原则是"难以实行的"。上议院严厉地批驳了上诉法院。黑尔什姆大法官说："事实是——我希望永远不需要再这样说了——在这个国家存在的法院等级制度中，每一个下级法院，包括上诉法院在内，都必须忠实地接受上级法院的判决。"

至于上议院对它自己早先判决所采取的立场，可以借一个大法官的话来阐释："上议院是绝对地受它自己的各项判决的拘束的。对于这条严格的原则，看来只有一个例外：先前判决如果是无视成文法的规定作出的，或者是根据一条已经废除的成文法规定作出的，上议院就不需遵守此项判决。"这是大法官霍尔斯伯里在1898年的伦敦有轨电车公司一案中表达的权威性意见。不过，差不多七十年以后，上议院的一项重要声明完全改变了这一立场。声明指出："如果对判例太僵硬地依循，就可能在特定的案件中导致不公正，并且还会不适当地限制法律的正当发展。因此，贵族院建议：改变他们习惯的做法，一方面把贵族院以前的判决看作通常具有拘束力，而当它（贵族院）认为背离一项以前的判决是正当的时候，它就背离该判决。"

上议院的这一"声明"（Practice Statement）并不是一项立法法案，而不过是一项改变以往习惯做法的宣言。尽管如此，它对于"遵循先例"原则的理论和实践却具有重大意义。[1]

2. 上诉法院的判决对于下级法院和其自身都是有拘束力的先例。这一规则仍然有效。但有几项重要的例外。1944年，在杨诉布里斯托尔飞机股份有限公司案件中，上诉法院全体会议就明确地宣告了三项例外规则："（一）法院有权并且有义务决定在它自己的两个互相冲突的判决中将依循哪一个判决。（二）如果根据法院的意见，认为它自己的一项判决同贵族院的一项判决不一致，即使没有明文予以否定，该法院仍有义务拒绝依循它自己判决。（三）如果法院认为自己以前的判决是出于粗心大意所作成的，该法院就没有义务依循该判决。"[2]

这些例外是非常重要的，特别是其中的第三项。从理论上说，它给了上诉法院一定限度的自由裁量权，使它可以在处理上诉案件时采取某种更为灵活的态度。[3]

3. 最后一项规则变化不大。这部分是因为，每年载入

---

[1] 1976年，上议院审理米连戈斯诉佐治·弗兰克（纺织）公司一案。该案的争论点是，如果合同中的货币是外币，英国法院是否有权作出给付外币的判决。自1605年的拉斯泰尔诉德雷伯案件以来，惯行的原则是，英国法院作出的判决以英镑为限。但在米连戈斯案件中，上议院援用1966年声明，认为法院在适当的案件中有权作出给付外币的判决。大法官威尔伯福斯说："关于货币稳定性的情况自从1961年以来有重大变化。主要的世界性货币不是在价值上确定和相当稳定的，而是存在着可能周期性地重新估价或者贬值的危险。现在它们当中许多国家的货币在浮动中，甚至从今日到明日，它们都没有一个确定的交换价值。"参见［英］克里夫·施米托夫《英国"依循判例"理论与实践的新发展——判例应当具有拘束力吗？》，《法学译丛》1983年第3期。

[2] 详见［英］克里夫·施米托夫《英国"依循判例"理论与实践的新发展——判例应当具有拘束力吗？》，《法学译丛》1983年第3期。

[3] 同上文。

《法律报告》的高等法院判决只占其全部判决的十分之一，这些判决的重要性是有限的。此外，郡法院是否受高等法院判决的拘束也是有疑问的。

先例学说的历史

虽然可以一般地说，先例学说与判例法制度有着共同的渊源，但是，"遵循先例"的学说，只是在19世纪末期才得到普遍的承认。

在最早的作家当中，很少发现引用案例的情形。生活在12世纪末的格兰维尔（Glanvill），在他的论文中仅仅引用了一个判决。生活在13世纪末的弗莱塔（Flata）和亨海姆（Hengham）几乎没有引用过一个判例。15世纪晚期的福蒂斯丘（Fortescue）也是如此。[1] 当然，这并不是说，当时的法官对于早先的判决完全漠视，12世纪的法官确曾引用过较早的案例，而且，他们在作出判决时亦受到前例的某种影响。在1179年前后写作的理查德·费兹·尼格尔（Richard Fitz Nigel）说："有些案例，事件的原因和判决的理由都含混不清，但仍足以引为先例。"[2] 只是，在先例的记载既不可靠又极稀少的情况下，引用先例的做法不可能是普遍的和经常的。13世纪中最值得一提的是布拉克顿。据说，他搜集了差不多两千个案例，并且利用了其中大约五百例作为论文的材料。

1　R. W. M. Dias, *Jurisprudence*, London: Butterworths, 1979, p. 167.
2　Ibid, p. 163.

当然，这些判决还不是后来的所谓先例，它们只是一些被用来说明某种意见和规则的实例罢了。[1]

14世纪上半叶以降，开始出现一些有趣的论争。一位皇家法律顾问说："我认为，你在同样的案例中要同其他人保持一致，否则，我们就不知道法律是什么。"[2] 一个多世纪以后，高等民事法庭（Common Plea）首席法官普利斯特（Prisot）不顾同僚们的反对，告诫人们，法院漠视早期的判决将造成怎样的不便。尽管如此，在登载判决的《法律报告》获得普遍的标准以前，严格的先例学说是难以存在的。16世纪以前通行的法律报告是《年鉴》，它们与后来的汇编很少有共同之处。《年鉴》所载只有诉讼要旨和一些离题的话，不见原则的阐释。至于判决，更经常略去不提。这种东西虽然能供法律教育之用，却不是可以信赖的判例汇编。所以，引证以前的判决多半还依靠人们的记忆。16世纪，出现了戴尔（Dyer）、普劳顿（Plowdon）和科克等人的汇编，他们在先例学说发展史上开创了一个新的局面。18世纪中叶伯罗（Burrow）编纂的《报告》，区分了事实、辩论和判决，从而确定了现代"法律报告"的基本形式。所以，布莱克斯通开始把"遵循先例"视为"确定的规则"，除非有"毋庸置疑的谬误或不公"。这一时期，法官们也越来越多地引证上述私人汇编，并且显然有所偏爱。一个世纪以后，出版了官方的《法律报告》和专

---

[1] Ibid, p. 167.
[2] F. Pollock, *A First Book of JurisPrudence*, London: Macmillan, 1911, p. 317.

门刊载判例的法律杂志。[1] 在此背景之下,先例学说开始发生重大变化。

第一步是使上议院受它自己判决的拘束。关于这一点争论是很多的。1801 年,埃尔登(Eldon)爵士在一个案件中说:"由上议院宣示的法律规则不得被大法官撤销……这样的法律规则必须一直保留到上议院对之加以改变。"[2] 但在 1827 年,他在上议院发言时又说:在相同的论题上,上议院要受它以前某些判决的拘束,除非有某种特殊情形。[3] 1842 年,林德赫斯特(Lyndhurst)爵士表示,上议院的判决对它自身并无绝对的拘束力。[4] 1852 年,圣·莱昂纳茨(St. Leonards)爵士同坎贝尔(Campbell)爵士发生了一次公开的冲突。圣·利奥纳德强调,"虽然上议院也像其他法院一样受自己判决的拘束,从而不得在特别的案件中推翻自己的判决,但它并不受可能制定的任何一条法律规则的拘束,如果在后来的场合,它应该找到理由背离这条规则的话;上议院也像任何一个法院一样,拥有改正它可能陷入其中的错误的固有权力"[5]。坎普白尔倾向于另一种观点。他说:"根据我的印象,这个高级法院关于法律问题的判决,对于上议院本身和所有的下级法院都具有排他的效力。我认为,这是一种宣示法律的宪法方

---

[1] Ibid, pp. 167-169。又参见 D. M. walker, *The Oxford Companion to Law*, Oxford: Oxford University Press, 1980, p. 730。

[2] Perry v. Whitehead, 6 ves. at pp. 547-548. 转引自 F. Pollock, *A First Book of Jurisprudence*, p. 328。

[3] Fletcher v. Sondes, I Bli. N. S. at p. 249, 同上。

[4] Brown v. Annandale, 8CI. & Fin. p. 453, 54R. R. p. 100, 同上。

[5] Bright v. Hutton, 3H. L. C. at p. 388, 同上, p. 329。

式，在这样的判决宣布以后，只有立法法案才可以对之加以改变。"[1]

通常认为，直到1898年的伦敦有轨电车股份有限公司一案时，绝对拘束力的原则才为上议院所接受。但实际上，这一原则第一次为上议院所赞同可以说是在1861年。在这一年的比米施一案中，[2] 所有的法官都主张，无论对前例赞同与否，均须受其拘束。[3] 这时已升任大法官的坎普白尔在判词中没有征引先例，而是诉诸健全的宪政理论。他说："作为'判决理由'宣示的法律，不但明确地拘束所有下级法院，还对女王的其余臣民具有拘束力，如果它不被同样地认为也拘束阁下的话，那么，上议院就是把改变法律的权力攫为己有，就是攒取仅依自己的权威立法的权力。"1861年以后，这一趋势愈加强化，[4] 直到1898年，大法官霍尔斯伯里再次予以肯定。

在上诉法院，确立先例绝对拘束力原则也经历了差不多同样曲折的过程。最初，这一规则远没有为大家所普遍接受。比如，伊舍（Esher）法官认为，由六个人组成的法院全体（full Court）有权决定是否依循以前由较少人作出的判决。进

---

[1] 3H. L. C. at pp. 391-392，同上。
[2] Beamish v. Beamish (1861) 9H. L. C. 274，同上，p. 332。
[3] R. v. Millis (1844). 10 Cl. &F. 534, 59R. R. 134，同上，pp. 330-332。
[4] 布莱克本法官说："如果一个案件已明确地成为最高上诉法院——上议院所宣示的'判决理由'，我认为，甚至上议院自己都没有资格说这个'判决理由'是错误的。"（Houlds-worth v. City of Glasgow Bank [1880]·5APp. Ca. 317）在1886年的另一个案件中，大法官霍尔斯伯里（Halsbury）谈及上议院时，视之为"不能再由之上诉和受它自己判决拘束的法院"。（Derley Main Colliery Co. v. Mitchell [1886] 11APp. Ca. 127, 134）。同上，p. 333。

入 1890 年代，情况有了很大改变。在 1895 年的一个案件里，该院三名法官拒绝考虑否决衡平上诉法院较早的判决，因为它是具有平级管辖权的法院。[1] 同年，该院法官林德雷（Lindley）在另一案件中也表示要受自己早先判决的严格拘束。[2] 上诉法院中的任何一庭都不能推翻先前的判决，这一规则似乎在 1914 年和 1915 年的两个案件中得到了最后的确证。[3] 在 1929 年和 1938 年的两个案件中，上诉法官格雷尔（Greer）又提出异议，他认为，法院全体能做的，单独一庭（single division）也能做，两种管辖权之前并无区别。[4] 这个论据在 1944 年的杨诉布里斯托尔飞机股份有限公司案中，被格林（Green）法官颠倒过来使用。他声称，既然单独一庭不能够推翻先前的判决，法院全体也无权这样做。[5]

到此为止，我们所叙述的历史只是整个先例学说发展史中的一个阶段。大致说来，在开始的很长一段时间里，先例只是具有诱导力的权威。进入 19 世纪以后，它渐渐发展成一种绝对的规则。从一些著名的案例来看，这一过程在上议院是从 1861 年到 1898 年；而在上诉法院各庭，则在 19 世纪 90 年代到 20 世纪初之间。自从上议院发表声明以来，先例学说的发展显然已进入第三个阶段。绝对的先例规则已受到重大

---

1 Pledge v. Carr（1895）ICh. 51，转引自 P. J. Evans,"The Status of Rules of Precedent", C. L. J. 41（1），April 1982. p. 171。
2 Lavy v. London County Council（1895）2Q. B. D. 577，同上。
3 Velazquez Ltd. v. Inland Revenue Commissioners（1914）3K. B. 458，同上；Produce Brokers Co. Ltd. v. Olympia Oil & Coke Co. Ltd.（1915）21 Com. Cas. 320，同上。
4 均见 2K. B. 356, 384; 637, 644。同上。
5 K. B. 718，同上。

限制，至少在横向的作用方面，它差不多完全被改变了。这段曲折多变的历史像是一面社会生活的镜子，不仅反映出社会生活的变迁，也反映出人们观念上的种种演变。

11世纪中叶，诺曼底人入主英格兰，建立了一个集中而强有力的中央政权。它派出的巡回法官起着沟通中央政权和各地方的重要作用。通行于全王国的所谓普通法，就是在他们手中成就的。不过，在开始的几个世纪，甚至不存在统一的立法活动，更谈不上完备的法典。早期的王室"令状"全是为处理各个具体案件颁发的。事实上，英国法一开始就表现出了这种逐案处理的特点。但是，如果对于案件的处理并无一定之规，对相同或相似的案情采取完全不同的态度，那便违反了公平、正义的起码准则。前后矛盾、使人无所适从的判决只是一种专断意志，并非法律。公道的观念产生了对相同案件同样对待的基本原则。为使每一个具体的判决显得符合"常规"，变得可以预见，后来的法官就要了解他们的先辈是怎样判决的。如果有必要，他们还要引证以前的判决来支持他们的意见。英国法的大多数原则正是从这些难以计数但又有章可循的判决中抽取出来的。当然，在很长一段历史时期，早先的判决并没有使后来的法官受到严格的拘束。

19世纪以后，先例规则逐渐明确和变得绝对化，这有着深刻的社会、历史原因。

首先，英国"从一个富有的商业国，发展成为更富有的工业国，那些法官和法律家所属的上层中产阶段，相信一个具有永恒秩序和一贯性的世界。判例拘束力的规则的发展就是这种精神状态的反映"[1]。其次，在法学界，边沁为之大声疾呼的法律改革和奥斯丁的实证主义法学打破了以往因循守旧的局面，判例法中的混乱和自相矛盾愈加暴露无遗。虽然用法典取代判例是难以想象的，但对判例采取更为严格的态度还是可能的。况且从技术上看，当时的判例数量已大大增加，若不遵循有具确定性的规则，势必引起更大的不便。最后，除了上面提到的《法律报告》的发达，1873年的"司法法"和依此而建立的新的司法系统，为适用严格的判例原则提供了可能性。

然后，第二次世界大战以后，社会生活的急剧变迁使绝对的判例规则立即显得陈旧过时。往昔的乐观主义和自信心也消失了。在这个充满怀疑精神和不确定性的时代里面，人们不愿受教条的束缚，而更关心怎样适应迅速变化的社会条件。既然社会生活本身是难以确定的，最终要满足社会要求的理论也就自然地突出了适应性。

判例法是什么

人们通常在与"制定法"相对的意义上使用"判例法"这个概念，而就本文讨论的范围来说，它包括了英国历史上的普通法和衡平法。这种意义上的判例法，严格说来，并非不成文法。

---

[1] 参见［英］克里夫·施米托夫《英国"依循判例"理论与实践的新发展——判例应当具有拘束力吗?》，《法学译丛》1983年第3期。

实际上，在有一个时期中，英国的普通法的确可以合理地称为不成文法。前一辈的英国法官们确实标榜着具有为法院和人民群众所不完全知道的规则、原则及差别的知识。他们要垄断的法律，究竟是不是完全不成文的，是非常可疑的；但是，无论如何，纵使可以假定过去确实曾经一度有着许多专门为法官所知道的民事和刑事规则，但它在不久以后即已不再成为不成文法了。在"威斯敏斯特法院"（Courts at Westminster Hall）开始根据档案，不论是根据年鉴或是其他资料作出判决时，他们所执行的法律已是成文法。到这个时候英国法律中任何一条规则，必须首先从印成的许多判决先例所记录的事实中清理出来，然后再由特定法官根据其不同的风格、精确度以及知识而表现于不同的文字形式中，最后再把它运用于审判的案件。在这个过程中，没有一个阶段显示出有任何特点，使它和成文法有什么不同之处。英国法律是成文的判例法，它和法典法的唯一不同之处，只在于它是用不同的方法写成的。[1]

换句话说，判例法不是普遍的立法者制定于事先的一般规则，而是裁判者在具体审断过程中的创造物。以这种方法写成的法律，需要在琐碎的事实中细心寻绎。由此产生了适用判例法的一系列技巧，而只有法律的创造者——经验丰富的法官，才可能胜任执法的重任。在这种意义上应该说，判

---

[1] ［英］梅因：《古代法》，第8页。

例法乃是法官法。判例法为法官们所创造虽然是显明的事实，却不为传统的英国法理论所承认。早期的诺曼底国王喜欢说他们的法律直接渊源于忏悔者爱德华。古老便显权威。早期的作者也表现了这样的倾向。据说布拉克顿和科克都很尊重早期判决，前者还在其论文中说，当时的法律已遭歪曲，偏离了早期"真正"的原则。[1] 这种态度的后面，有一种法律不变的认识。法律被认为是一些早已存在的规则，并不随时代而变化。无论遇到怎样的情形，只要耐心寻求，总会发现现成的法律规则。那么，法院的判决究竟是什么呢？生活在17世纪的马修·黑尔（Matthew Hale）说，"法院的判决……并不创造法律……但它们对于解释、宣告和公布这个王国的法律是什么，都有重大意义和权威……虽然这样的判决次于法律，但他们比之任何私人的意见却是更有力的证据……"[2]。在普通法一代宗师布莱克斯通的名著《英国法注释》中，我们可以看到有关这一问题的经典表述：

> 至于一般习惯，或所谓普通法，这就是法律。依此，国王普通法院中的程序和裁决受到指导……这些习惯和格言是怎样为人所知，通过谁决定其有效性呢？回答是，通过几所法院里的法官们。他们是法律的保存者（depositories），是活的预言者（oracle）。他必须决定所有的疑难案件，并受到依据国家法律判决的誓言的拘束

---

1 R. W. M. Dias, *Jurisprudence*, p. 166.
2 转引自 Grag, *The Nature and Sources of the Law*, 1924, pp. 218-221。

……这些司法判决就是构成普通法一部分的习惯存在的主要和最权威的证据……在同样的要点再次出现于诉讼中的地方时，遵守先例是既定的规则，既是为了保持正义标准的一贯性和稳定性，不随着每一个新法官意见的波浪沉浮；也是因为，被庄严地宣告和决定的法律，以前是不确定的，也许是混浊难辨的（indifferent），而现在成为永久性的规则，所有后来的法官都不会依照自己的私见改变或偏离这种规则。他发誓摒除一己之见，按照已知的国家法律和习惯来判决；他不是宣布新的法律，而是拥护和解释旧的法律。这个规则也承认先例中明显同理性，特别是同神法相违的例外情况。但是，即使在这类情况下，后来的法官也不是企图创造新的法律，而是从错误的陈述中为旧的法律辩护。因为，如果发现先前的判决明显是荒谬或不正义的，这种判决并不被说成是坏的法律，而认为就不是法律；……法律的原则是：除非干脆是荒谬或不公正的，先例和规则就应被遵循。因为，尽管其理由最初并不显明，我们仍对过去的时代抱着敬意，而不去猜测他们的行为是轻率莽撞的。……无论如何，我们基本上可以掌握一个一般规则："法院的判决是说明什么是普通法的证明。"[1]

这一传统理论直接产生于中古的日耳曼法律观念之中。17世纪捍卫普通法、反对斯图亚特王朝的政治斗争，古典的

1　转引自 Grag, *The Nature and Sources of the Law*, 1924, pp. 218–221。

自然法理论,以及适用判例法时合宣示与适用于一的程序特点,更使之强化,不易破除。直到科学精神勃兴的19世纪,新一代学者如奥斯丁、梅因、霍兰德、萨蒙德(Salmond)和格雷等出现,判例法为法官所创造的事实方才为世人认清,而判例法的性质与功用,法官创制法律的手段与过程,亦逐渐得到科学的研究。事实上,司法中的法律创制,其手段与程序与一般所谓立法全然不同,它是一种特殊的活动。

在判例法国家中,先例构成法律的一部分。但是,并非先例的任何一部分都具有拘束力。上诉法院法官杰西尔(Jessel)说:"在一个法官的判决中,作为权威拘束后来法官的唯一部分,是案件据以判决的原则。"[1] 这个原则就是所谓"判决理由"(*ratio decidendi*)。应该把这部分同"附论"(*obiter dicta*)严格地区分开来。前者是基于对判决为根本性的事实而提出的法律命题,是该特殊判决中最必不可少的部分。只有这部分才可能拘束后来的法官。先例中的其余部分属于后者,它至多只具有参考价值。但是,要决定究竟先例中的哪些部分属于"判决理由",哪些部分属于"附论",这是后来的法官要做的事情。

由于后来的案件不可能在所有的基本事实方面都同先例完全一致,因而,法官就有可能在一定范围内行使自由裁量权。他可以在不同的层次上,在文辞允许的范围内,重新概括、组合并陈述先例中的事实,并且扩大或缩小地"解释"(explain)先例中的"判决理由"。在某种情况下,他可以根

---

[1] 转引自 R. W. M. Dias, *Jurisprudence*, p. 162。

据事实进行"识别"(distinction),通过对两案的区别而置先例于不顾。此外,他还可以把先例中的"判决理由"降至"附论"的地位。反过来,他也可能把以前一直认为是"附论"的部分说成是"判决理由"而加以适用。甚至,在判案的法官并未说出"判决理由"的情况下,后来的法院也可能从中找出根据来。如果后来的法院,在司法等级中所处的地位高于创造先例的法院,它还可以明示或暗示的方式"否决"(overrule)这个先例。最后,有的先例虽未遭否定,也可因为某种条件的变化而不再是法律。这些,都是保持判例法制度灵活性的技术手段,它们使后来的法院避免了机械地适用先例。所以,固定不变的"判决理由"是不存在的。虽然创造先例的法官所作的声明对于确定"判决理由"是必要的,但后来的解释也具有同等重要性,有时甚至更为重要。正如一位法官所说的那样:"如果原则本身就不正确,或不应用于这个案件,那么,认为该案件应该根据这个原则来判决就没有充分的理由;判断那是否为一正确的原则是后来的法官的事情,如果回答为否定,他可以自己宣示真正的原则。"[1] 英国人凭借对传统的尊重,且依靠学说和规则,保卫着法律的稳定性和一致性。同时,通过援引先例、宣示判决的各种技巧,他们又不动声色地改变着法律,使之适应社会生活的变化。诚如梅因所说:"我们在英国惯常看到有一种机构,在扩大、变更和改进法律。但在理论上这种机构原是不能改变现存法律一丝一毫的。这种用以完成实际立法工作的过程,并非是

1　Jessel M. R. 语,同上书,第182页。

不可感知的,只是不被承认而已。……被绝对地认为当然的,是在某些地方,必然会有这样一条法律能够包括现在诉诸法律以求解决的事实,如果不能发现这样一条法律,那只是由于缺乏必要的耐性、知识或智力把它发现而已。但是一当判决宣告并列入记录以后,我们就不自觉地、不公开地潜入到一种新的言语和一串新的思想中。到这时,我们不得不承认新的判决已经改变了法律。"[1]

拘束力从何而来

"关于判例法,最重要的不是报道以前的判决,也不是后来案件中的法官和其他裁判者参照以前的判决,而是把先前的判决视同标准,于其中寻找原则或规则,根据传统,这些原则或规则应该在某种情况下必须被遵循和适用。"[2] 每个人都接受这种说法,但是,先例为什么会有拘束力,对这个问题则有种种不同的回答。

有人在判例本身的性质上寻求拘束力。这种意见又分两种,一说认为,判例本身即具有法的性质。后来的法官只能解释和适用前法,而不得任意改变、废止。法官有遵循先例的义务。另一说认为,判例只是宣示法律是什么的证据,但它使法律确定,理应为后来的法官所遵循。既然我们认为英国法的相当部分是由先例构成,而且,判例法便是法官立法,

---

1　[英]梅因:《古代法》,第18—19页。
2　D. M. Walker, *The Oxford Companion to Law*, p. 190.

那么，我们便须承认，第一种说法确有一定道理。但是第一种说法并未说明为什么有些先例有拘束力，而另一些先例没有拘束力，为什么后来的法院总是倾向于适用这样一些先例，而规避另一些先例，以及他们为什么实际上拥有改变先例，甚至创制先例的权力。至于第二种说法，最多能够证明先例有参考价值，并未回答先例拘束力的问题。如果法律规则本身是独立自在的，先例不过为一种外部的证明，后来的法官便可独立地探求真正的法律原则，他可以凭自己的兴趣参照先例，无须为它所拘束。否则，无异于使法院在适用法律时舍本逐末。

又有人提出一个民法原则以为解答，认为先例的拘束力源于"一事不再理"的原则。即一旦作出终局判决，当事人便无权就同一标的再次提起诉讼。先例既然是特定问题的判决，依上述原则，以后的同样问题就不得背离先例了。这种说法似是而非。从法理根据上看，这是把"既判力"（res judicata）和"遵循先例"两种原则混为一谈了。按戴尔斯（R. W. M. Dias）的看法，这二者的区别有下列四点：（1）"既判力"应用于有争论的判决，而"遵循先例"作用于所涉的法律规则。（2）"既判力"只拘束当事人及其继承人，"遵循先例"就同法律规则的联系而言，拘束所有人，包括其他案件中的当事人。（3）"既判力"的效力适用于所有的法院。"遵循先例"仅因高级法院和上级法院的判决而生效。（4）"既判力"只是在对于判决的上诉结束以后才产生效力。"遵循先例"即刻生效。[1] 最多,我们只能说,这两个原则本身有着某种相近或相同的根据罢了。

最有价值的意见,认为先例之具有拘束力,实在是出于保证权利的稳固、法律的确定和一致的实际需要。[2] 我们早已指出,在英国,判例法诞生伊始,就面临着一个艰难的任务,要使逐案确定的判决协调一致起来,只有这样,人们才可能按照法律从事各种活动,判例法才不至沦为法官个人的专断或偶然的意志。这就是判例学说的起源。问题不在于先例是否有理由获得权威,而在于它是否需要具有权威。法律作为一种工具,必须适应社会的发展,先例原则是判例法的核心,它本身的发展演变正是社会生活和社会需要不断变化的结果。任何一种法律制度,都时常处于两种彼此矛盾的要求之中,"一方面,法律必须稳定,以便人们能够安排自己的事情,同时确知它们具有的法律效果。另一方面,法律必须使自己适应它所服务的社会正在变化中的社会经济千变万化的情况,否则人们将无视法律,回避法律,并且有朝一日违犯法律"[3]。法律制度就在克服这种永恒冲突的努力之中不断发展。英国的判例法是一个完整的法律体系,而不是一些各不相关的案例的偶然堆积,是先例规则防止了判例法的专横武断,保证了法律的延续性和一致性。但是,稳定的因素同时也是僵化

---

[1] R. W. M. Dias, *Jurisprudence*, pp. 162-163.
[2] 参见[日]官本英雄《英吉利法研究》,骆通译,北京:中国政法大学出版社,第19—21页。
[3] [英]克里夫·施米托夫:《英国"依循判例"理论与实践的新发展——判例应当具有拘束力吗?》,《法学译丛》1983年第3期。

的因素。先例规则，特别是绝对的判例规则，也倾向于把不合时宜的法律原则固定下来，使判例法制度趋于僵化。

究竟在什么情况下，判例法制度能够既保持相当的稳定性，同时又不失其灵活性，或者更直接地说，究竟应该怎样对待先例。关于这个问题的争论历来是很多的。通常，赞成严格的先例学说的主要理由是，它使法官能够利用前辈的智慧，造成了对于相同案件适用法律的一致性，并且，它还使法律成为可以预知的行为指南。反对的意见主要是，它会把僵硬的因素列入法律原则，抹杀不同案件之间微妙而重要的差别，从而导致明显的不公正。而且，对于终审法院来说，这还意味着使它们失去补救自己过错的机会。的确，终审法院也是会犯错误的。但是，人们争辩说，即使一个规则最初就建立在错误的基础上，它也可能得到确认。"因为，推翻一条已经被普通遵守的规则所产生的不便，很可能大于从纠正这条规则中可以期待的任何好处。"[1]（communis error facit ius，"重复多次的普遍错误产生法律"。）尤其是在涉及财产法方面的案件中，法院对实践中久已形成的惯例是非常尊重的。1887年，枢密院司法委员会在一个案件中说："如果终审上诉法院关于法律问题的判决涉及民事权利，特别是财产权利的话，

---

[1] 帕克（J. Park）法官说："我们的普通法制度在于：把那些我们得之于法律原则和司法先例的法律规则，启用于各种情形新的组合；为了保持统一性、一致性和确定性，我们必须把那些并非显而易见不合理和不方便的规则应用于发生的一切案件；在从未在司法上适用这些原则的案件中，我们也无权排斥它们，完全放弃对它们的类推适用，就因为我们认为，这些规则不像我们自己能够设计的那样方便和合理。对我来说，尽可能稳定地保持这一判决原则至为重要，不仅仅是为了具体案件的判决，也是为了作为科学的法律利益。"（Mirehouse v. Rennell [1833] lCl. & F. pp. 527-546; 36R. R. p. 180. 转引自 F. Pollock, *A First Book of Jurisprudence*, pp. 341-342。）

作为一般规则，就有充分的理由使关于第三者的判决成为最终判决。在这个国家里，关于财产权的法律在很大程度上是以这些判决为基础并由之构成的。一旦形成这种局面，这些判决便成了法律的要素，人类的事务就建筑在对这类判决的信赖上面。"但是，他们并不是教条主义者，他们接着又补充说："甚至就是这类判决，恐怕也很难说，关于第三者，它们在任何情况下和所有案件中都绝对是最终判决，当然，也不应该随随便便不经最慎重的考虑便重新讨论这类判决。"[1] 确实，即便在英国奉行绝对先例规则的时代，枢密院司法委员会也是一个重要的例外。但我们不能因此认为，它对待先例的较为灵活、合理的态度，对于英国判例法的理论和实践全无影响。事实上，在1966年上议院著名的声明里面，正可以看到一种与上述立场极为接近的表态。

结　语

1. 今天的社会生活发展极快，遂使对法律制度中适应性因素的强调升居首位。由于绝对的先例规则容易造成法律制度的僵化与不合理，其效力已有比较明显的减弱。只是，这种现象主要表现在先例拘束力"横向"的方面，先例的"垂

---

[1] F. Pollock, *A First Book of Jurisprudence*, p. 340. L. 古德哈特（L. Goodhart）指出："英国的'遵循先例'学说并非基于一种狭隘的理论，即只有在背离以前的判决将损害依此行动的人的情况下，先例才应该具有拘束力。它赖以建立的是一种更为广泛的理论，即它对于法律的确定性至关重要，为了保持这种确定性，就是牺牲个别案件中的正义也是值得的。"（"Case Law in England and America", *Essay in Jurisprudence and the Common Law*, 1937, pp. 55-56）

直"效力依然为人所强调。许多法学家指出,这将有碍于法律的进一步发展。因此,"遵循先例"规则继续被削弱,并非没有可能。

2. 削弱"遵循先例"规则并不意味着先例学说的完全取消。法律的稳定性是任何一个社会不可缺少的价值,而在判例法制度里面,这种稳定性主要是依靠某种先例规则来实现的。

3. 在英国,判例是全部法律中很大的一部分,不但许多方面的社会生活依然由判例调整,而且制定法也是依据判例法的方法来适用的。因此可以说,在没有制定法的情况下,英国仍有其法律体系,但是如果没有了判例法而只有制定法,那么在英国就只有不相连贯的零星条文,一般重要的生活关系也就无可遵循了。最要紧的是,判例法不但是一种制度,更是一种传统。它植根于人心之中、社会之中。在可以预见的将来,人们可以设想一种更加开放、灵活的先例规则,却难以想象没有任何一种意义上的先例规则。毕竟,判例法的存在有赖于某种先例规则。

4. 英国的判例法制度是一种完备的法律体系。它不但有着悠久的历史,而且有着历史地形成的一整套传统,包括对于法律渊源、结构的特殊看法,适用法律的特定程序,法律推理的方法,律师制度和法官制度,法律教育的方式,等等。英国人固守其传统,从而保证了法律的延续、稳定和一致,同时,他们又得借助于法律适用的技巧,以及特殊情势下大刀阔斧的改革,使其法律不断适应社会生活变化的要求。比较其功用，不能说判例法制度不如所谓法典制度，谈论其地位，更没有理由视判例法制度为"非正统"。事实上，制定的法律与判例皆具有普遍的意义。采用哪种制度取决于一国历史、传统的特殊性，而无论采用了哪种制度，都可以和应当由不同的制度里面求得有益的经验。

罗马名人祠[*]

> 培莱奥，我们还不知道事情将要怎样发展。如果那些傲慢的求婚子弟在堂上把我暗杀了并且分掉我的全部祖产，我宁愿那些礼物归你所有，而不属于别人；可是如果我能为他们播下灭亡命运，我就希望你自愿把我的财物送到我家里，我将高兴接受它们。
>
> ——《奥德修记》卷十七（杨宪益译）

这一段荷马的诗句或许并不著名，但是放在查士丁尼的《法学阶梯》里面，用来说明"死因赠与"的性质，却别有一种情致。这部6世纪的罗马法典还提到一些较早的法学家引用荷马史诗讨论法律问题的事例。可见搬用希腊诗句作法律学上的论据这种做法，并不只是查帝时代的风尚。

表面上看，这真是一种十分怪异的情形。无论如何，公元前8世纪的希腊史诗同6世纪的罗马法律学，到底是两种大

---

[*] 原载《读书》1991年第11期。

不同的东西。即使不考虑历史、文化、社会诸方面的差异，单说成熟的罗马法完全建立在健全的形式理性上面这一件事实，似乎也应当把诗一类的东西从法律当中剔除干净。自然，那时我们所见的便不再是历史了。在后来的学者里面，确曾有人从罗马法中"读"出了"诗"，比如维柯。他说："古代罗马法是一篇严肃认真的诗，古代法学是一种严肃认真的诗创作。"（维柯《新科学》，朱光潜译）只是，他所讲的又是一种情形。我们在查帝《法学阶梯》里读到的希腊诗篇，不过使我们注意到，罗马人对于希腊文化抱有怎样的一种敬意，以及，传统如何将两个伟大的古代文明熔铸于一。

古希腊与古罗马的相互关系，历来是文化史家喜谈的话题。说罗马在文化上乃是希腊的寄生虫，大概是最流行的一种见解罢。罗素说："罗马人没有创造过任何的艺术形式，没有形成过任何有创见的哲学体系，也没有做出过任何科学发明。他们修筑过很好的道路，有过系统的法典以及有效率的军队。但此外的一切，他们都惟希腊马首是瞻。"（罗素《西方哲学史》，何兆武、李约瑟译）罗素的意思或许不差，但是听他的口气，似乎很好的道路、有效率的军队和系统的法典只是些不甚重要的东西。维柯认为法律比哲学出现得更早，哲学乃是由法律中涌现出来。对此，哲学家如罗素大概会表示异议。不过，法律的精神之深刻影响于哲学，却是我们可以注意的事实。梅因说，罗马法，尤其是罗马契约法曾以其思想方式、推理方法和专门用语贡献于各个门类的科学，以致"在曾经促进现代人的智力欲的各种主题中，除了'物理学'外，没有一门科学没有经过罗马法律学滤过的"（梅因《古代法》，沈景一译）。纯粹者如"形而上学"固然是来自希腊，却也不能出于罗马法影响之外。因为"当东方和西方世界的哲学兴趣分离时，西方思想的创始者都属于讲拉丁语和用拉丁语著作的一个社会"。当时在西方各国中，能够很精确地用来研究哲学的唯一语言是罗马法的语言。"如果罗马法律学提供了语言上唯一的正确媒介，更重要的，是它同时提供了思想上唯一正确、精密深邃的媒介。"（梅因语）所有对古代文明和现代社会有所了解的历史学家、社会史家和政治史家大概都承认这样一个事实：法律为古代罗马人最杰出的创造物，而且正是通过法律，古之罗马人对于现代人类的精神世界和社会生活均产生极其深刻和巨大的影响。

伟大的文明总是伟大者的创造物。如果愿意，我们每个人都可以在自己的心里建立起一座古代的名人祠，去到那里瞻仰先贤的风采，聆听古代贤哲的教诲，努力将古代文明的精粹汲取、消化，融于心底。假定这里有一座古代罗马的名人祠，我们会在里面看到一大组群像，他们是教师、官吏甚或皇帝；他们所从事的研究，乃是"最勤劳的人也感到困难，最精细的人也感到深奥，最精巧的人也感到细致的"（梅因语），那就是所谓法律学的研究。他们因此被称为法学家。

古代罗马法学家是一个文化史上的奇迹，一个至今让人困惑和惊异的历史之谜。我们在所有的古代文明里面都看到有法律，法律的制度和理论、应用与阐释。但只有在罗马，一个所谓法学家阶层平地而起，卓然独立。正是这些人，代表了古代罗马的最高智慧。奇怪的是，现在一般的知识者，知道加图、普林尼、奥古斯都、维吉尔、卢克莱修和爱比克泰德，对于斯凯沃拉、盖乌斯或伯比尼安努斯的大名却是完全陌生的。或者，他们可以举出一个叫作西塞罗的人来充法学家，但是严格说起来，西塞罗做哲学家、政治家或著作家显然更称职些。他的思想和言论确曾对罗马法产生过深刻的影响，但是把他放在这一组法学家的群像里面，别人的光辉会遮蔽他。

法律是世上最实际的事物之一，因为法律总是要求实行的（并不要求实行而只是用来装点门面的法律也有。此种情形自古即有，于今为烈。其中原因极为复杂，暂可不论），而法律实行得怎样，又总有一半取决于人们对法律所作的解释。在人类较早的某一个时期，法律可能表现为神命。神命的传达者便是最早的法律人。法律在含义模糊的时候需要解释，此可以不论；最明白确凿的律条如"摩西十诫"，也可能需要解释才可以适用于繁复多变的实际生活，否则，也就没有犹太法律学家这一种人了。由此可以知道，法律的解释乃是法律的伴生物，二者相需，不可分离。不过，就这里谈论的事情而言，法学家虽然以法律的阐释为己任，其与法律解释者到底是两个不同的概念。在罗马历史上，法学家是在著名的《十二铜表法》颁行之后很久方始出现，而它一旦出现，立即为历史开辟出一个新的天地。我们现代人，虽然有了航天飞机和电子计算机，大体还是生活在这样一个天地里面。

在很长的一段时间里面，罗马的法律是贵族的独占物。

按照维柯的说法，这是他所谓"贵族政体"的题中应有之义。这种"贵族政体"的特征之一是"对制度的保卫，其中包括对法律和解释法律的科学的保卫。当时有关法律的知识皆被视为神圣，而由专门的社会阶层小心地加以保护，就是因为这个缘故"（《新科学》第十二部分第三章）。公元前5世纪中叶，著名的《十二铜表法》完成了。在罗马法律史上，这是一件划时代的大事件。罗马人受一部公开的法典的统治始于《十二铜表法》。虽然，《十二铜表法》颁布之后一百年间，法律的解释权仍由身为贵族的祭司们独掌，但是"法律的保卫"既已不存，法律解释的垄断或迟或早也一定会被破除。归根结底，造成这些变化的政治的、社会的和文化的原因是一样的。

公元前312年，阿庇乌斯·克劳狄乌斯·凯库斯（Appius Claudius Caecus）被选为监察官，他担任这个职务达五年之久，而他在任内的所作所为，影响更要久远得多。凯库斯曾利用职权，一反罗马的传统，使许多出身低微的人进入元老院，从而使平民有可能担任祭司职务。这实际是意味着贵族独占法律解释权这样一个时代的终结。当时，担任凯库斯助手的格奈乌斯·弗拉维乌斯（Gnaeus Flavius）把所有关于"法律诉讼"（这正是当日诉讼的关键）的知识公示于众，就是一个有力的证据。大约五十年之后，提贝里乌斯·科伦卡尼乌斯（Tiberius Coruncanius）被选为大祭司（时在公元前253年），这是罗马历史上平民第一次担任这个重要职务。这位平民出身的大祭司就有关"法律诉讼"的问题提供公开解答，在罗马法律史上亦属首次。此时，罗马的版图在扩大，罗马的权力在增长，罗马人对法律的兴趣也日益高涨。大约在公元前200年，卡图斯（S. A. P. Catus）出版了据说是西方历史上第一部的法律学著作：《三部法》（*Tripertita*，又名 *Jus Aelianum*）。在那以后，著述之风日盛。罗马人的智力受了这样的刺激，又摆脱了早先在制度和习俗诸方面的束缚，便大大地发展起来。一个世俗的法学家群体，连同法律学这样一种法学家的创造物，于是就出现了。

早先由祭司职务分化出来的法学家，多是罗马社会中显贵家族的成员。他们研习法律，为公众提供法律服务，主要是为了博取声望，取得政治活动的资本。一方面，这些人因为是活动家，所以最关注实际问题的解决；另一方面，他们既不曾为日常的出庭诸琐事所烦扰，又能够专心致志地思考法律的发展之道。现时法律职业者，久已将道、术分裂为二。罗马法学家则不然，他们以一身而兼二任。这正是古罗马人智慧的特别之处。

据西塞罗的记载，当时法学家的活动大别有三：一是公开提供法律解答，其对象不仅为诉讼当事人，而且包括罗马的行政长官和法官；二是参与诉讼活动，就具体诉讼事项提供指导（出庭之职由辩护士承担。西塞罗就曾以他在法庭上的演说而闻名）；三是帮助完成各类法律事务，如起草和准备法律文件等。也许是所处时代较早的缘故，西塞罗没有谈到法学家的另外两种重要职能，即法律著述和法律教育。

古代罗马的法律学实始于法学家的著述。古典时期的法学家大多著作等身。这些著作类别多样，内容宏富。有专供初学者入门的教科书和手册，有讨论具体法律原则的专题论著，有关于案例的收集、整理和论述，也有对某一种法律或某一法学家著作的系统评注。此外，还有大量不便归类的杂著。6世纪编纂完成的《学说汇纂》，有选择地摘编了这些著作中极小的一部分，历来被奉为罗马法律学的范本。

那时，有志于学习法律的青年从《法学阶梯》一类教本入手去了解罗马法，这是很容易想见的事情。不过，共和时代的法律教育并不采用现代人习见的课堂讲授的方式，也是可以肯定的。当时的学生跟老师待在一起，直接从实际里面学习法律，那种情形同爱德华一世时代英国人学习法律的方式最为相似。这种师徒式的教育方式大概由早期法学家们务实的品格中产生，而它发展的结果，是形成教育的统绪。日后罗马法学家分为萨比努斯派和普罗库卢斯派，正与此有关。

一般认为，罗马两大法学派别的创建人乃是奥古斯都时代的卡皮托（C. A. Capito）和拉贝奥（M. A. Labeo）。这两个杰出的法学家，一个是帝制的拥护者，一个是共和派的斗士。他们开启的流派，到了自己学生的手里方才光大于世。先是卡皮托的高足萨比努斯（M. Sabinus）仿照希腊学园创为一代法家，然后有拉贝奥派第三代传人普罗库卢斯（S. Proculus）起而与之对峙。大概学生的才智比较老师的更出色，他们的大名竟成为学派的徽记。关于萨比努斯派和普罗库卢斯派对立、论争的种种情形，今人所知甚少。据说，萨派开始时对市民法（按：指罗马古老的城邦法律）用力最多，普派则更注意裁判官法（即罗马司法长官于市民法之外创制的法律）；又普派比较拘泥于法律的文句，萨派则竭力要去除法律中旧有的形式主义和僵硬性。查帝《法学阶梯》有两处提到萨派与普派的论争。一处是讨论作为所有权取得方式之一的"加工",另一处涉及买卖契约中金钱之外的物品是否可以构成价金的问题。透过这类零星记载,我们也许可以想见当年萨派与普派之间往来论辩的情形。虽然,我们所了解的事情尚不足以说明这些法学派别各自具有某种内在、一致的哲学信条,但有一点可以肯定,即不正视它们的存在,不懂得它们之间的诸多歧异,就不可能对罗马法有深入的了解。

罗马法上的学派之争延续了百余年,到了哈德良皇帝统治时期(117年—138年),学派上的论争趋于平息。这倒不是行政权力干预的结果,而是因为当时出了一位极杰出的法学家尤利安努斯(P. S. Julianus,死于马可·奥勒留治下)。这位尤利安努斯是已知萨比努斯派的最后一代领袖,曾在皇帝哈德良和皮乌斯(A. Pius,138年—161年在位)治下担任多种高级职务。他在法律学方面表现出非凡的天资与才能,以至于在他之后,我们竟再也听不到人们谈论普罗库卢斯一派的事情了。所有的法学家都成了萨比努斯派。不过,以这样一个伟大人物的心性与胸怀,我们想他并不拘泥于门派家法,而能够兼收并蓄、融会贯通,大概也是合乎情理的。

我们中国人以为法律为盛世所不能废,亦盛世所不尚,故其记载略存梗概。西人则不同。在他们,法律为健全的社会生活所必需,法律学乃盛世之学。罗马法律学的黄金时代,亦即所谓古典的罗马法时代,始于法学家塞尔苏斯(P. J. Celsus)和皇帝图拉真(Trajan,98年—117年在位),至乌尔比安努斯(Domitius Ulpianus)或莫德斯提努斯(Herennius

Modestinus）和皇帝卡拉卡拉（Caracalla）时止，与吉本所谓人类历史上最繁盛和平的时期（98年—180年）大体相合。其时在罗马，"法律不但是有野心的和有抱负的人的精神食粮，并且是一切智力活动的唯一滋养"（梅因语）。大概在人类的历史上，还没有哪一个民族，哪一个时代，有如此多心智卓绝的人物投身于法律这一领域，并由这种特别的智力活动中，开辟出如此广大的天地来。在数百年的时代里面，罗马法学家代代相继，孜孜以求，为解答，为注释，为推演，提取概念，总结格言，廓清原则，把原来简陋、狭隘的城邦法，改造成为有某种普遍价值的理性创造物。罗马法所以传于后世而不灭者以此。

由223年乌尔比安努斯之死，到6世纪特里波尼安出而为查帝编订法典，前后三百余年，罗马法律学隐而不显。有人说，乱世到来，法律学所以衰微。3世纪以后，社会混乱日甚一日，"罗马和平"渐成旧梦。伯氏与乌氏的死预示了法学家的悲剧性命运。现世的苦难将更多伟大的心灵吸引去思考另外如道德哲学和宗教哲学的问题。这一类解释大抵真实可信，但是未必能让人完全满意。罗马人确实自有其智慧，法律学即是这种智慧的最高表现。后人或许可以努力把握住这一种智慧，但是关于其所由来，以及它在历史上泯灭的轨迹，何曾提出过令人满意的解说？每当我沉湎于历史，面对如许深不可测的谜团，辄不禁掩卷叹息，低回沉吟。

查士丁尼和他的法典[*]

房龙所著《宽容》，首章标题为《无知的暴虐》，它是这样开始的：

> 527年，弗雷维厄斯·阿尼西厄斯·查士丁尼成为东罗马的统治者。
>
> 这个塞尔维亚的农夫对书本知识一窍不通。正是出于他的命令，古雅典的哲学学派才被最后压抑下去。也正是他关闭了唯一的一座埃及寺庙，……
>
> 而现在，随着一个被称为"皇帝陛下"的文盲农夫的命令，庙宇和毗邻的学校变成了国家的财产，神像和塑像被送到君士坦丁堡的博物馆里，教士和象形文字书法家被投入监牢。等最后一个人由于饥寒交迫死去以后，具有悠久传统的象形文字工艺便成为绝代失传的艺术。

---

* 原载《读书》第2期。

我们不能够说这里所讲的不是事实，只是这种讲法终究有些偏颇。因为 527 年查士丁尼即皇帝位这件事情，在历史上可以有不同的意蕴；查士丁尼皇帝的故事，亦可以有另一种讲法。

按照梅因的说法，"世界上最著名的一个法律学制度从一部'法典'开始，也随着它而结束"（梅因《古代法》，沈景一译）。那个罗马法律史上集大成的人物便是查士丁尼，那部最后的罗马"法典"便是查士丁尼时代的创造物。后来深受罗马法影响的制度，无一不以"法典"的面貌出现，那承上启下的角色，只能是查士丁尼了。

倘说，法典编纂总是跟在伟大的创造性时代的后面，那大致是不错的。只是伟大的法典编纂，另外又有其条件。恺撒生前曾抱有编制法典的宏愿，可惜英年早逝。以后虽有种种尝试，毕竟说不上编成什么法学大典。直到那个为房龙痛诋的查士丁尼在君士坦丁堡即皇帝位的时候，成就伟大法典的条件才算成熟。

查士丁尼出生的时候（483 年），罗马已经有七年没有皇帝了。这就难怪，当他开始执政，他是那样"念念不忘于恢复整个罗马帝国的堂吉诃德式的急务"（奥斯瓦尔德·斯宾格勒语）。他委派能干的将领去收复罗马的旧地，成绩斐然。他关于帝国法律所做的事情，至少也是一样的多和重要。他在钦定《法学阶梯》的序言里面，用了下面一段话作开场白：

> 皇帝的威严不独以武力而生色，而且因法律而荣耀。如此，则无论平时与战时，国家辄得到良好的治理；罗

马的皇帝亦不但能够取胜于疆场，且得以用法律的手段去除不义者的恶行。由此表明，皇帝执掌法律的勤勉与不懈，一如他征服敌人时的战绩辉煌。（据 C. 科尔伯特［C. Kolbert］英译）

其实在此以前，大规模的法典编纂活动已经开始了。

法典编订工程始于 528 年。其时，查帝指定了一个十人委员会，为首的是原宫廷财务大臣特里波尼安，极干练的行政官和杰出的法学家。该委员会由前述三部官修法典中辑出尚未过时的宪令，编为一帙，名《查士丁尼法典》（*Codex Justinianus*，以下简称《法典》），于翌年颁布。这部法典未能流传下来，因为就在五年以后，另一部修订了的法典把它取代了（534 年），后人所见之《查士丁尼法典》其实只是后者。这部法典的内容多涉公法，包括教会法、刑法、市政团体法，以及有关国政、军事和财政的宪令，皆为《学说汇纂》所不载。《法典》收敕数约四千七百条，多数为皇帝的批复。其中最早的法令出自皇帝哈德里安，君士坦丁大帝以前的敕令约占半数。既然此前早有编敕的传统，查帝此举亦可以看作《狄奥多西法典》的继续。其于以前诸法典多有承借，也是十分自然的。只是，查帝的法典不但晚出，而且出自富有经验的特里波尼安之手，它的编排更加合理和系统。《法典》共十二卷，卷下分篇，以下再分条令。所有法条均按年代顺序编排；律首冠以颁敕皇帝的姓名，律后则附以颁敕的时间和地点，颇便于检寻。

查士丁尼和他的法学家们，因为编敕成功而大受鼓舞，遂决定着手去做一件更要困难十倍的工作——编订法学家的著作。公元530年12月15日，特里波尼安受命组织了一个十六人的委员会，著名的法律教师狄奥菲鲁斯和多罗西乌斯也在其中。当时，摆在委员会面前的有大约两千卷法学论著，他们的使命是要在仔细阅读了所有这些材料之后，去除书中的矛盾、重复和过时之物，按题摘录，使成一部条理分明的法典。为此，查帝授权特里波尼安等可以不受"引证法"的拘束，自由裁断与取舍。法律史上著名的编纂运动，同时也是最大的篡改运动开始了。后人在《学说汇纂》里面读到尤利安努斯或者盖乌斯的意见，但那只是经6世纪君士坦丁堡法学家们重述了的2世纪时罗马法学家的意见。查士丁尼是一个基督教皇帝，那些比他早数百年的古典作家却是在一个全然不同的时代里生活和写作的。当这二者之间的差距弥合的时候，古人真实的面目便隐去了。难怪在后来的罗马法学者里面，"搜寻篡改"久已成为一种引人入胜的"运动"。

《学说汇纂》共五十卷，由对三十九名法学家论著的摘编构成。虽然法学家中最早的是共和时代的斯凯沃拉（Q. M. Scaevola），《法典》的主要材料却取自公元100年至250年之间写作的法学家。其中，两千四百六十四条摘自乌尔比安努斯，两千零八十一条录自保鲁斯，六百零一条取自伯比尼安努斯，庞波尼乌斯占五百七十八条，盖乌斯有五百三十五条，尤利安努斯四百五十六条，莫德斯提努斯三百四十四条，此外所余大约两千条。查帝诸法典中，此编篇幅最大，约十五万行（由三百万行压缩而成），为《圣经》的一倍半。

《学说汇纂》编订之日，特里波尼安以为需要十年方可以完成斯役。但实际上，完成此编只用了三年时间。《学说汇纂》颁于公元533年12月16日，同月30日生效，诚可谓神速。《法典》中所以还有许多技术上的不完备处，就是因为当时人太重效率的缘故罢。

就在《学说汇纂》将近完成之际，查帝又指定特里波尼安等三人，着手编订一部供青年学习法律之用的教本，这即是查帝的《法学阶梯》（*Institutes Justiniani*）。该书虽然也参照了其他古典作家的同类著作，但是总有一半取自盖乌斯的《法学阶梯》。我们所以确知这一点，是因为盖乌斯原作的一个5世纪的抄本，1816年被德国的罗马史家尼布尔发现于维罗纳图书馆。当时，写在羊皮纸卷上的字迹早被中世纪的某个僧侣涂刮洗净，另外抄了一部圣·哲罗姆的作品（这个抄本被发现的故事真正是学术史上一段佳话，此处不赘述）。

查帝《法学阶梯》计四卷，篇幅远较前两部法典为小。依立法者原意，《法学阶梯》是进入《学说汇纂》的初阶，但是其中的原则，有时竟与后者相左。又在《法学阶梯》里面，阐发原则很少提出理由，且不乏武断和自以为是的说法，如谓"鸡与鹅本非野生，此由存在吾人称为'野鸡'与'野鹅'者可知"。（《法学阶梯》2，1，16）凡此，颇受后世学者讥评。

《法学阶梯》颁于公元533年12月21日，与《学说汇纂》同日生效。这部法律学教科书，因为是改编的作品，所以无甚特色。倒是它的序言写得简明扼要，真正难得。上面解释查帝编订《法典》初衷时已经引用过起首的一段，为省篇幅，难以全译，只能请有心者检阅原著了。

查士丁尼编定的《法典》《学说汇纂》和《法学阶梯》，虽然在形式与内容两方面均有所本，但毕竟是罗马法律史上最系统、最全面和规模最大的整理工程，真正是前无古人，后无来者，查士丁尼以此自负也是不难理解的事情。他曾经发布敕令，规定未经辑入《法典》和《学说汇纂》的先帝宪令与前人学说，概行失效。同时他还令天下，禁止对《学说汇纂》作任何改动，即使所摘录的内容与原作并不相符。此外，所有对《学说汇纂》的评注也在禁止之列。许多年过去以后，人们发现了查士丁尼时代的法典，那几乎就是罗马法律制度唯一的遗存，大量古代法律学著作因为遭人遗忘，终至湮没无闻。倘没有那些禁令情形会怎样，对此我们实在没有把握，但有一点可以肯定：禁止世人对现行法律的评注终究是一种愚蠢的措施，且注定不能够持久；而想要使法律固定不变、垂诸万世的企图，可以说立时就要破灭，查帝生前对《法典》的修订就是一例。从那次重修《法典》（334年）到查帝逝年（365年），又有整整三十年。查士丁尼死后，法学家们收拾这期间颁布的宪令，定为一编，名为《新律》（*Novellae Constitutiones Justiniani*）。《新律》收敕百余条，以希腊和拉丁两种文本行世，存诸后世者一百五十二条。后来在1583年，一位著名的法学家，法国人丹尼斯·高第弗洛依首次使用了《国法大全》（*Corpus Juris Civilis*，又译《民法大全》）这种说法，概括地指称包括《新律》在内的查士丁尼编纂的全部法典。这个简短的名称就从那时沿用至今，为我们熟知和习用。

19世纪德国法学家耶林，说罗马人曾三次征服世界，头一次以武力,再一次以宗教,末一次以法律。现在看来,在这三次征服里面,唯法律的征服最为深刻与持久,更有过于宗教者。今天的世界上,大约没有哪一个民族的法律,不是或多或少地受了罗马法的影响而发展起来的。虽然我们所谓罗马法的影响,其实是一种漫长、复杂的历史过程,远非一部查士丁尼时代的法律编纂史可以囊括。但是追本溯源,我们还是要提到《学说汇纂》,提到查士丁尼的法律再造之功。罗马法固然是罗马人智慧的结晶,千余年间无数代罗马人殚精竭虑的成就,但是《国法大全》到底是划时代的作品,法律史上永存的丰碑。查士丁尼不失时机地完成了对古代法的总结,这一份承上启下的功劳,也是不容磨灭的。

也许,在查士丁尼,编订法典的考虑,与他关闭埃及寺庙、解散雅典学园的动机同出一源,但是行为的客观结果,正有动机所不能衡量者。S. 胡克(S. Hook)认为,查士丁尼所以是一个平庸之人,是因为他对于自己行为的历史意义没有自觉。关于这一点,我们最好存而不论。拿破仑晚年只为自己的"民法典"骄傲。他说他军事上的成就,只要一个滑铁卢就可以被抵消,唯有他的民法典永远不会被磨灭。查士丁尼的情形正与此相仿,只是他是否也有过类似明智的说法,我们已经不能知晓了。

罗马法律中的希腊哲学[*]

关于古代希腊与罗马的法律,有一种流行的见解,谓前者"有法律而无法律的技术",后者"有法律的技术但是没有哲学"。甚至有人直接套用这样的标题:《无法律技术的法律;无哲学的法律》("A Law Without a Legal Technique; A Legal Profession Without a Philosophy", Stig Strömholm, *A Short History of Legal Thinking in the West*, Norstedts, 1985)。这是一种颇机巧的说法,而且差不多是真实的,只是仍有几分简单化。我们知道,自然法的观念源自希腊哲学,罗马人所谓自然法,原来只是一个希腊哲学术语的拉丁译名;我们还知道,罗马人在创造一种世界性法律的时候,曾大大得益于自然法观念的传播。反过来,自然法思想日后所以风靡于欧洲,也是与罗马法在世人心目中的权威有直接关系的。

古典时期的罗马法学家多喜欢以哲学的格言来装饰他们的作品,当然这并不意味着他们同时也是哲学家。但是另一

---

[*] 原载《读书》1992年第6期。

方面，自然法观念对于罗马法的影响，也绝不可以只由法律中的某些条款和格言来衡量。我们所见的，乃是文化史上一次伟大的移植、承借或说融合，其结果是惊人的，也是十分可喜的。只是我们若想就此作一番简单明了的说明却难。十几个世纪过去了，我们想要通过占有详尽的资料去了解当时的一切，已经不大可能，而这或许不是唯一甚至主要的困难。设若生在当日，我们就可以完全地了解那个时代？就法律的发展而言，自然法思想在罗马法中的传播及其影响，也许是文化史上最复杂、隐晦的事件之一。后人每论及此辄不免有臆断之辞，然而，每一种关于罗马法的介绍，哪怕是最粗略的一种，都无法避开这个主题。这也是我们不怕被指为老生常谈而要谈论罗马自然法的理由。

自然法学说源自希腊哲学的斯多葛派。关于这一派哲学的宗旨和它在历史上的来龙去脉，一般哲学史教科书中皆有叙述，可以不论。我们只说有关的问题。先引一段西塞罗的语录：

> 真正的法律是与自然相一致的正确理性；它适用于所有人且不变而永恒，……我们无法因为元老院或人民的缘故而由对它的义务中解脱出来；我们无须于己身之外去寻求对它的解说或阐释。将不会在罗马有一种法律，在雅典有另一种，或者现在有一种，将来有另一种，有的只是一种永恒不变的法律，它对所有的民族和在任何时候都是有效的。(*De Republica*，Ⅲ，xxii，33. 转引自 A. P.

d'Entrieves, Natural Law. N. Y. 1965)

这段关于罗马自然法思想的经典表述,包含了两种可以注意的因素。一方面,它把自然和与自然相一致的理性,看成是永恒法律的特征、人类法律的道德基础;另一方面,它强调在各族人民日常遵奉的各个不同的法律之外之上,又有一种普遍而且不变的法律。这两种因素,向我们显示出斯多葛派哲学的某种特别性质,因为具有这种性质,日后希腊哲学与罗马法律的结合方才有了可能。

就其性质而言,斯多葛派哲学乃是希腊化而非希腊的产物,这一点,我们只要看一下这一派哲学历代领袖人物的出身就可以明白。一些讨论政治哲学的著者,愿意把公元前322年亚里士多德的去世看成是一个时代的终结,而把亚氏的学生亚历山大的伟业看成是另一时代的开始。因为在亚里士多德的时代,宗教、哲学、伦理、政治学乃至全部的制度,都是围绕着城邦建立起来的。而在亚历山大的时代里面,城邦国家的理想消失在一个世界性帝国的远景之中。生活在这个时代的人们,失去了往日由城邦提供的种种保护,忽然要独自地面对世界。从这里,产生出一种精神的渴望、一种内省的冲动和对于人类的新的认识。在斯多葛派哲学家的头脑里面,思考的对象不再是城邦公民一类人,而是更具一般性的理性的人。这种人并不只是生活在雅典或是罗马,而是立于天地之间,有着同一个神祇、同一种法律,那就是支配整个宇宙的理性，常驻不变的自然法。这里，我们或者须要补充一句，这种冠以自然之名的法律，其实与感性的自然并无关联，比如它不讲阴阳四时，更不谈天人相副，它所谓的自然，毋宁说是理性的和人造的，它的根基，要在希腊早期的物理学或者自然哲学里面去寻找。

早先，希腊人把"自然"所指的物质世界视为某种基本元素的组合。"'自然'的最简单和最古远的意义，正是从作为一条原则表现的角度来看的物质宇宙。此后，后期希腊各学派回到了希腊最伟大的知识分子当时迷失的道路上，他们在'自然'的概念中，在物质世界上加上了一个道德世界。他们把这个名词的范围加以扩展，使它不仅包括了有形的宇宙，并且包括了人类的思想、惯例和希望。这里，像以前一样，他们所理解的自然不仅仅是人类的社会的道德现象，而且是那些被认为可以分解为某种一般的和简单的规律的现象。"（梅因《古代法》，沈景一译）在现象界的形形色色和繁复多变之后，寻求和确认某种单一的和永恒不变的原则，这即是早期希腊哲人的思想路向。后来日渐发达的政治哲学和伦理哲学，均沿着这一路线成长起来。我们在克里西波斯或者西塞罗那里看到的自然法，就是这样一种具有全部优雅、单纯和均衡特征的原则。

斯多葛派哲学在公元前2世纪传入罗马，很快就在罗马的知识阶层中传播开来。它的成功，据一般著作家的说法，是因为其对于自然的好尚和对德行的强调，与当时罗马统治阶层墨守古代意大利民族简朴习惯的倾向正相符合。斯多葛派哲学抱持的世界国家的概念，也为罗马征战这件不甚光彩的事情带来几分理想主义，这大概是罗马人乐于接受它的另一种原因。

经罗马人接受的希腊哲学，思辨的色彩几乎褪尽，剩下的只是哲学家不屑于讨论的道德说教。然而对哲学家无关紧要的东西，在政治学家或法学家可能意义重大。罗马人是务实的民族，法学家更是第一等的务实者。最早开始研究法学的罗马人，多半受斯多葛派哲学的强烈影响。这一派哲学之所以在法律史上具有重要意义，就是因为这一件事情。

查士丁尼《法学阶梯》关于自然法、万民法和市民法的含义阐说如下："自然法是自然界教给一切动物的法律。"而市民法与万民法的区别在于，"任何受制于法律和习惯的民族都部分适用自己特有的法律，部分则适用全人类共同的法律。每一民族专为自身治理制定的法律，是这个国家特有的，叫作市民法，即该国本身特有的法。至于出于自然理性而为全人类制定的法，则受到所有民族的尊重，叫作万民法，因为一切民族都适用它"（查士丁尼《法学总论》，张企泰译）。我们可能由此得出错误的印象：那些与一般相联系的原则，天然地优于或者高于只关乎个别的制度；罗马人，受其理性的指引，一开始就在追求某个更合理的结果。实际上，我们在这里看到的，只是与我们思虑相近的成熟的罗马法律学。自然法学说最初传入罗马之时，情形并非如此。

"市民法"乃是属人的制度，那些附着其上的繁琐程式乃至宗教的仪式，顽固地排斥任何外国人的参与。然而公元前3

世纪，罗马的外国人已经多到这样的程度，以至无论是出于商业的考虑还是为社会治安计，都必须以法律手段来安排外国人的权利和义务的关系。于是有"外事裁判官"之设。这即是"万民法"产生的契机。

"万民法"系当时意大利各部落中通行的习惯，或说，是许多不同制度中共同的要素。对于这种根本上属于外国人的制度，罗马人的态度究竟怎样？在这个问题上，现代观察者的结论，最易于流入歧途，而与历史的真实情形相悖。梅因大胆而正确地指出，现代人尊重和赞美的，正是当时罗马人不喜悦或是疑心重重的。而他们所倾心的东西，恰又是现代理论家以为琐屑而不足道者（如买卖契约中的庄严仪式与问答形式）。问题在于，"万民法"的产生，部分是因为他们轻视一切外国的法律，部分是因为他们不愿把自己的"市民法"扩大以适用于外国人。罗马人之不爱"万民法"，就如他们不爱外国人。因为"万民法"是从外国人的制度中来，并且是为了外国人的利益制定的。（参阅《古代法》第三章）但是后来，罗马人对待"万民法"的态度发生了转变，而这正是自然法学说在罗马知识阶层尤其是法学家阶层中流行的一个结果。

惯常归于自然法的原则包括：以血亲原则取代宗亲原则，强调契约中的意图与诚信，提高妇女地位，改善奴隶境遇，等等。然而希腊哲学之影响于罗马法律学，主要并不表现在那些可以计数的原则和规则的数量上面，而在于自然法学说对于罗马人心智的一种极深刻的作用。梅因说："从整体上讲，罗马人在法律改进方面，当受到'自然法'理论的刺激时，就发生了惊人迅速的进步。单纯化和概括化的观念，是常常和'自然'这个概念联系着的；因此单纯匀称和通晓易懂就被认为是一个好的法律制度的特点，过去对于复杂语言、繁缛仪式和不必要困难的好尚，便完全消除。"（《古代法》第三章）单纯化、概括化和匀称一类基本观念，正是早期希腊自然哲学所具有，而为斯多葛派哲学承继的东西。在改造一种为大量繁琐仪式和程序包裹起来的法律制度，使之合理化、普遍化的时候，再没有什么比这类观念更重要的了。此外，我们还应该指出一点，那就是自然法观念的引进，不但为罗马法的技术改造提供了一种合法的依据，而且是将一种新的道德精神，注入罗马法律学之中，从而为全部的罗马法制度，重新奠定了道德基础。在开始的很长一段时间里面，"自然法"实际被等同于"万民法"。裁判官的任务，即不但是在当时各民族的法律制度里面去发掘共同的要素，而且是通过"告示"的形式，努力地恢复一种业已逝去的更完美的法律。"万民法"因此而获得一种全新的意义。这时，思想上的革命便完成了。

萨拜因在谈到自然法时说，自然法的概念使人们对风俗习惯进行有见识的批判；特别是在乌尔比安努斯把"自然法"与"万民法"严格地区分开来以后，它可能还意味着一种对法律更为深入的伦理批判。（《政治学说史》第九、十章）对于这种说法，我们须要作一种比较保守的理解。根据自然法，人类生而自由、平等，奴隶制度虽然普遍，仍然只是"万民法"上的制度。这种思想确实很伟大，但是如果只从近代的意义上去理解它，我们则必错无疑。梅因曾以"人类一律平等"的命题为例来为他的历史主义作示范。他说，安托宁时代的法学家主张"每个人自然是平等的"，这只是在述说一个严格的法律公理，它意味着在假设的"自然法"之下，在现行法接近于"自然法"的限度内，"市民法"所支持的各阶级人们之间的武断区分在法律上不存在。"是平等的"云云，纯然是对于客观事实的描述，并不包含何种"应然"的暗示。罗马法学家确实把"自然法"想象成一个完美的法律范型，但他们并不打算用它一举取代所有现行的制度。自然法固然是现存法律的基础，然而其职能，乃是补救性的而非革命性的或无政府状态的。(《古代法》第四章) 这即是古代的"自然法"与近代所谓"古典自然法"之间的显著不同。罗马法学家是稳健的务实者，却不是激进的革命家。这一点，我们总要牢记在心。

自公元前3世纪始，罗马法经历了一种极其深刻和意义重大的变迁。造成变化的原因是复杂的和多方面的。我们提到的这种外来思潮，也许不是人们常说的"决定性"的，却至少是不可替代的。这里又有一件事情可以注意。传入罗马且经罗马人滤过的斯多葛派哲学实际分作两支，一支通过受其影响的众多法律家的实践渗入到制度里面，另一支则经由一些哲学家如西塞罗、塞涅卡、皇帝奥勒留等传诸后世。二者之中，哪一种对于人类影响更大，这是不能够武断的事情。读《沉思录》而能够超凡脱俗的注定是极少数人，芸芸众生总是处在具体的社会环境之中且受其支配。价值须有制度作依托方才可以实现，精神具体化为典章才能够变成支配民众的有形力量。希腊哲学恒久的生命力并不只体现在后世的哲学家身上，也表现在具体如罗马法这样的制度里面。历史上自然法观念之风靡于罗马，像是一场纯粹的哲学征服，只是我们不要忘记，那已经是经过几代人淡化的"哲学"。黑格尔在提到罗马法学家的"哲学"的时候，完全是一种不屑的神情。但正是那些不合格的"业余哲学家"，赋予了"哲学"另一种力量。罗马法在历史上无可置疑的权威性，乃是包括自然法观念在内的许多原则得以对整个欧洲产生广泛影响的根据。其结果，"罗马法就成为欧洲文化史上最伟大的精神力量之一"（萨拜因语）。没有斯多葛派哲学的传入罗马，罗马法的面貌就会是另一种样子，同样确定的是，没有经过罗马法律学滤过且凭借了罗马法流传于后世的自然法观念，现代人的生活也一定不是今天这种样子。

法律之文化观[*]

古罗马最伟大的法学家之一盖乌斯曾经着眼于权利主体、权利客体和对权利之保护的不同，而将法律一分为三，曰"人法"、"物法"、"诉讼法"。这种分类不但为古时的立法者如查士丁尼所采用，而且为近世著名的《法国民法典》所仿效。由此，不但可以证明古代罗马法学家的智虑过人，也可以看出西方法律传统的源远流长。显然，这种传统不只是技术上的，也是文化上的、精神上的。

比较起来，中国古代法典的编排体例另外有一种根据。前人谓李悝著《法经》，"以为王者之政，莫急于盗贼，故其律始于《盗》《贼》。盗贼须劾捕，故著《网》《捕》二篇。其轻狡、越城、博戏、借假不廉、淫侈、逾制以为《杂律》一篇，又以《具律》具其加减。是故所著六篇而已，然皆罪名之制也"（《晋书·刑法志》）。唐、明律体例各异，然而考其精神，实与《法经》一脉相承：皆为王者之政，罪名之

---

[*] 原载《读书》1992年第5期。

制也。

依罗马人的分类，刑法属公法，出自6世纪查士丁尼皇帝之手的《法学阶梯》则纯为私法。我们把中国古代的"刑律"拿来与古罗马私法作比较，似乎未尽公允。问题是，中国古时法典只此一种，那在古代罗马蔚为大观的私法制度，在这里尽付阙如。这真是可惊的事实。其实罗马私法调整的法律关系若婚姻、亲属、契约等，不但存在于中国古代社会，而且也见于中国历代的法典。不同处在于，中国古代法典中这一类的规定甚少，且以大异于罗马私法中诸条款的面目出现。归根结底，它所采取的基本立场与罗马私法的精神有所不同。这一点，我们从法典的句法结构中即可以明白地看出。下面先从《法学阶梯》里面摘出几条：

（一）"自由人得名于自由一词。自由是每个人，除了受到物质力量或法律阻碍外，可以任意作为的自然能力。"（1，3，1）

（二）"某些物依据自然法是众所共有的，有些是公有的，有些属于团体，有些不属于任何人，但大部分物是属于个人的财产，个人得以各种不同方式取得之。"（2，1）

（三）"债是法律关系，基于这种关系，我们受到约束而必须依照我们国家的法律（为）给付某物的义务。"（3，13）

（四）"诉权无非是指有权在审判员面前追诉取得人

们所应得到的东西。"（4，6. 以上四条引同上书）

中国古代法典中全无与之对应的条款，我们且由《唐律》之最近于"民事"者抄二条于下：

（一）"诸许嫁之女，已报婚书及有私约，而辄悔者，杖六十。……若更许他人者，杖一百；已成者徒一年半。后娶者知情，减一等。"（《唐律疏议》卷十三）

（二）"诸负债违契不偿，一匹以上，违二十日笞二十，二十日加一等，罪止杖六十；三十匹，加二等；百匹，又加三等。各令备偿。"（《唐律疏议》卷二十六）

唐代法律，律之外有令、格、式等，其形式有别，效力或不及于律，精神则一。《唐律疏议》卷二十七云："诸违令者，笞五十；别式，减一等。"这里说的是"令有禁制而律无罪名"的情形。疏者举《仪制令》"行路，贱避贵，去避来"为例；于式，则举《礼部式》"五品以上服紫，六品以下服朱"为例。律、令、式的互相配合即是如此。最妙的是本卷最末一条，谓"诸不应得为而为之者，笞四十；事理重者，杖八十"。这条讲律、令五条而理不可为的情况。疏议曰："杂犯轻罪，触类弘多，金科玉条，包罪难尽。其有在律在令无有正条，若不轻重相明，无文可以比附。临时处断，量情为罪，庶补遗阙，故立此条。"尤可注意者，古时观念，所谓"杂犯轻罪"，多涉今人所谓"民事纠纷"；而据《唐律》体例，我们称为私法的种种关系，除亲属、婚姻之外，俱集中于《杂律》一篇（即《唐律疏议》第二十六、二十七两卷，共六十二条）。比较起来，《法学阶梯》的句式是肯定的，其立场是个人的，其所规定事项多是个人依法而作为的能力。《唐律》则相反，它的句式是否定的，且辄由国家立场出发，发布禁令，规定刑罚。我们说《唐律》亦只是"王者之政"、"罪名之制"，其实质的意义就在这里。

《法学阶梯》系以查帝口吻写成，但是其中所论诸原则只表明一种平权的关系，这一点，正是私法的性质使然。关于公法和私法的性质及不同，查帝解释如下："公法涉及罗马帝国的政体，私法则涉及个人利益。"（1，1，4；引同上书）在法律上区分民、刑而分别处理之，这种做法早在希腊法中已见端倪，但是明确认可私人间关系的特殊性，而在法律上划分公法与私法，使各适用于不同的原则，这却是罗马人最伟大的创造之一。正是凭了这一种创造，罗马人才大大发展了他们的私法，而使之不朽于后世。

《法经》与《唐律》等皆非私法典，甚至在《唐律》数百条律文里面，也没有一条可以被我们恰当地称为私法的条款，这两件事情其实同出一源。中国古代法的统一性在其文化之中。

《法学阶梯》开篇论"正义和法律"的概念和原则，说"正义是给予每个人他应得的部分这种坚定而恒久的愿望"，"法学是关于神和人的事物的知识，是关于正义和非正义的科学"，"法律的基本原则是：为人诚实，不损害别人，给予每个人他应得的部分"。作为对照，我们也摘几段古代中国人的语录在下面：

> 法者，天下之至道也，圣君之实用也。（《管子·任法》）
>
> 法者，编著之图籍，设之于官府，而布之于百姓者也。（《韩非子·难三》）
>
> 法者，宪令著于官府，刑罚必于民心，赏存乎慎法，而罚加乎奸令者也。（《韩非子·定法》）

这几段议论虽然都出自先秦的法家，但是用来说明古代中国人对于法的一般看法，却是颇有代表性和说服力的。历来批评法家政策的主张，实际上也是以对于法的同一种认识作前提的。这种认识贯彻于制度，便有《法经》《唐律》和明清各代的法制。它们的一个共同特点，便是把一切私人的关系社会化，法律当中无纯粹的私益，一切都与社会有关，与国家有关，如此，违法与犯罪之间不存区别，私法这一支亦无由生焉。

考中国古代文献，不见有"私法"一词，"公法"之说却偶有所闻，如谓"废法而行私重，轻公法矣"（韩非子语）。这里，"公法"并不是"私法"的对称，而是"私"的对立物。依据这样的逻辑，"私法"之谓简直就是语辞上的自相矛盾。

先秦时法家的主张任法去私，部分乃是针对儒家而发，但我们切不可以儒家为一般"私"的维护者。"叶公语孔子曰：'吾党有直躬者，其父攘羊，而子证之。'孔子曰：'吾党之直者异于是，父为子隐，子为父隐，直在其中矣。'"（《论语·子路》）是儒家之私，私其亲而已。在此之外，儒家去私的立场也是一样地坚定。实际上，不仅儒、法如此，道家与墨家也是这样。古人普遍地相信，人类的黄金时代是在过去的某一个时候，其时，人们和睦相处，天下太平。现时的纷乱与不平，源自人类的争心，而人之有争心，又是因为私欲的流行。虽然，实现理想社会的具体路径，在儒家为礼治，法家为任法，道家为弃圣绝智，墨家为兼爱等，其去私止争的立场则一。汉以后独尊儒家，实际是儒法道合流，义利之争又延续了两千年。健全的儒者，欣然承认饮食男女为人之大欲，而把它们排除于"私利"之外；激进的儒者，倡言利即是义，但要将利与私区分清楚。文化乃是复杂多层的现象，但是我们这样说似乎并不为过：天下为公，这是中国文化的理想；去私止争即是它现世的立场。

现在我们谈论的，已经不是私法或任何一种法律制度，而是法律生长的前提。中国古代法律所以异于罗马法者，皆因为它们生长的文化背景各不相同。古代西方文明的创造者，大抵承认个人私欲的合理性，他们在此基础上去求社会的和谐，所以不以冲突为怪。他们的正义观念包含了个人权利的思想，他们制度的重要职能之一，是要帮助确定和实现每个人的权利。私法是一架复杂的大机器，专为个人私利的实现与协调而设。在古代中国则不然。我们祖先据以安排社会关系的尺度是另外的一种，其出发点正好是不承认（或至少是不能充分地承认）个人私利的合理性。这并不是说现实的生活里面没有"逐利之徒"，而是说在价值的世界里面，个人私利不能够取得一席之地。法律只是统治者实现其社会控制的政治手段，这一点固然另有原因，而它之不能够成为个人权利的保障，又是因为这个社会中人与人之间关系的安排，并不以权利、义务的观念为依凭。毫无疑问，任何一种可能被全社会一般接受的法，都包含有某种正义的意蕴，否则它就只是暴虐而不能持久。然而支配中国社会数千年之久的那种法，本身并不包含何种权利的观念，更不以个人权利的实现为立法的根据。这样说意味着什么呢？它只揭明了一桩历史的事实，一种已成客观的差异。《法学阶梯》所代表的制度，并不比《唐律》所代表的更"好"，在美好与丑恶、光明与黑暗这类意义上，没有权利观念的制度并不正好就是讲求权利的制度的反面。中国的文化绝非西方文化的某个初级阶段，中国古代的法律也并非残缺不全的制度，而自有其统一性与完整性。那么，问题在哪里呢？

以上所论多是差异。并非所论对象全无共同处，隐去不谈而已。倘论重要性，共同之处并不输于差异。差异是比较的结果，共同点却是比较的基础。差异的意义全由此共同前提中来。简括地说，问题是共同的，对待共同问题的态度和解决共同问题的方法却不同。现在便述其详。

差异与共同皆为相对的概念，我们可以在不同的层次上面抽取共同点。大，至于人性的一般，文明发展的一般；小，可以进于制度，进于规则。一切视所涉问题而定。

人生天地之间，圆颅方趾，是人性有共同。趋利避害，人同此心。然而人实为一特殊的物种，可以杀身成仁，取义舍利。是心同理可以不同。又我们每一个个体，都必须面对自己，面对社会，面对自然。凡此，皆是人类基本问题之所同。然而揆诸历史，面对此共同问题之特定人群，辄以不同的立场对待之，以不同的方式解决之。这一种不同，即是我所谓文化。文化的核心，就是此种价值上的好恶取舍，以及受此判断影响乃至支配而固定化了的行为式样。文化是主观的。哲学与宗教如此，法律亦如此。只是，文化既生长于共同问题的基础上，其面貌必定是同中存异，异中有同，因易使治学者迷惑而入于歧路。我们讨论的古代中国与希腊、罗马，因为同是农耕时代的文明，共同点更多。

私有与法律，这是人类进于文明的两种特征。私有将物分成"你的"和"我的"。私有制社会自然以维护此一种界限为己任。然而，以什么为依据去维护私有，在多大程度上尊重私有，进而以何种手段去保护私有，在古代中国与古希腊、罗马却颇不同。"欠债还钱"，这是私有制社会的正义观，也是这个社会法律制度的基础，并无中西古今的不同。但是，透过法律上那些具体规定，同一种原则的依据，在古罗马与古代中国，分明有所不同。这种不同，绝不只是法律的，根本上乃是哲学的、宗教的、文化的。再比如，法律之由不成文渐进于成文，可说是文明社会的一般历程，但是成文法典的出现，在古罗马（《十二铜表法》）是两大社会阶层妥协的结果，也是平民向贵族争取己身权利的一次胜利，在中国（以《法经》为代表）却有另一种含义，因为它首先是"乱臣贼子"确认其合法性的手段。公元前3世纪末，秦灭六国，海内大定。书同文，车同轨，法令由一统。后来罗马帝国的气象与此略同。然而皇帝这一种尊号，在中国和在罗马又不尽同。乌尔比安努斯说：皇帝的意旨具有法律效力，因为人民通过王权法而把自己的全部权力移转于他。（见《学说汇纂》1，4，1）我们中国人对这种说法既熟悉又陌生。可见政治专制的概念并不能用来解释一切。

曾有一位治中国法律史的美国教授，主张清代的司法制度里面有所谓"正当程序"（due process，美国宪法中保障公民自由的著名条款），进而称中国古代法律亦以保障"人权"为它的一种职能。我们看中国历代的法律，固然有许多禁止官吏虐待罪囚的规定，法律中涉及诉讼程式的条款，也颇可以找出一些。然而古今中外，哪一种法律允许执法人恣意妄为而不加约束？社会的维系自有其条件。非满足某些最基本要求，文明亦将解体。法律不必以维护"人权"为己任，但必须是"公正"的，否则定不能持久。"公正"的观念各个不同，"人权"只是其中的一种。关键在于，"人权"的观念并非一件普遍的客观事实，而是一种特定的主观选择。它在成为一种法律的原则以前，更是一种立法的依据。这种依据不见于《大清律例》，亦不见于《唐律》乃至《法经》。中国古代法律的特别之处，还不仅在于它没有产生出"私法"或者"宪法"，而且在于，在这种法律赖以成长的文化根基上面，原本生不出何种"私法"与"宪法"来。文化即是选择，这种选择的至大处，是它能以主观加于客观，而把与之配合的历史一次又一次地再造出来。

那位美国教授也许对中国文化有几分敬意，但是他的做法，终究不能脱出"西方中心主义"的窠臼。至于一般以"权利－义务"一类概念、模式来解释中国古代社会者，同样是以西洋人的偏见来说中国的历史，其以毫厘之差而失之千里，这也就不必说了。最可悲叹的是，以往许多以弘扬民族文化自诩者，一味往中国的历史里面去发掘近代由西洋输入的诸般价值，其对于中国固有的文化，褒扬乎？贬抑乎？中国文化的真面目，是在它以自己独特的方式去回应人类普遍的问题，而以人类一部分之独一无二的经验，贡献于人类的全体。真实的历史，应当由这里去寻觅；中国文化的伟大卓绝处，也应当在这里去体认。

再版说明

读者面前的这本书,原是笔者两卷本自选集中的一卷。原书于2013年付梓,后曾重印。此次收入多卷本文集再版,保留了原书名,内容上则有较大调整。原书《法辨》等十数篇,因收入文集其他卷次,一并删去,以免重复。同时增补《"事律"与"民法"之间——中国"民法史"研究再思考》等新旧文章三篇,以充实和更新本书主题。经此增删之后,原书主题不变,主要篇目也保留未动,但读者现在看到的这本书,只是文集中的一卷,其内容篇目自然也按照多卷本文集来编排,因此,与原书同一书名的这部书,就不应再被看作原来意义上的自选集了。

治平

2017年岁末

记于西山忘言庐